4·3과 여성2,
그 세월도 이기고 살았어

4·3생활사총서2
4·3과 여성2, 그 세월도 이기고 살았어

구술·채록 허영선 양성자 허호준 조정희
총괄실무 김복자

엮은이 제주4·3연구소(소장 허영선)
펴낸이 강정희
펴낸곳 도서출판 각 Ltd.
초판 1쇄 발행 2020년 12월 18일
초판 2쇄 발행 2021년 5월 12일

도서출판 각 Ltd.
주소 (63168) 제주특별자치도 제주시 관덕로6길 17 2층
전화 064·725·4410
팩스 064·759·4410
등록번호 제651-2016-000013호

ISBN 979-11-88339-64-8 03910

값 15,000원

* 이 책 내용의 전부 또는 일부를 재사용하려면 반드시 지은이와 출판사 양측의 동의를 받아야 합니다.
* 잘못 만들어진 책은 구입하신 곳에서 교환해드립니다.

4·3생활사총서 **2**

4·3과 여성 2,
그 세월도
이기고 살았어

제주4·3연구소 편

목차

책을 펴내며 · 007

정봉영 · 아버지의 '빨간 줄', 여군에 들어가서 지웠지 · 011
김을생 · 한밤 중 들린 뱃고동 소리에 아버지는 영영 · 057
양농옥 · 나를 살린 건 항아리 씨앗 돈 · 097
송순자 · 그 험한 세상 살다보니 무서운 것 없었어 · 135
임춘화 · 시커먼 감자떡 비누가 고구마로 보였어 · 181
고영자 · 열여덟 등짝에 옹기 지고 집집마다 팔러 다녔어 · 225

책을 펴내며

그날 이후 삶은 그렇게 이어졌다

다시, 4·3의 폭풍이 휩쓸고 간 황량한 대지에서
온몸으로 삶을 일궈낸 여성들의 기억을 기록합니다.
한국 현대사에서 가늠할 수 없는 희생을 가져왔던 제주4·3,
그 삶과 죽음의 화염에서 살아난 사람들은
이름자 하나 써 볼 트멍도 없이 생존의 길에 나서야 했습니다.

여기 모인 여섯 여성들의 삶의 방식은 물론 모두 다르지만
죽을 것 같은 혹한 속에서 한 톨 씨앗처럼 분투하던 생이라는 점에서는
하나같다는 생각을 해봅니다.
인생에서 거치지 않아도 될 일들을 4·3은 그들에게 겪게 하였고,
다양한 삶의 파편들을 모아내게 했기에.

이제 두번째로 펴내는 이 작업의 의미는
4·3과 여성의 생활사에 대한 기록집이라는 데 있습니다.
4·3을 경험하고, 목격하고, 살아남은 그들은 따뜻했던 가족의 삶을
일시에 무너트리던 그 순간들을 기억합니다.
우리는 이후 가장의 부재, 가족의 부재 속에 어떻게 그 공간을 감당하고
헤쳐왔는가에 초점을 맞춰 어렵게 물었습니다.
그들은 누가 시키지 않아도 가장이 되었습니다.
스스로 오래비가 되었고, 아버지가 되었습니다. 그들에게서 우린 삶의 주인으로 선 당당한 인간을 보았습니다.

그 시절 속엔 이따금 소녀다운 명랑함으로 극복했던 모습들도 엿볼 수 있었습니다.
살아내는 것이 최우선이었기에 작은 배움의 기회도 주어지지 않았던 그들.
시국 탓이었다고 하면서도 순응하며 삶을 일으켜 세운 여성들.
70여 년 묻어두었던 가슴속 사연을 꺼낸, 주체적으로 4·3을 살았던 여성들.
빨갱이, 폭도 누명을 벗기 위해 군인이 되어야 했다는 한 여인의 삶에서는
또 하나의 4·3 여성사를 읽을 수 있었습니다.
누구도 그들에게 엄청난 고통에 대비하는 법을 가르쳐 주지 않았으나,
'삶이란 이런 것이다'를 말없이 보여주는 존재들입니다.

가령 그들의 이런 목소리들입니다.

"열여덟 살 나니까 할망들하고 옹기 장살 다닌 거라. 난 옹기 지고 다니고 할망들은 다니면서 팔고. 사람 하나만 보이면 꼭 짐 하나를 팔고 나왔어. 일 못하는 사람은 써주지 않아. 일을 잘해야해. 무조건 일만 잘하면 살 수 있어. 난 돈 천만원으로라도 글을 살 수 있으면 좋겠어." (고영자)

"부잣집 사람들이 쌀 항아리에 막대기를 놔두면 쥐가 그걸 타고 들어가는 거라. 그럴 때면 옆집 어른이 그 쥐를 잡아줬어. 그 쥐가 약이었어. 쥐를 껍데기를 벗겨서 주면 소금 뿌리고 냄비에 넣어서 삶아. 동생이 그걸 먹으니까 배가 차츰차츰 가라앉는 거라. 그게 약이더라. 4·3 때문에 먹을 거 없고 피난 다닐 때 제일 생각나는 게 이 쥐 먹은 거야." (송순자)

"엄마도 나도 먹고 사는 일이 이렇게도 힘들 수 있을까요? 우리 외할머니 말씀처럼 시국을 잘못 만난 탓이겠죠. 아버지를 잃은 것도… 엄마와 헤어진 것도…

우리 남편이 보안대에 끌려간 것도… 모두 다 시국 탓이겠죠." (임춘화)

"나는 남이 '너 잘못 했어.' 하는 말 듣는 게 소원이었어. 그렇게 부럽더라고. 사람들마다 '잘 한다. 잘 한다.' 하는 말, 그게 싫었어. 부모 같으면 잘못한 거 잘못했다고 할 텐데…." (양농옥)

"가시나물서 고지는 멀지 않거든. 긴 소나무들을 비어서 지고 오다보면 억새에 걸려서 왼쪽으로 오른쪽으로 몸을 이리저리 돌아가면서 왔어. 어떤 날은 장작해 오면 누가 보면 창피할까봐 집 뒤로 돌아가서 팰 정도였지. 집 뒤에는 큰 큰한 토종 복숭아나무 세 개가 있어, 아무도 못 보거든. 시집가기 전까지 장작해다 말려서 팔았어." (김을생)

"나는 아무것도 몰랐지만, 아버지 '빨간 줄' 때문에 이미 우리 가족은 '폭도' 가족이 돼버린 거야. 나는 폭도 가족이라는 소리도 듣기 싫고. '내가 군인으로 가서 빨갱이 누명을 벗어야지!' 그 생각뿐이었어." (정봉영)

무엇보다 떠올린다는 것의 고통, 그 심연을 열어주신 어머니들께
고개 숙여 고마움을 전합니다.
팬데믹 시대, 대면의 어려움 속 이 책을 세상에 드러내준 집필진들과 각 출판사의 박경훈님께 감사를 보냅니다.

허 영 선(제주4·3연구소장)

"아버지의 '빨간 줄', 여군에 들어가서 지웠지"

정봉영
_1934년 생. 4·3 당시 제주읍 도두리 거주

엄마 보약 빨아먹고 10년 만에 태어난 아기

　내 이름은 정봉영. 1934년생. 일본에서 태어났어. 우리 아버지가 오사카시 이쿠노구 이카이노에서 '조마에'(錠前)공장이라고, 통쇠(자물쇠)공장 전무로 일을 했거든. 큰아버지와 셋아버지가 '오야붕'(책임자)이었고. 큰아버지네 공장에 100톤짜리 배가 있었는데 통쇠를 만들어서 그 배에 싣고 나가 중국에 파는 거야. 중국에 도둑놈이 얼마나 많으면, 통쇠가 그렇게 잘 팔렸는지 몰라.

　열여섯에 결혼한 우리 엄마는 남편도 없이 도두리에서 시부모님을 모시고 살다가 10년 만에야 일본으로 건너가 스물여섯에 나를 낳았어. 시집에서는 10년을 살아도 아기 하나 못 낳는 며느리라고 내쫓으려 했던 모양이야. 남편이 있어야 아기를 낳을 거 아니? 엄마가 쫓겨나게 생겼다는 소식을 듣고 그제서야 아버지가 엄마를 일본으로 불러들인 거지. 10년 만에.

　일본에 도착하자마자 엄마는 아무 이유 없이 시름시름 앓았다고 해. 아버지는 한약방 하는 삼촌에게 부탁해 보약을 지어다 손수 달여 먹이며 엄마를 간호했는데, 나중에 알고 보니 임신 초기였던 거야. 열여섯에 시집간 엄마나 4살 위였던 아빠 모두 처녀 총각이나 다름 없었으니까 아무것도 몰랐던 거지. 덕분에 엄마 뱃속에서 보약을 쪽쪽 빨아먹은 나는 4kg이 넘을 정도로 튼튼하게 태어나서 지금까지도 이렇게 건강하게 살고 있어.

"니 때문에 나 죽을뻔 했다"
 일본에 처음 도착한 엄마는 '마도메'라고, 양복에 단추를 다는 일을 했어. 양복점에서 양복을 받아다가 단추 구멍을 만들고 단추를 다는 일이야. 아마도 반찬값을 벌었던 거겠지. 일본말은 커녕 한국말도 기억자 하나 쓸 줄 모르는 엄마는 어디 밖에 나다니지도 못했을 거고, 집에 앉아서 바느질만 하다 보니 아기 낳을 때 죽게 고생했나 봐. 초산인데다 보약까지 먹어놓고 열 달 내내 꼼짝없이 앉아만 있었으니 뱃속에 아기는 클대로 커버릴 거 아니? 지금도 어른들이 얘기하잖아. 임신했을 때 몸을 움직여 가볍게 만들어야 아기 낳기가 수월하다고. 아기 낳을 달이 되면 한 두어 달 전부터는 하다못해 지게라도 짊어지고 댕겨야 했는데 앉아서만 살아노니….
 산통이 오자 처음에는 고무신 한 배만 주면 아기를 받아주는 한국 산파를 빌었다고 해. 그런데 도저히 아기를 받아내지 못하는 거야. 아마도 실력이 모자랐던 거겠지. 산모는 다 죽어가고 아기는 안 나오고. 결국 아버지가 돈이 들어도 일본 산파를 빌어온 거야. 일본 산파가 와서야 겨우겨우 아기를 받아냈는데 일본 산파도 4kg이 넘는 아기가 처음이었는지, 아기가 너무 커서 놀랐다고 해.

"니 때문에 나 죽을 뻔 했다."

 우리 엄마 원망 소리를 들을 만 했지 뭐. 참, 일본에서는 산파가 아기를 받으

면 애기 배똥줄을 잘라서 요만한 곽(상자)에다가 흰 약을 넣고 그 배똥줄을 담아줬어. 아기를 받은 산파 이름과 주소도 적고. 그걸 다카라모노(たからもの)라고 불렀어. 보물이라는 뜻이야. 그 다카라모노를 잘 간직했다가 아기가 커서 장가가고 시집갈 때 그걸 가져가는 거야. 아마도 아기를 보물처럼 귀하게 여겼던 거겠지.

조센진 차별

눈은 똥그랗고 살은 통통하니 우리 아버지, 서른 살에 얻은 딸이 얼마나 예뻤을 거야? 나를 방석 위에 올려놓고 방석을 반으로 접어 등에 업은 채 매일같이 이웃으로 자랑하러 다녔다고 해. 그 어려운 시절에 백일 사진까지 찍어서 친척들에게 한 장씩 다 돌렸다니 말 다 한 거 아니? 지금 내가 그 사진 한 장 갖고 있지 못한 게 한이지 뭐. 아버지 사랑을 넘치게 받고 자라서였을까? 나는 '조센진' 소리에도 기죽지 않고 이카이노[오사카 재일제주인 집단 거주지] 골목대장 노릇을 톡톡히 했던 것 같아.

어릴 때는 아이들하고 막 어울려서 놀고 싶잖아. 그런데 나만 나가면 골목에서 놀던 아이들이 다 도망가는 거야. 내 눈치를 보면서 슬슬 피하길래 만만한 놈 하나를 잡아놓고 물었어.

"왜 나만 나오면 다 도망가냐?"
"우리 엄마가 조센진 애들하고 놀지 말래!"

그 말을 듣자 부애(화)가 나서 그때부터는 도망가는 애들을 잡아놓고 무조건 때려버렸어. 일본 애들, 열 살 안되는 아이들은 막 순하거든. 나는 힘이 세겠

다, 그냥 만만한 거 하나씩 잡아놓고 흠씬 두드려 팼더니 일본 아주머니들이 우리 엄마한테 찾아와서 욕을 해대는 거야. 우리 엄마는 무슨 죄야? 일본 아주머니들한테 공격을 받고 나면 이젠 나한테 화풀이를 하는 거지. "미워 죽겠다. 보기 싫어 죽겠다." 그러면서.

일본에서는 그렇게 차별이 많았어. 국민학교를 다닐 때였어. 하루는 담임선생 집에 가게 됐는데 나를 포함해서 우리 반 여섯 명이 같이 갔어. 아이들이 한 명씩 들어가고 마지막으로 내가 들어가려는데 담임선생이 문 앞에 나와서는 나를 딱 꼬나보더라고. '너는 들어오지 마라!' 이거야. 아니! 담임선생이 그럴 수가 있어? 정말 지독하더라. 나는 한국이 뭔지 일본이 뭔지 알지도 못했고, 한국말도 하나도 못했거든. '조센진' 차별을 받으면서야 나는 내가 한국 사람이라는 걸 알게 됐고, 내 고향은 어딜까? 궁금증이 생기기 시작했던 것 같아.

해방 그리고 귀향

국민학교 5학년 무렵이야. 공습이 심해져 가니까 우리는 이카이노에서 이쿠노구 히가시 쇼지(東小路)라는 데로 이사를 갔어. 그리고 얼마 뒤 다시 미나미 규슈(南九州)로 옮겼어. 미나미 규슈에는 학교 가는 길에 모래사장이 길게 늘어져 있었고, 조그만 비행장도 있더라고. 하루는 학교에 갔더니 선생님이 집에 가라고 막 내쫓듯 하는 거야. '이상하다?' 생각하면서 집으로 돌아오는데 그날따라 길가에 차도 안 다니고 고양이 하나 쥐새끼 하나 사람 꼴을 못보겠더라고. 집에 오니까 어머니가 "일본놈들 밍했저. 망해부렀셔!" 하는데, 그게 해방이었어.

◀ 젊은 시절 일본에서의 아버지. 맨 오른쪽이 故 정만종 씨.

"기집년이 글 해서 뭐할거냐! 시집가서 애 낳고 농사짓고 살면 됐지!"

우리 어머니는 자기 이름은 커녕 기역자 하나도 못쓰는 양반이었어. 어려서 공회당에 글을 배우러 갈 때면 외할머니한테 매질을 당했던 모양이야. 글도 모르고 세상 물정도 모르는 양반이 고향으로 돌아가지 않겠다고 우기면서 아버지랑 싸움이 시작됐어. 아버지는 고향에 땅이 많이 있으니까, 그 토지를 갈아먹고 부모님만 잘 모시면 돈 몇 푼 받는 공장 전무 자리보다 나을 거라며 어머니를 설득했어. 결국 어머니가 진 거지. 그때 우리 아버지는 어머니 말을 들었어야 했어!

제주로 돌아오기 전, 산을 좋아하던 아버지는 내 손을 잡고 이코마야마(生駒山) 산중에 있는 어떤 절로 향했어. 졸졸졸 시냇물 소리를 들으며 걷다가 바람에 실려오는 향 냄새를 맡으니까 어린 마음에도 '아, 동생들 때리지 말아야지!' 마음이 순해지더라고. 나는 일본 아이들뿐만 아니라 동생들도 말을 안들으면 자꾸 두드려 팼거든. 절에 도착했더니 일본 스님이 기도를 하고 있어.

"범이 아가리를 딱 벌리고 있어! 가면 안돼!"

해방이 되니까 제주로 돌아가려고 한다는 아버지의 말을 들은 스님이 무섭게 얘기를 하더라고. 하지만 일본에 남겠다는 두 형을 대신해 부모님을 모셔야 했던 아버지는 결국 어머니와 우리 5남매를 데리고 제주행 배에 몸을 실을 수밖에. 죽음이 기다리고 있다는 고향으로 돌아가는 배 안에서 우리 아버진 무슨 생각이었을까?

그 죄를 다 어떻게 받으려고

내 나이 열세 살. 제주에 도착하자마자 우리는 도두리에 새로 집을 지었어. 그런데 웬걸? 난리가 뒈싸진거야(뒤집어진 거야). 결국 1년도 못 살고 그 난리에 집도 다 타버렸지 뭐.

한밤중에 거무튀튀하고 힘 있게 생긴 건장한 남자들이 팔짱을 끼고 '으쌰! 으쌰!' 가름(마을 어귀)을 돌아다니더니, 순경들이 조련계에 있는 것들은 다 잡아간다는 말이 돌기 시작했어. 그러고 얼마 없으니까 난데없이 순경들이 마을에 들어와서는 부락민들을 죽이기 시작하는 거야. 대낮에. 이거는 왜놈들보다 더했어. 왜놈들은 우리를 조센진이라고 하시보고 깔보고는 했지만 총으로 칼로 죽이지는 않았거든. 같은 부락민이고 같은 한국 사람인데 아무 죄 없이 무조건 죽이는 게 어딨어?

"혼저 곱으라. 순경 왔져. 사람 죽염져(얼른 숨어라. 순경 왔다. 사람 죽인다)."

나는 애기를 업은 채로 고팡(부엌)에 숨었어. 군화를 신은 발이 고팡으로 쑥 들어오더니 내 가슴에 총을 탁 들이대는 거야. 나는 놀라서 애기를 업은 채로 뒤로 자빠져버렸어. 너무 놀라니까 살려달란 소리는 커녕 찍 소리도 안나와. 다행히 총은 안 쏘고 그냥 나가버리더라고. 그날 사람들이 많이 죽었어. 녹슨 일본 칼로 사람들 목을 베어버렸다는 소문도 났거든.

우리 마을에 후다이 선생이라고 얌전한 여선생이 하나 있었어. 첫 애기 가져서 막 좋아했는데 임신해서 6개월도 안 된 후다이 선생 배를 창으로 찔러 죽였다는 소문이 막 돌았지. 아이고, 더러운 세상!

그리고 내가 직접 본 것도 있어. 아들을 잃어버리고 막 애를 먹는 할머니가 한 분 있었어. 아들이 갑자기 사라져서 죽었는지 살았는지 소식을 모르니 걱정이 될 거 아니?

"아들 어디 갔어?"
"어서지난 막 춧암수다(없어져서 막 찾고 있습니다)."
"산에 올라가서 폭도 노릇 하고 있구만!"

막무가내로 할머니를 끌고 가는 거야. 당시 우리 마을에 한 300년 쯤 된, 오래된 나무 한 그루가 있었어. 나무 그늘이 워낙 좋아서 여름이면 마을 사람들이 그 나무 아래로 모여들곤 했는데 그 나무 옆 밭으로 할머니를 끌고 가는 거야. 조금 있으니까 할머니가 풍덩! 쓰러지더라고. 바람이 얼마나 세게 불어대는지 할머니 치마가 바람에 팔딱팔딱 날려. '아이고, 저 할머니도 죽었구나!' 조금 있으니까 이번엔 시커먼 연기가 올라. 아무래도 창으로 소리 없이 죽여놓고 불을 붙여버린 거지.

낮에는 순경들이 쳐들어 와 가지고 그냥 늙은이고 젊은이고 애고 어른이고 다 죽이고, 밤에는 산에서 내려와서 사람을 끌고 가서는 총이 없으니 돌멩이로 쳐서 죽이고. 아이고, 그 죄를 다 어떻게 받으라고 그랬는가 몰라.

목숨걸고 지킨 어머니의 궤(櫃)

1949년 1월 1일 새벽. 산으로 올라오라는 삐라가 마당에 뿌려지더니, 결국 그놈들이 우리 집에 불을 붙여버렸어. 멍청한 놈들! 아버지는 이미 잡혀가서 집에 살지도 않았는데 어떻게 산에 올라갈 수가 있어! 솔직한 얘기 할게. 우리 아버지가 3형제였는데, 일본 오사카에 있던 셋아버지랑 친족들이 조련계였거든.

4·3 당시 불타버린 집에서 어머니가 꺼내 온 궤. 어머니에게서 물려 받은 유일한 유품이 됐다.

그걸 어떻게 다 알았던 모양이라. 밤에 잠을 자다 보면 우리 집 마당 난간에 삐라를 뿌려두고 가버리는 거야. 형님들이 조련계니까 우리 아버지한테 협조하라는 거겠지.

"너도 산으로 올라와라!"
"내가 뭣 하러 산에 올라가냐!"

그런 협박에 겁먹을 우리 아버지가 아니거든. 우리 아버지, 삐라를 주워서 박박 찢어버리는 거 내가 여러 번 봤어. 그렇게 산에 올라가지 않고 버티다가 결국 집만 다 타버린 거지.

　1948년 12월 31일 저녁 6시쯤 됐을거야. 날은 어직어직 해가는데 연동 위쪽에 있는 오름에서 축구공만한 불이 두 개나 날아오더라고. 생이오름(상여오름)에서 봉홧불이 날아든 거야. 우리 집이 약간 동산에 있었고, 또 남향이어서 훤하게 보였어. 마침 어머니가 집을 나서길래,

"어머니 어디 감수과(가세요)?"
"쏙옷 헐 미녕 재러 감져(속옷 만들 무명천 재러 간다)"
"아이고 어머니, 오늘 우리 마을에 폭도 올 거 닮수다. 저 폭도놈 불(봉홧불)이만한 거 두 개가 우리 마을에 넘어 오는거 보난, 아맹해도 신호 닮수다(넘어 오는 것 보니, 아무래도 신호 같아요)."
"이 기집년이 무슨 쓸 데 어신 소리 햄시냐(이 기집애가 무슨 쓸 데 없는 소리하고 있냐)!"

　우리 어머니. 옷 재는 자로 내 머리 뒤통수를 착! 후려쳐부난(후려쳐버리니까) 아무리 어머니라고 해도 어떻게나 미운지. 아이고, 부애가 나고 아프고 어찌나 서러운지…. 그런데 나는 그 불이 아무래도 수상하더라고.
　그날 밤 나는 새벽까지 뜨개질을 하고 있었어. 내가 손재주가 워낙 좋았거든. 쇠기름으로 베롱하게(희미하게) 불을 켜놓고 옷을 짜고 있었는데 새벽 2시쯤 됐을까? 갑자기 창밖이 훤해지더니 찰칵찰칵 군화 소리. "팍!"하고 문이 부서지는 소리가 들려. 순간 나는 손에 잡히는 전등 화로로 자고있던 어머니 머리를 탁 쳤어. 목이 콱 막혀서 "폭도 왔다!" 소리가 안 나오더라고. 눈이 땡그래진 어머니는 막둥이를 안고 뛰쳐나갔고, 5살 남동생은 집 뒤에 있던 통

시(뒷간) 안으로 뛰어들었어. 아이가 돼지굴로 들어가니 돼지들이 놀래서 꽥꽥 뛰쳐나올 거 아니? 돼지는 불에 타 죽었지만, 통시 안으로 숨어든 동생은 그렇게 목숨을 건졌어.

"애기 안아시라(안고 있어라)."

집은 점점 불바다가 되어 가는데 어머니가 갑자기 두 살 난 막둥이를 나에게 건네주고는 불타는 집으로 뛰어 들어가는 거야. 잠시 뒤 어머니가 우뚝! 둘러매고 나온 건 옷과 이불을 넣어두던 궤였어. 당신이 시집을 때 해왔다는 궤를 차마 불타게 놔둘 수 없었던 어머니. 옷과 이불은 이미 폭도 놈들이 다 털어가버린 뒤였지만, 궤만은 지키고 싶었던 어머니의 절실함이었을까? 어머니는 불구덩이 속에서 궤 두 개를 끄집어내 마당으로 던지는 엄청난 괴력을 보여줬어. 벌건 불기둥과 검은 연기 속에 시꺼먼 재로 변해버린 우리 집. 어머니의 궤 두 개만 덩그러니 마당에 남겨졌어.

연행, 연행, 또 연행, 세 번 죽은 아버지

해방되고 처음 제주에 도착했을 때 아버지는 다시 일본으로 돌아가려 했었지. 아버지의 기대와 달리 우리 고향 땅에 이미 비행장이 들어서 버리니까, 아무것도 할 수가 없는 거야. 밀항선을 타려고 준비를 하고 있었는데, "독립운동 하면서 목숨도 바치는데, 동네일 좀 봐 달라."는 마을 어른들의 부탁을 아버지는 차마 거절하지 못했던 거지. 지금이야 나이 먹은 노인들을 무시하지만 옛날은 나이 먹은 할아버지들을 막 무서워했다고. 동네에선 왕초였지. 결국 마을 이장, 도두국민학교 후원회장을 맡아 열심히 봉사하고 있었는데, 그 사태가 터져버린 거야.

하루는 주민들을 모두 도두국민학교로 집합시켰어. 어른들은 학교 운동장 마당에 어린애들은 운동장 옆 밭에 앉혀놓더니, 눈에 흰 천을 감은 남자 어른 10여 명을 끌고 오는 거야. 우리 아버지도 학교 교장 선생님도 끌려왔는데, 사람들이 보는 앞에서 무조건 총살이야. 개죽음도 그런 개죽음이 없어. 그런데 우리 아버지는 총살이 아니라 능지처참을 시키더라고. 그냥 두드려패는 거야. 그래도 죽이지는 않았으니까 다행이라고 해야 하나? 얼마나 매를 맞았는지 피 철철 병신이 되어버린 아버지를 동네 할아버지 한 명이 어깨에 둘러메고 지른지른 끌고 왔더라고. 도두국민학교에서 우리 집까지가 한 정거장 거리였거든. 마당에 들어서자마자 쓰러져버린 아버지 몸에 어머니는 소주 한 병을 들이붓기 시작했어. 아마도 맷독을 빼려는 거겠지. 하지만 살이 찢어지고 뼈가 부서지고 내장이 터진 몸에 소주를 부어대니 얼마나 아플거야? 눈도 못뜨는 아버지가 막 소리를 지르면서 펄쩍펄쩍 튀어. 겨우 목숨만 붙어있는 아버지를 두어 달 동안 소주를 뿌려가며 겨우 살려놨더니, 세상에 또 잡아가는 거야.

새벽 2시쯤. 이번에는 건장한 남자 세 명이 집으로 들이닥쳐서는 '정만종' 이름을 부르더니 다짜고짜 아버지를 끌고 갔어. 우리는 잠도 못자고 뜬 눈으로 걱정만 하고 있었는데, 아침이 되자 천만다행으로 아버지가 멀쩡히 돌아온 거야. 순경 중 한 명이 우리 할아버지 정 훈장한테 천자문을 배웠던 학생이었던 거지.

"형님, 이 지에무시 타면 저 연병장에 강 다 죽여 붑니다. 빨리 가붑서(이 GMC트럭 타면 저 비행장에 데리고 가서 다 죽여버립니다. 빨리 가세요)."

아버지가 무사히 돌아온 걸 기뻐할 새도 없었어.

"아이고, 봉영이 아방은 살아오고 우리집 아방은 안 오는 거 보난 분명 죽여부렀구나(봉영이 아버지는 살아오고 우리 남편은 안 오는 거 보니까 분명 죽여버렸구나)!"

동네 아주머니 한 분이 우리 집 마당에서 머리를 헤불쳐놓고(풀어헤쳐놓고) 울고불고 난리가 난 거야. 지나가는 사람이고 뭐고 동네가 떠들썩하게 울어대니, 순경이 다시 아버지를 잡아갈 수 밖에.

지금 관덕정 옆이 옛날 경찰서 바로 그 자리야. 경찰서로 잡혀간 아버지가 돌아오기만을 기다리고 있었는데 난데없이 목포형무소에서 면회를 오라는 엽서가 온 거야. 무슨 용기였을까? 글도 모르는 어머니는 엽서 한 장을 손에 꼭 쥐고 혼자서 목포까지 갔다 왔어.

"니네 아방은 망치로 돌 깨멍 이서라(니네 아버지는 망치로 돌깨는 일을 하면서 있더구나)."

어머니는 아버지가 모범수로 복역 중이라며 안심하는 듯 보였어. 집에 있으면 언제 다시 잡혀가 개죽음 당할지도 모르는데, 차라리 감옥에 갇혀 있는 게 다행이다 싶었던 거겠지. 어머니의 지극정성 기도 덕분이었을까? 징역살이를 하던 아버지는 6·25가 터지기 직전 거짓말처럼 집으로 돌아왔어.

꿈에서도 붙잡지 못한 아버지

6·25가 터지자 아버지는 "한질 터져버렸다"는 말을 했어. 그 말이 무슨 뜻이었는지는 정확히 모르겠어. 아무튼 한질 터지고 3일 만에 아버지는 또 잡혀갔

어. 한 번이라도 관(청)에 이름이 올라간 사람은 모두 잡아가는 거야. 아버지는 이번에도 관덕정 마당에 갇혔어. 얼마쯤 지나니까 면회를 오라고 하더라고. 갈 아입을 옷을 챙겨서 면회를 갔던 어머니가 가져온 아버지 옷에서 나던 송장냄새. 땀에 찌들어 썩다 못해 송장냄새가 진동을 했어. 그리곤 한 달도 채 지나지 않았어.

"봉영이 아방 7월 초나흘 날 죽엇수다(봉영이 아버지 7월 4일에 죽었습니다)."

아버지 친구가 전해 준 그 한 마디 뿐이야. 언제 어디에서 도대체 무슨 이유 때문에 아버지가 돌아가셨는지, 정말 7월 4일 날 돌아가신 게 맞는지, 아무것도 알지 못해. 우리 어머니, 아버지가 죽었다는 얘기를 전해 들었지만 죽는 것도 못 보고 시체도 못 본거니까 못 믿겠다고 했어. 그래서 아버지 제사도 동짓달 스무 나흗날, 아버지 생일날 지내고 있어. 하지만 우리 아버지, 바다에서 죽은 것만은 확실해.
언젠가 뉴스에서 6·25가 터졌을 때 사람들을 해군 배에 실어다가 발에 쇠고랑을 묶어 가지고 바다에 던져버렸다는 발표를 했었잖아. 위에서 막 밀고 들어오니까 대구, 목포, 부산에 있는 사람들, 감옥에 있는 사람들을 다 죽여버렸다고. 뉴스에서 그 발표를 보고 나서였나? 꿈에 자꾸 아버지가 나타나는 거야.
그때는 버스 탈 일도 별로 없을 때야. 다 걸어서 다녔지. 그런데 내가 아버지랑 같이 버스도 아닌 택시를 타고 있는 거야. 나는 앞에 타고 아버지는 뒤에 타고. 택시는 동문 로타리를 지나 동부두 쪽으로 달리고 있었어. 택시가 여객선 타는 곳을 지나서 부두 제일 동쪽 끝으로 들어가는데, 뒤를 돌아 보니 뒷좌석에 앉아있던 아버지가 사라진 거야. 급하게 택시를 세워서 내려 보니 순간, 저

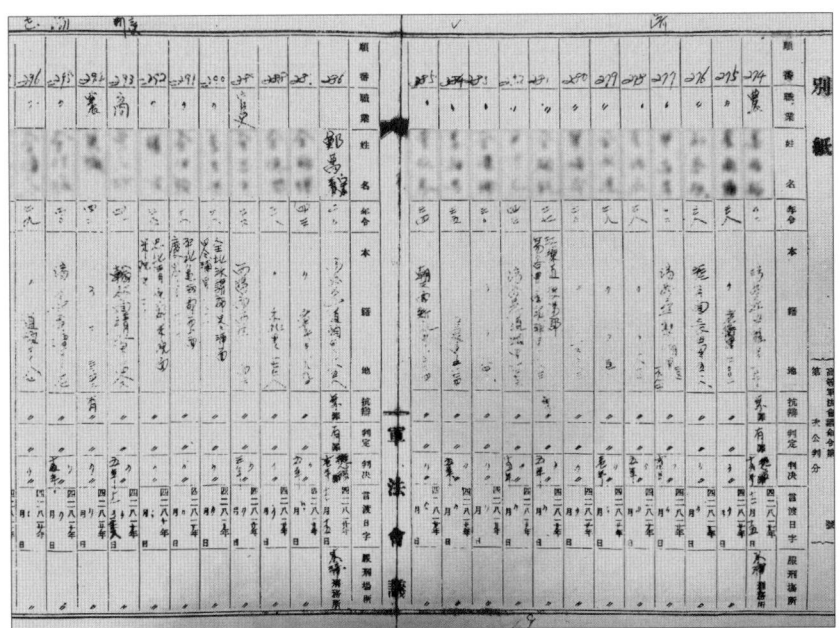

아버지의 '수형인명부'. 정봉영의 아버지 故 정만종(鄭萬宗)은 군사재판(군법회의)에 회부되어 1948년 12월 15일 징역 1년형을 선고받고 목포형무소에 복역했다. 목포형무소에서 복역 중이던 정만종은 1949년 10월 16일 '우량 수형자 석방령'에 의해 조기 석방된 것으로 보인다.(목포형무소, '종결신분장보존부', 1949)

동촌에서 집채만 한 파도가 밀려오고 아버지는 벌써 파도 속으로 빨려 들어가고 있어. 내가 달려가서 아버지를 붙잡으려고 안간힘을 쓰는데, 잡을 수가 있나? 어림도 없지. 깨어보니 꿈이더라고. 그래서 나는 아버지가 바다에서 죽었다고만 생각이 돼.

또 한번은 내가 보름 동안 몸이 너무 아팠어. 그러다 꿈을 꿨는데 내가 저 비행장 뒤로 몰래물을 지나서 헤안도로 쪽으로 가고 있는데 순경 두 명이 오줌을 싸고 있는 거야. 나는 순경을 보니까 꿈에서도 무서워서 도망가려고 하는데, 갑자기 모래사장 언덕에서 흙 속에 묻혀 있던 우리 아버지가 불쑥 나오는 거야. 내가 "아빠" 하면서 달려가려는데 아버지가 오른손으로 입을 가리고 왼손으로 서쪽을 가리키는 거야. 빨리 도망가라는 뜻으로. 아버지 얼굴에도 흙이 막 칠해져 있고 몸에도 흙이 막 묻었더라고. 아버지가 손가락으로 가리키는 서쪽으로 내가 막 뛰어가다 꿈이 깼어. 온몸이 식은땀으로, 옷이 발탁하게(축축하게) 젖어 있었어.

열여섯에 산파가 되어

아버지 얼굴도 모르는 우리 여동생. 이제 일흔 한살 먹은 우리 여동생이 태어나던 날, 10월 초하룻날. 나는 잊어버리지도 않아. 열여섯 살 밖에 안 된 내가 산파 노릇을 했거든. 참말로 이런 역사가 없어. 초저녁에 산통이 온 어머니는 애기뼈 맞추느라 난리가 난 거야.

"허리 누리띠라(누르뜨라), 아랫배 누리띠라."

방 구들에서 몇 시간 동안이나 애를 먹고 있었는데 한 서너 시간 지나자 어머니가 갑자기 소리치더라고.

"뒤로 안으라! 뒤로 안으라!"

어머니 뒤로 가서 두 팔로 꽉! 안으니까 '팍!' 하고 아기가 나와. 나는 너무 놀래서 책상 아래로 기어들어가 버리고. 아기는 방바닥에 엎어져서 할죽할죽 피를 핥아먹고 있더라고. 아기 낳는 게 이렇게 힘들고, 이렇게 못 견디는 건지 몰랐지. 나도 아기 낳는 거 처음 봤으니까.

"나는 절대 시집 안 갈 거야! 아기도 안 낳을 거야!"

열여섯이니까 나도 아이였지 뭐. 그때는 아기 낳고 배고파서 죽는 산모도 많았어. 먹을 게 워낙 없을 때였으니까. 아기 낳는 걸 도와주던 여자 삼촌 한 분이 그러는 거야.

"3일 동안은 밤에 불도 끄지 말고, 절대 방을 비우지도 말고, 잠도 자지 말고, 어머니를 잘 지켬시라(지키고 있어라)."
"피 냄새 맡앙 궂은 것들이 막 나온다. 마귀가, 귀신이 막 온다."

그런 말들이 있었거든. 그 시절엔. '아이고, 우리 어멍 죽으민 이 동생들 다섯을 내가 어떵 키우랴' 나도 걱정이 될 거 아니겠어? 여자 삼촌은 다음날 새벽까지 벗해주단 가버리고, 나 혼자 어머니 곁을 지키고 있었어. 갑자기 어머니가 배가 고프다며, 죽이라도 좀 쒀 오라는 거야. 부엌에서 흰죽을 끓여 냄비 채 들고 방으로 들어왔어. 아마도 새벽 두 시쯤 됐던 것 같아.

"아이고, 이거 어떠난 속이 능착 햄져(이거 무슨 일인지 속이 울렁거린다)! 억지로 먹으민 안되켜! 이거 못먹켜(억지로 먹으면 안되겠다! 이거 못 먹겠다)!"

이미니가 얼른 죽 한 숟가락을 뜨더니 못먹겠다는 거야. 죽 냄비에 숟가락을 걸쳐둔 채 방 한쪽 구석에 밀어두고 이젠 어머니와 같이 자리에 누웠어. 여자 삼촌 말처럼 방에 불은 켜둔 채. 갑자기 창문 밖에서 누가 나를 불러.

"봉아!"

두 글자만 들리는 거야. '분명 우리 아버지 목소린데?' 우리 아버지는 "봉영아. 봉영아" 했었거든. 그런데 "봉아!" 그러는 거 같아. 두 번을 부르더라고. 처음 들었을 때는 어머니도 놀래고 나도 놀랬지. 나는 서쪽으로 머리를 두고 어머니는 동쪽으로 머리를 둔 채 자고 있었거든. 얼마나 놀랬는지 내가 어머니 강알 소곱에(다리 사이에) 들어가 버렸다니까. 어머니도 놀랬는지 금칠락(움찔) 하더라고. 한 1분쯤 지났을까?

"봉아!"

나를 부르는 소리가 한번 더 들려. 이젠 겁이 나기 시작하는 거야. 어머니랑 둘이서 벌벌 떨다가 나도 모르게 잠들어 버렸나봐. 아침 닭 우는 소리에 깨어 보니, 세상에나! 냄비에 들어있던 죽이 물이 되어 있는 거야. 죽이 탱탱 불어 있어야 하잖아? 그런데 팍! 삭아서 쌀뜨물처럼 물이 되어 있더라고. 분명 귀신이 먹고 간 거야. 간밤에 영혼이 왔다 간 거지. 죽 냄비를 들고 나가서 올래 저 멀리 던져두고 돌아왔어. 숟가락도 같이. 그런 일도 있었어. 이건 예수 믿는 사람은 절대 모르는 일이지.

어머니 대신 가장이 되어

우리 어머니가 지서에 잡혀간 건 벌건 대낮이었어. 어머니랑 같이 집에 있었는데 총을 멘 순경이 우리 집으로 오는 게 보여. 우리 집이 좀 높은 동산에 있었고, 울담이 얕았거든. 총을 보니까 가슴이 다락! 털어지는 거야. 겁이나 울담을 튀어서 앞집으로 도망가 숨어 버렸어. 어머니 옆에 있었으면 나도 어머니랑 같이 잡혀갔을 거야. 나라도 살아야 하잖아. 동생도 다섯이나 있는데.

지서로 잡혀간 어머니는 총 개머리판으로 얼마나 맞았는지 몰라. 도대체가 기억자도 모르는 우리 어머니를 지서에 심어다가(붙잡아가서) 총 개머리판으로 마구 모사분(구타한) 이유가 뭔지 모르겠어. 아기 안은 어미를 모사불믄(구타하면) 어미가 가만 있겠어? 죽어진다 소리를 내지르면, 두 살 난 아기가 가만 있을거야? 막 놀랠 거 아니? 쉐(소) 소리 하면서. 어머니랑 막둥이가 울어대는 소리가 얼마나 컸는지, 지서에서 잡아다 죽이는 걸로 막 소문이 났어. 당시 이호리에 우리 이모가 살았는데, 이모부 사촌 동생이 순경이었어. 자기 동생이 지서에 끌려가서 매 맞아 죽게 생겼다는 소문을 들은 이모가 사촌 동생한테 연락을 한거야.

"우리 아시 지서에서 막 쳐 모사부럼덴 햄쩌(우리 동생 지서에서 마구 구타 당하고 있다고 들었어). 내일이믄 죽여불젠 허는거 닮은디, 살려주라(내일이면 죽여버릴려고 하는거 같은데, 살려주라)!"

이모의 노력으로 우리 어머니랑 막둥이가 겨우 살아날 수 있었어.

"아이고! 경행 살아나믄 뭐할거라(그렇게 살아나면 뭐 할거야)! 복삭 맞앙 병신되부난 맨날 아팡 골골골골(죽게 맞아서 병신되버리니 매일 아파서 골골골골)."

고문 후유증으로 허리를 못 쓰게 된 어머니는 제대로 일을 할 수 없었어. 내 나이 열일곱. 결국 일곱 식구 가장이 돼버렸지.

사람 죽여난 칼로 밥을 지어먹고

아버지는 죽어 불고, 어머니는 골골대고, 집은 불타 불고. 불타버린 집터에다 낭(나무) 하나 큰 거 술진(굵은) 거 끊어다가 세우고, 돌멩이 주워다 다와놓고(쌓아놓고), 흙을 칠해서 도새기 막살이(돼지 움막) 같은 거 하나 지어서 살았거든. '폭도' 놈들이 버리고 간 칼을 주워서 무도 썰고 감저(고구마)도 썰고. 사람 죽여난 그 칼로 밥을 지어먹을 정도로 막막하게 살았어. 3년 동안 제대로 농사도 못지었으니까.

어떻게 살았는지 알아? 보리 껍데기 있잖아? 보리 방아 찧으면 껍데기 벗겨진거. 그 보리채를 사다가 사카린 넣고 소금 조금 넣고 물 넣고 끓여. 오래 끓이면 달큰하거든. 돼지나 먹는 보리채 끓인 물을 먹는 거야. 먹을게 없으니까. 이제 칠십 난 동생이 다섯 살 때라. 하루는 동생이 막 울어.

"왜 우냐?"
"언니, 똥이 안 나와."

삼시 세끼 보리 껍데기에 사카린 넣고 끓인 물만 먹으니까 똥을 못 누는 거라. 얼굴은 누렇게 붓고 똥이 안나온다고 죽어지겠다며 울기만 하는거 아니? "야! 이렇게 엎드려!" 동생을 엎드리게 한 다음에 나무 코쟁이(가지) 꺾어서 항문에서 똥을 파냈어. 똥이 꽝꽝한 돌멩이처럼 굳어서 항문 입구를 딱! 막고 있는 거야. 나뭇가지로 항문 입구를 파주니까 그 다음에는 똥이 나와. 아이

젊은 시절의 어머니. ▶

고! 그땐 소독이란게 어딨어? 우리 동생, 항문에 염증 걸려서 막 고생했지 뭐. 칠십난 동생하고 이제도 그때 말 하면서 웃어. 그래도 언니 때문에 똥 누고 살았다고.

바다에 가서 넙패도 뜯어다 먹고. 산에 가서 고사리 꺾어다 삶아 먹고. 쑥 같은 거 뜯어다 죽 쒀서 먹고. 그땐 뭘 제대로 먹고 산 게 아니지. 그냥 굶어 죽지 않은 거 뿐이야. 그때 제일 먹고 싶은 게 뭐였는 줄 알아? 미숫가루야. 다른 집들, 불 안 탄 집에서는 미숫가루를 만들어 먹었거든. 보리를 볶아가지고 미숫가루를 갈아 먹고 있으면 그게 너무 먹고 싶은 거라. 얼마나 먹고 싶었는지, 하루 종일 바구니 하나를 어깨에 메고 남의 보리밭을 다니면서 보리 코고리(이삭)를 주워오는 거야. 그러면 우리 어머니가 내가 주워온 보리 코고리를 만져서 볶아주는 거지. 지금도 가끔 미숫가루가 생각날 때가 있어. 그런데 참 이상하지? 아무리 해도 그때 맛이 안나거든.

그러다 장사를 시작했어. 자그마한 초석 하나 길바닥에 깔아 놓고 그 위에 참빗 놓고 빨랫비누 놓고 호야(등불) 놓고 실 놓고. 잡화를 가지고 다니면서 파는 거야. 키도 조그마한데 내 키보다 더 큰 봇짐을 지고서 도두리 장, 외도 장, 하귀 장, 애월 장, 제주시 장을 다 돌아다녔어. 그땐 장에 가면 나를 모르는 사람이 없을 정도였어. 양말도 담배도 가지고 다니면서 팔았는데, 나는 물건을 잘도 팔았어. 나는 어린아이라도 아침 9시부터 장에 가서 초석을 딱 깔아가지고 장사를 시작하면 오후 4시쯤 물건을 다 팔고 오는 거지.

"이거 양말 얼마니?"
"100원이우다"
"어? 저기는 150원인데?"

일본에서는 절대 '에누리(할인)'를 안 놓거든. 내가 80원에 사오면 100원을 받고 팔면은 딱 좋은 거 아니? 그런데 여기 제주 사람들은 150원을 받으려고 해. 그럼 사러 온 사람들이 비싸다고 에누리를 하려고 하지. 100원에 팔아달라고 하면 안 팔아 주는 거야. 그러면 120원에 팔아달라, 130원에 사가라 이러면서 에누리 흥정을 하는 거라.

내가 다른 데보다 싸게 파니까 쓸데없이 에누리 흥정을 안해도 되잖아. 양말 하나 사려다가 오히려 다른 것들도 더 사가는 거야. 그래서 잘 팔았어. 참, 잡화 팔러 다닐 때 제일 무거운 게 뭔지 알아? 빨랫비누야. 빨랫비누 10장 쌓으면 시멘트 브로쿠(블럭) 보다도 더 무거웠다니까.

까마귀한테 뺏겨버린 도시락

배고픈 건 막지를 못하는 거더라. 오죽했으면 산에 나무하러 갔다가 까마귀한테 벤또(도시락)를 다 뺏겨불고 울면서 집에 온 일도 있었어.

보리밥 벤또를 꼭꼭 묶어서 산(무덤) 위에 딱 놔두고 땔감할 나무를 주워서 돌아와 보니, 벤또에 밥이 한 올도 없는 거야. 까마귀 그놈 새끼들이 다 먹어버린 거지. 까마귀가 도시락을 끌러서 먹는다는 소리는 일본서 학교 다닐 때도 들어본 적이 없어. 배는 고프지 하도 서러워서 하늘만 쳐다보고 울었어. 그래도 땔감 모아놓은 건 짊어지고 내려와야 할 거 아니? 음력으로 7월이라 날은 덥지, 등에 진 땔감 지게는 무겁지, 배는 고프지. 산을 내려오는 데 중간쯤 오니까 언덕 아래쪽 웅덩이에 물이 고여있는 게 보여. 빗물이 고인 거니까 개구리도 죽어 있고 개미도 죽어 있고, 버랭이(벌레)들도 막 날아다녔지만 그게 대수야? 아이고! 목은 타지, 날은 덥지, 물을 보니까 환장하겠더라고. 버랭이가 있든 말든 독이 있든 말든 일단 살아야 할 거 아니? 그냥 엎드려서 쫙쫙! 빨아

먹었지 뭐. 날이 워낙 더우니까 물도 뜨뜻하더라고. 그래도 물이라도 먹으니 조금 살겠는 거야. 그렇게 마을에 도착하니 다른 아이들은 어머니가 고구마 삶은 거 하나씩 두 개씩 가지고 마중을 나와 있는 거야. 우리 어머니는 마중은 커녕 어림도 없지 뭐. 집에 들어가서 어머니 얼굴을 보니까 괜히 신경질이 나더라고. 까마귀한테 밥도 뺏겨 버렸지, 구정물 먹고 지게 짊어져서 산을 내려 오려니 오죽 서럽고 지칠 거냐고! 그래서 어머니한테 붕당붕당 해진 거 닮아(궁시렁거렸던 것 같아). 아이고 우리 어머니! 내가 짊어지고 내려온 지게에서 장작개비 하나를 확! 끄집어 빼내더니 그냥 내 엉치를 후려패는데.

"너 돈 벌어다가 애미 줬으면 큰일날 뻔 했구나! 이거 짊어경(짊어지고) 이 집 나가라!"

내가 지금도 잊어버리지를 않아. 그날이 음력으로 7월 열하루. 바로 내 생일이었거든. 우리 어머니 돌아가실 때 나 이 말 했었어.

"엄마, 나 생일날 장작개비로 엉치 모사분 거 기억 남수과(기억 나요)?"

서부두 장공장에 취직하다

제주에서 태어난 우리 막둥이가 굶어 죽자 정신이 번쩍 드는 거야. 내가 3남 3녀 6남매의 맏이였거든. 우리 어머니 기술도 좋아. 딸 아들 딸 아들 딸 아들 이렇게 여섯 명을 낳은 거 보면. 아버지도 없는 집에서 어머니와 남은 동생들을 돌보기 위해 나는 8촌 삼촌네 집으로 식모살이를 갔어. 동생들이 굶고 있으니 어쩔 거야?

우리 삼촌네 집이 지금 시민회관 칼호텔 위쪽에 있었어. 그때는 물을 길어다 먹을 때였거든. 동문시장 옆에 보면 '가라쿳물(가락쿳샘)'이 있었는데, 하루에 다섯 번 여섯 번씩 허벅에 물을 지어 나르고 밥을 하고 청소를 하고, 키는 요만한 게 그래도 착하고 요망지게(야무지게) 잘했던 모양이야. 1년 정도 일을 하니까 삼촌이 서부두 장공장에 취직을 시켜주더라고. 모슬포에 제1훈련소가 있었잖아. 군인들이 막 주둔해 있을 때 서부두에 장공장이 있었어. 콩을 불려서 큰 나무통에 담아 놓고 기계로 쪄서 된장, 고추장을 만드는 공장이었어. 그때는 장공장도 아무나 못 들어갔어. 나는 아버지 '빨간 줄'이 있어서 절대 안 되는 거였지. 그런데 우리 삼촌네 사위가 동문통에 있던 특무대 계장이었거든. 전라도 사람이었는데, 그 사위 덕 내가 본 거야.

장공장에 가보니 나만 키가 요만하고 다들 줄레(훌쩍) 큰 어른들이라. 아침에 출근을 하면 등에 소금을 지어 나르는 일 부터가 시작이야. 한 정거장 이상 거리를 소금을 지고 가서는 창고에 쟁여 놓으면 이번엔 보리쌀 한 가마니씩 여섯 가마니를 지어 날라. 가마니를 등에다 딱 붙여 가지고 지어 나르다 보면 뱃가죽이 등짝에 달라 붙는 것만 같아. 나는 도시락도 못 싸고 다녔거든. 밥 먹을 것도 없는데 도시락 쌀 게 어딨어?

오후쯤 되면 불린 콩을 큰 나무통에다 집어 넣고 기계로 찌기 시작하는 거야. 그러면 그거 한 줌 호주머니에 몰래 넣고 와서 삶은 콩 한번 먹고 물 한번 먹고 그렇게 버티는 거야. 밤 12시까지 된장, 고추장을 바게쓰로 큰 항아리에 다 붓고 또 붓고 히다 보면 팔은 떨어져 나갈 것만 같고. 그러다 밤 12시가 되면 직원들에게 딱 국수 한 그릇씩 줘. 그 국수 한 그릇이 진짜 꿀맛이었어. 그거 먹고 이제 자는 거지.

서부두 장공장에 된장, 고추장을 담아놓는 통이 우리 집 이 방 둘레만큼 큰

도라무깡(드럼통)이 수백개 씩 있었어. 나무 뚜껑을 딱 맞춰서 닫아 놔도 쥐가 기어 다니다가 통 안에 쏙 빠져 죽는 거야. 옛날엔 왜 그리 쥐가 많았는지 몰라. 뚜껑을 열어보면 통 안에 쥐가 빠져서 문작이(형체없이) 썩어 있어. 그럼 장공장 사장이 어떻게 했는지 알아?

"아이고, 이거 나부터 먹어봐야 겠다"

사장이 예수 믿는 교인이었는데, 아무렇지도 않게 손가락으로 된장, 고추장을 찍어 먹는 거야. 그런데 쥐가 죽어 있는 쪽으로 안 찍고 반대쪽으로 살짝 찍어 먹으면서 보란 듯이 쇼를 하는 거지.

"나도 먹었으니까 이젠 죄 안 받아."

사장이 보름에 한 번씩은 직원들에게 고추장도 주고 또 된장도 주고 그랬으니까, 쥐가 빠져 죽은 통에 있는 고추장, 된장을 우리도 다 먹은 거야. 그래도 병도 안 걸리고 건강했지 뭐.

열아홉, 여군이 되다

장공장에서는 적은 돈이라도 꼬박꼬박 월급을 받을 수 있었어. 1년 정도 월급을 받으며 일을 했는데, 여군을 모집한다는 소문이 들리더라고. 군대에 가서 5년만 봉사를 하면 나중에 사회에 나오면 타자수로 취직할 수 있다는 거야! 귀가 솔깃할 거 아니? 평생 장공장에서 아침 8시부터 밤 12시까지 된장, 고추장 바게쓰 나르며 살 수는 없잖아. 타자수가 어디야?

아버지가 잡혀가서 매 맞고 형무소로 보내지고 바다에 내던져졌던, 그 관덕정 마당. 바로 그 자리에서 나는 도지사와 주민들의 박수와 환호를 받으며 출정식을 가졌어. 도지사가 나와서 담화문을 발표하고 제주호를 타고 갈 때는 군악대가 빵빠레도 울려줬어. 배는 떠나가는 데 우리 어머니, 그제서야 부둣가에 앉아서 펑펑 울고 있는 거야. 그 모습을 보는 내 맘이 어땠겠어? 그동안 우리 어머니한테는 큰딸인 내가 남편도 되고 아들도 되고. 돈도 벌어다 주니까 얼마나 의지가 됐을 거야!

내 나이 열아홉. 논산훈련소로 가는 길은 멀고도 험난했어. 처음에는 민간열차를 탔어. 한 30분에서 1시간 정도 지나서 열차를 갈아탔는데, 이번에는 소나 말을 싣는 열차였어. 아이고, 춥기는 또 얼마나 춥던지. 화장실도 없는 짐칸에 60명을 한꺼번에 태워놓으니 오줌을 쌀 데가 없는 거야. 그냥 앉은 자리에서 오줌을 질질 싸버리니까 그게 얼어 가지고 발이 고사부는(얼어버리는) 거야. 동상에 걸리는 거지. 그렇게 소, 돼지, 말하고 똑같이 짐승 취급을 받으며 논산훈련소까지 가게 됐어.

논산훈련소에 도착하니 발에 맞지도 않는 큰 군화를 하나씩 주더라고. 밥은 세끼를 다 주는데 2분 동안에 밥을 다 먹지 못하면 몽둥이가 날아와. 그때까지도 나는 한국말이 서툴렀어. 이젠 말귀를 못 알아듣는다고 매도 더 맞고 기합도 더 받는 거야. 한번은 창고에서 빗자루랑 청소도구를 가져다가 운동장에 떨어진 낙엽을 치우라는 말을 못 알아들었어. 엎드려 뻗쳐를 시키더니 빠따 서른 내를 때리는 거야. 서른 내를 맞으니까 걷지도 못할 지경이었어. '아이고, 이렇게 해서 앞으로 어떻게 훈련을 받겠나!' 싶더라고. 죽는게 낫겠다 싶어 밤 12시에 밖으로 나왔는데, 하늘을 보니까 초승달이 떠 있어. 순간 어머니 생각, 동생들 생각이 나면서 그렇게 서러울 수가 없어. 너무 보고 싶고, 너무 칭원한 거야

(서글픈 거야). 우리 어머니, 나 군대 올 때 부두에서 머리 헤불쳐놓고 울던 모습이 떠오르니까 도저히 안되겠다 싶더라고. 다시 정신을 딱! 차렸어.

운동장 화단에 있는 나뭇가지를 딱!딱!딱!딱! 분질렀어. 화단 책임자가 얻어터지든 말든 기합을 받든 말든, 내가 살고 봐야겠다 싶더라고. 화단에 꽃나무 중 가지가 앙상한 것들로 한 줌을 꺾었어. 이젠 그 나뭇가지를 묶어야 할 거 아니? 빤스(팬티) 고무줄을 끊어가지고 나뭇가지를 묶어서 빗자루 모양으로 만들고 그걸 가지고 이불 속으로 들어가 잠을 잤어. 아침 6시면 뺨빠라밤! 기상나팔을 불거든. 얼른 일어나서 밤에 만들어 놓은 나뭇가지 빗자루로 운동장에 낙엽을 깨끗이 치웠어. 당연히 그날 아침에는 기합을 안받았지. 나도 요망지긴 했던 모양이야. 산에 나무 하러 다녔던 경험도 있고, 또 힘도 워낙 쎘으니까. 그래도 키가 워낙 작아노니 내가 당번 걸리는 날에는 내 키 만한 밥통을 들고 가다가 고랑창에 거꾸로 박아지기(고꾸라지기) 일쑤였고, 웃지 못할 일들이 많았어.

아버지의 '빨간 줄' 그리고 애국

논산훈련소에서 아버지 '빨간 줄' 때문에 특무대에 불려가 조사를 받았어. 특무대 직원이 와서 몇 번 나를 닦달하더라고. 몇 살이냐 묻고, 어디에서 왔냐고 묻고, 여군에 왜 왔냐고 묻고. 한국말도 졸바로(제대로) 못하는데 특무대에 끌려가노니 무서워서 대답이나 졸바로(똑바로) 할 수 있었겠어? 얼른 대답을 못했지. 키도 자그마한 아이가 차렷! 자세로 서서 눈만 말똥말똥하고 있으니까 물어본 사람도 답답할 거 아니? 우리 군대 생활할 때에는 대답을 똑바로 못하면 바로 귓방망이를 내갈겼어. 지금 군대 생활 하는 건 어린애 장난이지 뭐. 귓방망이 한 대를 맞으니까 아주 눈알이 쏙 빠지는 것 같애. 그래도 차렷! 자세로 가만히 서 있어야 해. 그러자 칠판에다가 나라 국(國)자에 사랑 애(愛)자를 쓰는거야. 애국(愛國)이라고. '아! 나라를 사랑해서 왔냐고 하는 소리구나!' 알아차리고는 곧바로 "예!" 대답을 했지. 아버지 '빨간 줄'이 있으니까 나한테만 '빨갱이'라고 사상 조사를 했던 것 같아.

솔직히 나라 사랑이 뭔지 나는 그런 거 몰라. 일본에서도 '조센진'이라고 무시만 당했지 사람을 함부로 죽이진 않았거든. 어른도 죽이고 아기도 죽이고, 총 쏘아 죽이고, 죽창으로 칼로 찔러 죽이고, 돌로 쳐서 죽이는 데, 나라

여군 복무 시절.

사랑이란 게 있을 수가 있어? 나는 아무것도 몰랐지만, 아버지 '빨간 줄' 때문에 이미 우리 가족은 '폭도' 가족이 되버린 거야. 나는 폭도 가족이라는 소리도 듣기 싫고, '내가 군인으로 가서 빨갱이 누명을 벗어야지!' 그 생각 뿐이었어.

타자수가 통신병이 되고

논산에서 6개월 훈련을 마치고 이제 광주로 이동했어. 광주 상무대에서는 3개월 특수교육을 받았어. 총 9개월 동안 훈련을 받은 다음 자대 배치를 받는 거야. 나는 대구에 있는 2군 사령부로 배치됐어. 대구는 얼마나 추운지 몰라. 아침 6시에 일어나면 도라무깡에 있는 물이 얼어 있어. 그럼 돌멩이로 얼음을 깨

고 얼음물로 머리를 감는 거야. 머리가 고드름이 돼서 다 부서질 정도였지. 제주도에서 같이 입대한 동기생이 60명인데, 그중에 10명 정도가 대구로 배치됐어. 원래 우리는 타자수로 모병이 됐잖아. 육군 11기생으로 타자수로 근무 배치를 받았는데, 군대에서 사고가 있었어. 대구 대신동에 말하자면은, 신제주 로터리 같은 로터리가 있었어. 지에무시에 70여 명 여군을 태워서 대신동 로터리를 휙 하게 돌다가 지에무시 뒷문이 열려버린 거야. 차에 타고 있던 여군들이 길바닥에 다 떨어져 버릴 거 아니? 날래(빨래) 널듯이 둥 그려 분 거지(굴러떨어져 버린 거지). 다리 부러진 아이, 이빨 꺾어진 아이, 팔 부서진 아이, 말도 못했어. 그런데 운전석 뒤에 서 있던 여섯 명 만 무사한 거라. 그 여섯 명 가운데 내가 있었어. 사고당한 여군들이 모두 병원에 입원하게 되니까, 타자수도 통신병도 인원이 모자라게 된 거야. 타자수 다음이 통신병이었거든. 그러니까 이젠 타자수랑 통신병을 합쳐버린 거지. 그렇게 나는 통신병으로 복무하게 됐어. 그땐 통신병이라고 안 부르고 영어로 냄버라고 불렀어. 한번 냄버가 되면 다시는 타자수로 돌아가지 못해.

냉장고만큼 큰 통신기가 한 10대가 있었어. 3~4대는 민간인 담당이야. 이북에서 온 민간인들 있잖아. 그애들 인물이 참 이쁘더라. 키도 크고 늘씬하고 피부도 곱고 정말로 미인이었어. 미스코리아처럼. 그런데 말은 없어. 아주 얌전하고 우리 여군들한테는 꼼짝 못했어. 그렇게 이북에서 넘어온 여자아이들도 A조 B조로 하고 우리 여군들도 A조 B조로 교대 근무를 했어.

통신기에 빨강, 파랑, 노랑, 하양 불이 쫙 들어오거든. 빨간 불이 제일 높은 거야. 빨간 불은 사령관 별자리, 파란 불은 대령, 하얀 불은 행정부, 정보과는 노란 불이야. 불이 파착파착(번쩍번쩍) 들어오면 즉시 인천이여, 춘천이여, 강원도여 막 불러내서 통신병한테 팍!팍!팍!팍! 연결을 시켜야 해. 바로바로 코드를 꽂고 호출해야 하니까, 정신을 바짝 안 차리면 큰일 나지. 조금이라도 늦거나 실수가 있으면 바로 기합이거든.

야전 침대봉 '빠따' 서른 대

　여군에 있을 때 제일 힘든 건 기합이었어. 누구 하나 실수를 하거나 잘못을 하면 모두 연대 책임을 져야 했어. 잘못한 사람 한 명만 혼나면 좋은데 자기 때문에 여러 사람이 얻어터지고 하니까 더 무섭지. 우리가 잘못했다고 바로 우리를 때리는 게 아니야. 우리들 책임자인 장교가 있을 거잖아. 우리 앞에서 장교를 불러다가 가죽 장갑으로 착!착!착!착! 얼굴을 갈기는데, 아이고! 잘도(너무) 무서워. 그리고 나는, 선배가 잘못한 거 졸바로 얘기하지 않는다고 빠따 서른 대도 맞아났어. 서른 대씩 맞아난 그 생각만 하믄 지금도 징글징글해.
　통신병들 식사 준비는 민간인 아주머니 2명이 담당을 했어. 인원이 많으니까 큰 가마솥에 밥을 하고 찌개를 하잖아. 겨울엔 가마솥이 얼어서 깨질까 봐 밥을 하고 나서도 항상 물을 담아놔야 해. 그때는 연탄이 아니고 '고고수'라는 걸로 밥을 했어. 연탄보다 화력이 엄청 쎈 거야. 연탄은 타고 나면 부서지잖아. 고고수는 타고 나면 돌덩이, 쇠덩어리처럼 되더라고. 겨울 어느 날이었어. 아주머니들은 평소처럼 가마솥에 물을 부어놓고 퇴근을 했어. 그런데 우리 선배들 5기생들이 가마솥에 물을 몽땅 퍼다가 목욕을 해버렸나 봐. 5기생에 그렇게 악질들이 많았어. 가마솥에 새로 물을 받아놨으면 됐을 텐데 그냥 빈 채로 내버린 거지. 다음날 아침. 아주머니들이 밥을 하러 와 보니 솥이 다 깨져 있잖아. 이젠 비상이야. 누가 물을 썼는지 조사가 시작됐어. 선배가 잘못한 거 얘기했다가 남은 군대 생활을 어떻게 하라고? 선배한테 한번 찍히면 도저히 살아남을 수가 없는 거야. 그래서 누군지 말하라고 해도, 죽도록 맞으면서도 선배

여군 복무 시절, 제주에서 같이 입대한 동기생들과 함께. 둘째 줄 맨 왼쪽이 정봉영 씨.

가 잘못했다는 말을 안했거든. 연대 기합으로 서른 대씩 다 맞아도 절대 얘기할 수 없지. 아이고! 그때 나 골병들었어. 동지 섣달에 자갈밭 운동장에 엎드려 뻗쳐 시켜놓고 침대봉으로 빠따 서른 대를 때리더라고. 미군 야전 침대 있잖아? 한 사람씩 자는. 그 야전 침대 앞에 봉을 빼가지고, 그게 5백원짜리 동전만큼 솔진데 길이가 길었어. 침대봉 빠따(방망이) 서른 대를 맞으니까, 난 한달 동안 꼼짝을 못했어. 얼굴까지 온 몸이 부어서 목욕도 못 다녔지. 바늘로 톡 찌르면 금방이라도 피가 팍!팍! 터질 것만 같았어.

    그래도 빠따가 그나마 나았다고 해야 하나? 통신병으로 일할 때 제일 곤란

스러운 거는 우리가 다 처녀들이잖아. 한 달에 한 번 멘스(생리)를 할 거 아니? 멘스를 할 때도 절대 자리를 비울 수가 없으니까, 화장실을 마음대로 갈 수가 없어. 어림도 없는 일이지. 군복이 얼마나 두꺼워? 그렇게 두꺼운 옷도 소용이 없어. 나중에 보면 바지가 젖다 못해, 앉았던 의자가 피로 벌겋게 물들어 있거든. 교대 시간이 되어야, 그제서야 다른 사람 시켜가지고 바지 가릴 거 가져오라고 해서 화장실에 가는 거야. 그렇게 고통스러울 수가 없었어.

학살터에 지어진 통신감실

통신감실이 지어진 곳이 예전에 대구 사람들이 학살당했던 곳이라는 거야. 학살터로 쓰였던 곳에 민간인은 살 수가 없잖아. 그러니까 학교 같이 2층으로 지어가지고 군부대로 쓰는 거지. 통신감실에만 약 800~900명이 근무를 했어. 모두 여군들만. 그런데 비만 오려고 하면 화장실에서 아기 우는 소리가 나고, 자장가 부르는 소리가 나고 막 난리가 나는 거야. 우리가 너무 무섭다고 보고를 하니까, 화장실을 하나만 놔두고 시멘트로 막아버렸어. 그래도 화장실은 있어야 할 거 아니?

밤이면 불침번을 섰어. 두 시간씩 돌아가면서 근무를 서는데, 한번은 선배 한명이 불침번을 서다가 기절을 한거야. 나중에 들어보니까, 어떤 여자가, 처녀 닮은 사람이 입에 긴 칼을 물고, 머리는 길게 풀어헤쳐서 나타났다는 거야. 그 여자 귀신을 보고 기절해버린 거지. 그 선배만이 아니었어. 다른 사람들도 불침번을 설 때마다 이상한 일들이 계속 생기니까, 우리가 또 보고를 했어. 800~900명 여군들 있다고 해도, 다 처녀들, 어린것들이잖아. 대부분 10대였으니까 기가 약했던 거지. 결국 한동안 남자 장교, 제주도 출신이었던 남자 장교가 밤 12시부터 새벽 6시까지 뱅!뱅!뱅!뱅! 돌면서 순찰을 했어.

어떤 아이 하나는 자기 어머니 환갑 때 집에 보내 달라고 했는데 안 된다고 하니까 약 먹고 자살을 해버렸어. 하필이면 내 침대 옆에 자는 아이였어. 어느 날 아침 그 아이가 그릇에다 뭘 담고 탁!탁!탁!탁! 빻고 있는거야.

"뭐하냐? 뭘 그렇게 아침부터 빻고 있나?"
"약이야."
"무슨 약을 그렇게 빻아?"
"우리 같이 나눠 먹을래?"
"아니, 약은 혼자 먹어야 효과 있지 나눠 먹으면 효과 없어."

내가 거절하자 나를 보고 배시시 웃더라고. 옛날부터 약은 보약 먹을 때도 나눠 먹는단 소리는 안 들어봤거든. 설마 자살하려고 독약을 빻고 있을 줄은 꿈에도 몰랐지. 그걸 어떻게 알겠어? 나는 해심상하게(별일 아니라는 듯) 나가서 1시간 동안 근무를 하고 있었는데, 여군 중대 3소대원 하나가 죽었다는 거야. 아이고! 가슴이 자락 터져. '그게 독약인 줄 알았으면 내가 그걸 빼앗을걸' 후회만 되고. 사람 죽는 거 진짜 한순간이더라.

혼인신고 하루만에 다섯 오누이 엄마가 되다

통신병으로 8년을 복무하고 1960년에 제대를 했어. 내가 큰딸이다 보니 집안 걱정이 돼서 더는 안되겠더라고. 가사 제대를 해버렸지. 남들은 열일곱, 열아홉에 시집을 가는데, 나는 군대에 갔다 오니 벌써 스물일곱이 넘었잖아. 서른살 다 된 노처녀는 애기도 못 낳는다고 총각한테는 시집을 갈 수가 없는 거야. 이젠 죽어분(사별한) 자리, 이혼한 자리, 이런 데서 중신(중매)이 오는

데, 중신도 오게 되니까 한꺼번에 여러군데서 막 들어왔어. 나는 솔직히 세간 갈려분디(이혼한 자리)는 가고 싶지 않더라고. 언제 다시 붙을지(합칠지) 모르잖아.

마침 우리 동네 아주머니한테 중신이 들어왔는데 아들만 둘 있는 데라고 했어. 부인이 죽은 지가 7년 정도 됐고, 홀아방(홀아비)으로 살고 있다고. 중신애비가 나를 속이는 줄은 꿈에도 모르고, 그렇게 문 선생한테로 가게 됐어.

문 선생 큰 누님이 도두리에 살고 있었어. 도두리 김대옥 선생이라고 학교 교장선생 했던 분이 큰 누님 아들이었어. 옛날 하꼬차(상자처럼 네모 반듯한 차) 알건가? 네모나고 시커먼 하꼬차 있잖아? 그 차를 타고 문 선생 큰누님하고, 죽은 문 선생 전 부인 동생하고, 제주대학장 부인하고 세 사람이 나를 보러 왔더라고. 죽은 전 부인 동생이야 '자기 언니 자리에 누가 오나?' 보러 온 걸 테고. 제주대학장 부인은 문 선생 형수더라고. 제주대학장이 문 선생 큰 형이었던 거지. 그시절 우리 촌에서는 대학교 학장 부인이라고 하면, 또 하꼬차까지 타고 오면, 정경 부인이나 되는 사람인 줄 알지. 우리 어머니네, 기역자도 모르는 촌 할머니들은… 그래서 그냥 오케이를 해버린 모양이야. 나는 4·3때 불타버린 우리 집터에서 검질(김)을 메다가 어머니가 불러서 갔더니, 이미 허락을 했다는 거야. 결혼식이랄 것도 없이 우리 집에서 식사를 하고 그냥 그 세 사람을 따라서 이젠 시내로 내려갔어. 그래도 시내에 집은 하나 얻어 놨더라고.

집이 있으면 뭐할 거야? 집에 들어가 보니, 쌀도 없고 아무것도 없는데. 집안이 좋으면 뭐할 거야? 근 형이 제주대 학장이면 뭐할 거야? 남양방송 사모님, 박종실 며느리가 우리 남편 두 번째 누님이면 뭐할 거야? 문병원이라고 유명한 병원장이 우리 남편하고 사촌지간이면 뭐할 거야? 당장 밥 해 먹을 쌀도 하나 없는데.

그런데 더 기가 막힌 건 아직 시작도 안 했어. 예식도 결혼사진도 아무것도 없이 그렇게 출출하게(단촐하게) 결혼을 하고 첫날밤이 된 거야. 꿈을 꿨는데 머리는 길게 풀어헤쳐 산발하고, 위에는 수박색 비단 공단 저고리를 입고 밑에는 진한 곤색 청색 치마를 입은 여자 귀신이, "귀신이다" 하면서 내 앞에 두 발자국 앞에 딱! 나타난 거야. 그때만 해도 군대 갔다가 8년 살다 온 기질이 남아 있었을 거 아니겠어?

"나는 잘못한 게 없는데, 귀신이라고 나한테 달려드는 건 뭐냐!"

요망지게 달려가서 귀신의 긴 머리를 뒤로 확 젖혀버렸어. 얼굴을 딱 보는 순간, 아니! 나한테 죽은 부인 큰언니 된다고 자신을 소개했던 사람, 바로 그 얼굴이었어.

"우리 동생, 아기 낳다가 죽어부런. 막 배고팡 죽어부런(배 고파서 죽어버렸어) 하며 애석해 하더니, 귀신이라고 나타나면 어쩌라는 거냐! 내가 잘못한게 뭐냐!"

내가 반말로 막 화를 냈어. 우리 군대 갔다 온 사람들은 수틀리면 바로 반말이 나오거든. 그러니까 이젠 북쪽으로 싹 돌아서더라고. 얼굴은 금방이라도 울 것처럼 슬프게 찡그리면서. 아마도 비오는 날 묻었었나봐. 질팍질팍한 진흙길을 맨발로 밟으면서 북쪽으로 자박자박 걸어 가더라고. 깨어보니 꿈인데 머리가 쪼개질 것처럼 너무너무 아픈 거야.

순간 나도 무슨 정신이었는지 모르겠어. 내가 베고 있던 베개를 확 뜯어봤

2019년 6월 8일 '제주북부예비검속희생자원혼합동위령제'에 처음 참석해 참배하고 있는 정봉영 씨.

어. 빨간 주머니에 부(不)라고 써져 있는 바싹 마른 대나무가 들어있더라고. 아무래도 죽은 자리(사별한 자리)에 가니까, 7년 동안 홀애비로 있었던 자리니까, 뭔가 안좋다, 궂다는 소리를 들어지니까 방도(方途)로 그랬겠지. 그냥 모르는 척 하기로 마음을 먹고 베개를 다시 꼬매놨어.

첫날 밤에 귀신을 만나고 더 놀랄 일이 있겠나 싶었어. 그런데 웬걸? 귀신보다 더한 게 있었어. 남편한테 아이가 아들 둘만 있는 게 아니라 다섯 오누이가 있었던 거야. 딸 셋에 아들 둘. 친척집에다 맡겨 두었던 아이들을 하나씩 데려오는 데 기가 찰 노릇 아니? 아들 하나는 셋어머니한테 맡겨놨고, 딸 하나는 제주대 학장네 집, 큰 어머니네 집에서 식모살이 하면서 고등학교를 다니고 있더라고. 혼인신고 하루 만에 다섯 오누이 엄미기 돼버렸어.

"빨갱이 종내기", 남편을 떠나다

　남편은 여고 3학년 수학 선생으로 있었는데 월급이 상당히 적었어. 적은 월급에도 우리 남편은 술도 먹고 담배도 펴야 되는 어른이었거든. 그런데 남편이 가르쳤던 여고생 하나가 시집을 잘 갔나봐. 부잣집으로 시집을 가더니, 대한항공 매표 대리점 하나를 우리 남편한테 해준 거야. 학교 선생보다야 벌이가 좋을 거 아니? 우리 남편, 당장 학교를 그만두고 대리점을 맡아서 하는데 결국 9개월도 못했어. 전두환 정권이 들어서면서 민정당이 아니니까 다 빼앗아버린 거야. 민정당이 아니면 사람 대접이나 받을 수 있었나 뭐? 대리점을 뺏겨 버리니까 그때부터 남편은 배설 제왕(속이 뒤집혀서) 술만 먹고 빚만 늘어나는 거지.

　돈도 없고 먹을 것도 없고 그렇다고 손가락만 빨고 있을 수는 없잖아! 오죽하면 우리 친정, 도두리 어머니 집에 가서 쌀 도둑질을 해다 다섯 오누이 밥해 먹이고 살았다니까. 그때는 비행장을 가운데로 가로질러서 다닐 때였어. 밤 9시쯤. 도두리에서 비행장을 지나서 무근성으로 쌀을 지어서 오다 보면 한 두어 시간 지날 거 아니? 그때 우리가 북국민학교 옆, 옛날 제주치과 밑에 방 두칸을 빌어서 살고 있었거든. 집에 와서 어머니한테 빌어온 쌀로 밥을 하다가 보면 밤 11시가 지났어. 그제서야 밥을 먹는 거야. 낭푼이(양푼) 하나에 애들 다섯이 모다 들엉(모여 앉아서).

　그렇게 살아봐도 '빨갱이 종내기(빨갱이 족속)'라고 남편한테 얼마나 구박을 받았는지 몰라. 결혼 전에야 호적 같은 거는 안들러보니까(확인하지 않으니까) 처음에는 몰랐던 모양이라.

　그런데 나중에 보니까 우리 아버지한테 '빨간 줄'이 있거든. 그러니까 그때부터는 '빨갱이 종내기'라고 구박을 하는 거야. 밥도 한 상에서 못 먹게 했어.

저리 가서 따로 먹으라고 내쫓아버리는 통에. 자기는 아기 다섯 개 있는 것도 속이고 결혼했으면서!

　결혼한 지 2년이 되어서야 첫 아기를 가졌어. 임신 7개월쯤 됐을 때야. 배도 삘락(불룩) 나왔지. 하루는 우리 큰아들이 달력을, 동방생명 달력을 펼쳐 보더라고. 일본서는 흔한 것이 달력이었거든.

"그 달력 한장만 줄래?"
"건방지게 누구보고 달력 도랜 행(달라고 해서) 가졌냐!"

　큰아들이 가져다 준 달력을 접어서 부엌에 놔두고 밥을 하고 있는데 갑자기 남편이 소리를 지르는 거야. 아니! 달력 한 장 가진 게 뭐 그리 잘못한 거라고. 그래도 남편이 화를 내니까 얼른 줘버렸어. 우리 남편 뭐에 화가 안 풀렸는지 구둣발로, 빼쭉한 구둣발로 내 엉치를 다락! 차버리는거 아니? 배도 삘락 나온 상태라 정말 힘들게 앉아서 밥을 하고 있었는데 엉치를 차버리니까, 아이고! 창자가 끊어지도록 아프더라고.

　그때는 남자 구두가 빼쭉했었어. 우리 남편은 멋부리고 다니는 어른이라서 빼쭉하게 노실은(날렵한) 멋쟁이 구두를 신고 다녔거든. 창자가 끊어지게 아프고 너무 서러워서 그 길로 일어나서 친정 집으로 와버렸어. 우리 어머니는 아무것도 모르지. '빨갱이 종내기'라고 임신 중에 구둣발로 엉치를 차버리니까 집을 나왔다는 말을 어떻게 해? 어머니 금착힐까봐(철렁하고 가슴아플까봐) 아무 소리 못했지. 그때부터 내가 9년 동안을 친정 어머니한테 밥을 얻어먹으면서 살았어. '빨갱이 종내기' 소리 들으면서 살 수는 없잖아. 그래서 아기도 아들 히나 밖에 못 낳았지 뭐.

9년 만에 다시 만난 남편

"이 손지 네 살 되시난, 이젠 나강 일 행으네 얻어 먹으멍 살라(손자 네 살이 됐으니, 이제 집을 떠나서 일하면서 먹고 살아라)"

내가 낳은 아들이 네 살이 됐어. 하루는 어머니가 육지로 가라는 거야. 육지에 우리 동생이 살고 있었거든. 육지로 나가도 내가 무슨 기술이 있나? 아무것도 없잖아. 그냥 식당에 취직을 했지 뭐. 여기 같으면 동문시장에 있는 점방 같은 노점에서 일을 했어. 그땐 다 가난했지만, 그래도 제주보다는 돈벌이가 나았나 봐. 돈을 좀 모아서 우리 아들 아홉 살 됐을 때 제주로 돌아왔어.

1년에 60만원 집세를 내고 작은 점포 하나를 빌렸지. 하이타이, 과자, 빵 같은 잡화를 가져다 놓고 라면을 끓여서 팔았어. 넉넉하진 않았지만, 그래도 우리 아들 공부시키면서 살 수는 있겠다 싶더라고. 그런데 9년 만에 남편이 나타난 거야.

남편이라고 나타나도 돈이 있나? 직장이 있나? 아홉 살 난 우리 아들이 아버지 얼굴을 알기나 하나? 아버지라고 나타나도 우리 아들이 본숭 만숭(본체 만체) 하더라고. 정이 안가서. 그러자 아들한테 면(체면)이 안섰던지, 아들이 방바닥에 엎어져서 공부하는 게 마음에 걸렸는지, 책상 조그만한 거 하나를 사다주더라고. 그렇게 다시 남편과 같이 살게 됐어.

우리 시동생이 농림교육원 구내식당을 운영하고 있었어. 나한테 손아래 동서가 되는 시동생 부인은 숙대(숙명여대)를 나오고 공부도 많이 한 여자였는데, 식당 경험이 없으니까 6개월 만에 450만원 빚을 지게 된 거야. 빚이 막 늘어나니까 우리 남편이 자기 동생한테 얘기를 했던 모양이야.

"우리 아들 어멍한테 시켜보믄 그 빚도 벗어질거난, 한번 맬겨 보라(우리 부인한테 맡겨 보면 빚도 갚을 수 있을테니, 한번 맡겨보라)."

하루는 시동생이 나를 농림교육원으로 데리고 가더라고. 나야 테이블 세 개짜리 라면 장사나 하던 사람인데, 구내식당은 대충 봐도 40평은 돼 보였어. 아이고! 가슴이 다락 털어젼(철렁 내려앉았어).

"난 영 큰 데서는 해나지 않해부난 못허쿠다(난 이렇게 큰 곳에서는 (장사를) 해보지 않아서 못 하겠어요)."

거절하고 집으로 돌아왔어. 집에 와서 잠을 자는데 또 꿈을 꾼 거야. 옛날엔 변소간(푸세식 화장실)에 보면 하양한 버랭이(구더기)가 바글바글했었어. 도새기 기르지 않는 집 변소 바닥에는 하양한 버랭이가 꾸불꾸불 기어댕기고 했거든. 그 똥벌레가 내 꿈에 나타난거야. 내가 반찬을 하려고 콩나물을 삶아서 양념을 넣고 주물럭주물럭 무치고 있었는데 콩나물이 몬딱(전부) 똥벌레로 바뀐 거야. 내 손에 똥벌레가 바글바글한거야. 아이고! 놀래서 꿈에서도 손을 탁!탁!탁!탁! 쳤어. 손에서 똥냄새 난다고 탁!탁!탁!탁! 털면서 꿈이 깬 거라. 이상한 생각이 들어서 친정 어머니한테 꿈 얘기를 했어.

"똥 꿈은 좋은 거난, 하가말가(할까말까) 고민하지 마랑 힌번 해보라."

그래서 들어성(적극적으로) 하게 된 거야. 구내식당을. 내가 식당을 맡은 지 30일도 안됐는데, 40·50명도 안들어오던 식당이 이젠 훈련생들두 막 들어오

지, 또 공무원들도 100명, 150명씩 막 들어와서 일주일씩 살다 가지, 또 대학생들도 교육으로 왔다 가지, 버스 운전수들도 일주일에 한번씩 들어왔다 가지. 나중에는 일본에서 학생들도 8월 달만 되면 80명씩 오고. 구내식당 운영이 너무 잘 되는 거야. 그런데, 박정희 대통령이 돌아가시는 바람에 그만두게 됐어. 그때 식당을 직영으로 운영하겠다고 바꿔버렸거든.

서울대 보내준다던 아버지 약속

구내식당을 한 2년 정도 운영하고 나니까 돈이 좀 모였어. 광양성당 근처에 방 여섯 개짜리 전셋집을 얻어서 하숙을 시작하게 된 거야. 3년쯤 지나니까 이젠 이사를 가게 됐어. 그때 지금 내가 사는 집, 이 집으로 옮긴 거야. 나는 하숙칠 때 절대로 학생들 밥은 굶지 않게 했어. 내가 하도(너무) 배고프게 살아나니까. 밤 12시에 공부하고 들어와도 밥을 꼭 챙겨줬어. 서울대학교 다닌 우리 아들, 서울서 하숙할 때는 시간이 20분만 늦으면 밥은커녕 죽도 안 줬다고 하더라고. 아침에도 늦잠 자면 밥상을 다 치워버리고 학교에서 차 놓쳐서 조금이라도 늦게 들어오면 이미 밥상이 치워져 없더래. 그 소리 들으니까 가슴이 얼마나 아프던지… '아이고! 육지 사람들은 영(이렇게) 지독하구나.' 그래서 나는 우리 집 하숙생들한테는 아침이고 밤이고 새벽이고 밥을 꼭 챙겨줬어. 그래서 그랬을까? 우리 집에서 공부한 아이들은 거의 다 잘됐어. 시험 준비하는 아이들도 많이들 합격해서 나갔고.

나 어릴 때, 일본에 있을 때, 우리 아버지. 내가 자고 있으면 내 배에다가 손가락으로 한문 글자를 쓰면 내가 다 알아 맞췄대. 내가 동생들보다는 좀 똑똑

◀ 2020년 10월 24일 4·3평화공원 내 '행방불명인 표석 비원'의 아버지 표석 앞에서.(박성근 사진)

했었나봐. 아마 엄마 뱃속에서 빨아 먹은 보약 효과가 있었던 거겠지? 우리 아버지 내가 영특하다며, "우리 딸 나중에 서울대학교 시켜줄게(보내줄께)" 노래를 불렀었어. 그 난리 통에 대학은커녕 국민학교도 못 가봤지만. 그래도 내 속으로 낳은 우리 아들이 서울대학교를 갔으니까 아버지 소원 풀이는 한 건가? 서울대학교 나온 우리 아들, 아이비엠 과장으로 10년 일하다 지금은 마이크로회사(마이크로소프트사) 이사로 있지만, 처음 미국 회사 갈 때 조사를 얼마나 많이 받았는지. 그래도 아무 문제가 없었던 건, 우리 아버지 '빨간 줄' 내가 지웠기 때문이겠지.

〈구술 채록·정리 조정희〉

한밤 중 들린 뱃고동 소리에 아버지는 영영

김을생

_1935년 생. 4·3 당시 제주읍 영평 가시나물 중동네 거주

내 이름은 다마짱

나는 돼지띠, 을해생. 우리 형제가 3년 1남이라. 바로 아래 동생이 네 살 차이, 둘째 여동생은 5살 차이라. 막내 남동생(김필문)은 11살 차이. 둘째 동생 아래 여자 동생 있었는데 어릴 때 홍역으로 가버려서 막내 남동생과 나이 차이가 많이 나.

일본에서는 나를 '다마짱'이라고 했어. 일본에서 태어나니까 한국 이름이 없었거든. 고향에 와서 을해년에 났다고 '을생'이라고 했다고 해. 4·3 사건이 난 뒤에도 동네 어른들이 '을생'이라고 부르지 않고 '다마짱아', '다마짱아'하고 불렀어.

어머니 아버지가 일본에 갔었거든. 일본에서 나 위로 소나이(남자 아이) 둘을 낳았는데 얼마 크지 않아 죽고, 또 죽고 했다고 해. 나도 일본 동경에서 태어났는데 그때 아팠어. 지금은 괜찮지만 그때는 많이 아프니까 어머니가 "지집아이라도 실어야주. 다 죽어불민 어떵허코(계집아이라도 살려야지. 다 죽어버리면 어떡하나)."해서 고향에 돌아오게 된 거야. 내가 4살 때 부모님이 고향에 돌아왔지. 아버지는 공장에 다녔던 것 같아. 어머니가 먼저 고향에 오니까 아버지도 일본에 있지 못해서 들어왔고, 우리 아버지는 일본 갔다와도 일본 말을 못하고, 어머니는 잘 했어. 우리 아버지가 복이 없는 불쌍한 어른이야. 제국시대[일제 강점기]에는 노무자로 가서 비행장에서 일을 하고, 4·3사건 때는 어디서 돌아가셨는지도 모르니.

일곱 살 때부터 촐(꼴)하러 다녀

제국시대에는 먹고 살려고 보리를 갈면 공출해서 바치라는 명령이 내려와. 반별로 공출해서 바칠 보리를 따로 재배하면 먹을 게 없어. 한 집에 얼마씩 배당시켜 빼앗으면 우리는 먹을 게 없거든. 그러면 우리는 말이 먹는 보리를 따로 갈았어. 연맥이라고 말이 먹는 보리가 있었거든. 쏠락 쏠락 한 게, 색깔이 포리롱(푸르스름한) 한 게 있어. 따로 밭 하나를 갈아서 그걸 먹으면서 살아나기도(살기도) 했어. 보리농사, 콩, 팥, 산디(밭벼)도 했었고.

6살 때까지는 영평 가시나물 웃동네 살고, 그다음에는 가시나물 중동네 살게 됐어. 지금 우리 남동생 사는 집에서 살았지. 우리 할머님은 할아버지가 34살에 돌아가시니까 28살에 과부 됐거든. 당신(할머니)은 젊은 때 과부 돼도 일이 빠르고 착해서 남의 밭 병작해서 빌어먹으며 살았다고 해.

할머니가 4천 평은 되는 윤남모루 촐밭[지금의 제주국제대학교 자리]을 사서 촐(꼴) 베러 다녔다고 해. 8월이 되면 촐(꼴)하러 다녔어. 나는 7살 때부터 8월 나면 '쇠촐 비듯' 다녔거든. 8월 그뭄도록(그믐까지) 한 달 동안 촐을 해와. 쇠도 먹이고. 가시나물에서 윤남모루까지 다닌 거지. 그 나이 때부턴 촐하러 다니고, 이웃 삼촌들 검질(김) 수눌음[품앗이] 맨다고 밭에 따라가서 검질 수눌음도 했어.

야학에서 청년들에게 글 배워

초등학교 1학년만 다녔으면 나도 대통령 할거라. 사주팔자에 머리 좋다고 하거든. (웃음) 둘째 여동생은 알무드네 초등학교를 보내주고, 난 못 가고 했던 게 생각나. 우리 아시(동생)는 학교 안 가겠다고 울고, 나는 학교 가겠다고 울고 했지. 친구들 가운데는 학교에 다닌 아이도 있고, 다니지 않은 아이도 있어. 우리 집에는 공부한 식구가 없으니 필문이를 악착같이 고등학교 시키려고(보내려고) 했지.

그래도 나는 제국시대에 글을 배웠어. 난 할머니 성질 닮았다고 해. 꼭 할 건 해야 하고, 고를 말 골아야(할 말은 해야) 되고. 학교 갈 나이가 될 때 아버지한테 "아버지, 나 학교 가젠" 했어. 그랬더니 아버지가 "넌 어머니 심바람(심부름) 해야 돼. 애기덜(아기들)도 봐주고, 어머니 심바람 해야 돼." 하면서 학교에 보내주지 않았어. 내 친구 오순찬이도 집에서 시키지 않았지. 그때 영평에 싱싱한 청년들이 있었주게. 잘도(무척) 싱싱했어. 그 청년들이 '다마짱아' 하면서 나를 많이 아껴줬거든. 강추문, 김빙화 어른 같은 분들이 학교 못 가는 아이들 야학시키자고 해서 나하고 순찬이가 야학을 다녔어. 김빙화 어른은 우리 아버지와 함께 잡혀가서 나오지 못하고, 강추문 어른도 4·3사건에 돌아가셨지. 야학 다닌 사람은 많지는 않았어. 제국시대니까 '일, 이, 삼, 사'는 '이치, 니, 산, 시'처럼 일본 글로 배웠지만, 글은 '가, 갸, 거, 겨' 하듯이 한글을 배웠어. 그해 겨울에 두석 달 정도 배웠던 것 같아. 검질 매러 다닐 때라. 그 어른들이 잘도 아껴줬어. 지금 가시나물 경모덩 있는 데시 배웠었지. 거기가 힉교였주게(학교였지). (웃음).

두석 달 배운 게 전부라도 글은 알아. 아버지가 창호지 바르다가 남은 걸 어디 놔두면 ㄱ건 내가 찾아다가 ㅇㄱ려서(접어서) 책갑이 만들어서 실로 꿰맸어. 거기에 야학에서 배운 글을 연필로 쓸 거 아니라게(아니겠어). 맞춤법도 더러 배웠어. 하루는 글을 써서 궤(물건 넣는 상자) 틈에 찔러놓고 있으니까 아버지가 그걸 빼내서 봤어. "누게가 영해 시니(누가 이렇게 글을 썼니)?" 하니까, "아버지, 다마짱이 헌 거 우다(한 겁니다)"고 했지. 아버지가 "아이고, 나아덜 착허다"(아이고, 내 자식 착하다)고 칭찬하면서 막 울고 했었주게(했었지). 이제도 그게 생각이 나. 아버지는 지집아이들 아껴줬는데 할머니는 지집아이, 소나이를 구분해. 어머니가 아들 낳지 않는다고 구박했었지.

우리 어릴 때니까 갈중이는 그렇게 입지 않았어. 어머니가 바느질하면서 손으로 꿰매서 광목에 검은 물 들인 치마를 입기도 했고. 어머니가 일본에 살 때 입었던 명주 저고리가 있었는데 겉감을 뜯어서 빨갛게 물들여 저고리를 만들어서 입혀줬던 기억이 나.

서청 군인들의 집 방화

우리 아시(동생) 초등학교 2학년 올라갈 때 4·3사건이 나버렸어. 그날은 잊을 수가 없어. 사뭇 가슴에 (못이) 다 박혀 있는 날이어서 잊어버릴 수가 없지. 아버지가 잡혀 가서 열흘쯤 지난 뒤 집을 불 캐와버렸어(불 태워버렸어). 어머니가, 아버지가 어디가 있는지 알아보려고 돌아다니면서 수소문했더니 농업학교에 갔다고 하는 거야. 사람 잡아가면 거기 농업학교 창고에 다 데려다 놓았다고. 어머니가 이틀에 한 번 꼴로 농업학교에 다녀왔지. 어머니가 갔다와서 하는 말씀이 주먹밥을 주고 있더라고 해. 그리고 나서 열흘쯤은 됐어.

1948년 음력 10월 26일[양력 11월 26일]이라. 늦가을 날씨가 좋았지. 저녁 어두운 때였어. 그때야 (밥)상이 어디 있었어게(있었겠어). 정지[부엌] 바닥에 밥을 차려놓으니까 사발째 바닥에 놓아서 딸 셋하고 어머니는 세 살짜리 남동생 안아서 밥 먹이고 있었지. 저녁 식사도 다 끝내지 못한 때라. 식사를 하는데 마당이 버~얼~것, 훤하게 밝아오는 거라. 나가 성질이 조금 바쁘고 빠르거든. 어머니한테 "아이고, 어머니. 저 마당더레 봅서(마당 쪽으로 보세요). 마당이 벌겅해왐수다(마당이 붉어지네요)." 했어. 어머니가 "이이"(그래?)하면서 무슨 일인고 하는데, 나가 졸락허게(급하게) 마당으로 나왔어. 마당 저쪽으로 불이 훤하게 붙어오는 거야! 집이 몬딱(모두) 불타면서! 그 사람들이 서녘 우영팟(텃밭)이 큰데 그쪽으로 불을 붙이면서 내려왔어. 왕대나무에 무엇인지 빙빙 감아 횃불 만들어서 들고 다니며 이디강 지더, 저디강 지더(이곳에 가서 불을 지르고, 저곳으로 가서 불을 지르고) 하면서 날뛰는 거라. 나는 '폭도', '폭도' 하면서 산 쪽에 붙은 사람들이 자기네 말 듣지 않는다고 그렇게 한다고 생각했는데, 폭도가 아니라 나중에 보니 서북청년 군인들이었어. 할머님이 그때 가시나물 웃동네에 따로 살 땐데 어디 있다가 달려왔는지 달려온 거라. 우린 생각도 하지 않았는데 달려오더니 세 살 난 남동생을 안아서 어디론가 숨었어. 할머니가 '아들', '아들' 했었거든. 그때 그 놈들 3명이 왔어. 국방색 옷 입고 도리우치 모자 쓴 사람, 데츠카보도(철모) 쓴 사람. 순경이 아니고 군인들이었어. 처음에는 제주도 사람인 줄 알았는데 알고 보니 서북청년단이었어. 훤하니까 다 보였거든. 총은 에무완(M1) 총. 총이 나 키보다 더 길어. 총 메고 횃불 들고 불붙이며 다니는 거라.

살려달라고 애원하는 어머니의 머리에서 피기 쏟이져

우리 어머니는 그놈들이 불붙이는 쪽으로 쫓아가서 손이 발이 되도록 빌었지. "아이고, 선생님네 우리 살려주십서. 살려주십서." 해도 그놈들이 살려줘? 발로 탁 차면 저리로 나뒹굴고, 저리로 탁 차면 둥그르오고(굴러오고) 했어, 어

머니는 "선생님네 살려줍서" 하는데, 그놈들이 차도 화들짝(벌떡) 일어나서 또 "살려주십서"했지. 살려줌이랑 마랑(살려주기는커녕)! 총대가리로 그냥 내리치니까 머리가 깨졌어. 그래도 다시 "아이고, 살려줍서, 살려줍서." 피는 얼굴로, 어깨로 꽐꽐 쏟아지는데도 어머니는 살려달라고 빌고, 그놈들은 차도 또 차고 했어.

우리 세 성제(삼형제)는 그 옆에 서서 "우리 어머니 살려주십서. 살려주십서." 울고불고 난리났지. 그렇게 소리치고 하니까 그 군인들이 나를 발로 찼어. 저만큼 굴러가서 휘딱 나자빠졌다가 와작착(벌떡) 일어나서, 다시 그 군인들 앞에 가서 "살려줍서. 살려줍서." 애원하는데 집 앞 신작로 올래 우녁 편(오른쪽)에서 호루라기 소리가 나. "야! 집합이다. 집합! 이제 그만해서(그만하고) 오라. 집합! 집합!" 이런 말이 들리더니만 한 명은 먼저 나가고, 두 명이 남아있었는데 나가려고 하다가 한 명이 우리 어머니 가슴에 총구를 바짝 대! "이년 쏘아버릴까?"하고 옆에 군인한테 말하는 거야. 어머니 머리에서는 피가 꽐꽐 쏟아지는데 말이야. 그랬더니 다른 군인이 "아이고, 내버려. 피 쏟아지고 더럽잖아."해서 둘이 그냥 갔어. 그때 쏘라고 해서 쏘아버렸으면 우리는 고아될 거였지.

어머니는 머리에서 그렇게 피가 줄줄 흐르는데도 우리더러 "아이고 애기덜아. 아이고 애기덜아."하고 부르면서 초나룩(찹쌀)에 붙은 불을 끄라고 하는 거라. 그때 450평짜리 밭에 있는 초나룩 모두 비어다가(베어다가) 눌고 노람지[낫가리를 덮는 띠로 엮은 이엉] 덮었었거든. 와랑와랑 눌을 돌아가면서 탔어. 그 양식에 불을 붙여버렸으니 어머니는 피가 꾈꾈하면서도 불에 딘 초나룩에서 여물을 찾으려고 초나룩을 잡아당기면서 우리보고 "저 불 볼르라(밟아라). 저 불 볼르라." 나는 "아이고, 어머니. 내붑서(관두세요). 내붑서. 거 먹엉 못삽니다(그거 먹지 못합니다)." 그렇게 해도 어머니는 초낙룩들을 잡아당기고, 나는 한쪽 팔을 쓰지 못한 채 서서 초나룩을 밟으면서 불을 껐지. 어머니는 꺼내고 우리는 불을 끄려고 밟고 있는데 동네 어른이 어디선가 나타난 거라. 그 어른이 와서 "아주머니 이리 옵서. 이거 뭐우꽈?" 하더니만 홱 하고 갔다가 20분 정도 지나서 다시 온 걸 보니 핀셋, 옥도정기, 반창고, 약솜 몬딱(전부) 가진 사람 하나 데려왔어. 그 사람이 어머니 머리 크게 다친 부분을 가위로 동그랗게 잘라내고 약솜에 옥도정기를 발라서 머리와 얼굴에 묻은 피를 닦아내고, 무슨 약을 발랐는지 머리에 약을 발라서 반창고를 붙였어. 그리고는 "아주머니, 성님만 빨리 올라오랜헙서(형님만 빨리 올라오라고 하세요). 이디 올라와사 삽니다(여기 올라와야 삽니다)." 하는 거라. 그렇게 어머니 상처를 임시 치료하고 그런 말을 하고서는 확 나갔지. 나는 그 장면을 가만히 서서 다 보았거든. 그래서 알아.

돌담에 속삭이는

집이 불에 타니까 어디 앉아 살았느냐 하면 담굽에 앉아서 살았어. 나흘을 그렇게 살았어. 물 혼직(한 모금)이 어디 있어? 집만 탔나? 송키(채소)도 다 타버려서 먹을 게 없었어. 담굽에서 밤낮을 살았어. 나가 먼저 내려온 다음에는 물도 혼직 못 먹으면서 어머니하고, 동생 셋에, 할머니 하니 다섯 식구가 담굽에 앉아서 며칠을 산 거지.

그렇게 살고 있는데 누가 농업학교에 있는 아버지한테 우리 집 소식을 전달했는지 아버지가 그 소식을 듣고는 밥을 먹지 않았다고 해. 밥 당번이 아침 점심 저녁을 돌아가며 배급하는데 아버지가 밥을 먹지 않았다고. 아무 죄도 없는데 집을 태워버리니까 아버지가 얼마나 노여워했을 거야! 그 사람이 높은 군인한테 가서 아버지가 며칠 동안 밥을 먹지 않는다고 하니까, 그 군인이 아버지를 불러오라고 해서 식사 하지 않는 이유를 물어봤대. 그랬더니 아버지가 "산에서 폭도들이 내려와서 집을 태워버리고, 가을농사 거둬 온 것도 다 태워버렸습니다. 폭도들이 가속을 잡아서 때려 머리까지 깨졌는데 먹을 것도 없이 담굽에 앉아 며칠을 굶고 있다고 합니다. 어떻게 여기서 앉아서 밥을 받아먹을 수 있습니까?" 했다는 거라. 그랬더니 그 높은 양반이 죄가 없다는 증명을 해주면서 나가라고 해서 나왔어. 나와도 집은 불에 탔지, 길은 막혔지, 갈 데가 없는 거야. 그래서 지금 시민회관 서쪽 버스 정거장 아래쪽 서머세에 살던 언니를 찾아갔어. 나중에 아버지를 만나니까 농업학교에서 있었던 이야기를 다 해서 아는 거라.

가시나물에서 서머세로

가시나물 우리 집 불 태워버려서 내려가게 될 때는 처음에는 시민회관 부근 서머세에 살았어. 그때 길 동쪽은 동머세, 길 서쪽은 서머세라고 했지. 언니는 우리 어머니 본 남편 딸이라. 성이 다른 언니라도 우리 아버지가 결혼도 시켜 주고, 나 위로는 아무도 없어서 친언니처럼 아주 친하게 지냈어. 거기서 방 빌어 살았거든. 우리 형부는 거로 출신인데 특공대 대장했지. 그 바람에 아버지가 형부네 집에 들어간 거야.

집을 불 태워버려서 돌담 아래 너오누이(네오누이)가 사는데 서머세 사는 언니가 주인집 할아버지하고 같이 올라왔어. 처음에 언니네는 청년들이 길을 막아서는 바람에 영뎅으로 올라오지 못했어. 언니가 집이 불에 타서 먹을 게 없는 데다 다마짱이 어깨를 쓰지 못해 헝겊으로 둘러매고 있어 데려다가 치료해야 될 거라고 해서 우리 집까지 오게 됐지. 군인들이 집을 불태우면서 발로 차 버려서 내 어깨가 물러앉았었거든. 그래서 어머니하고 동생들, 할머니는 막내 남동생 업고 담굽에서 살다가 주인집 할아버지와 함께 온 언니를 만난 거지. 그런데 나만 언니네 하고 먼저 내려오게 됐어. 집에서 한참을 내려오는데 소낭밭(소나무밭)에서 동네 청년 형제가 막대기에 쇠꼬챙이 찔러 묶어 만든 철창을 들고 지키고 있더라. 나는 아픈 핑계해서 내려왔지만 그 청년들이 막아버려서 동생들이나 할머니, 어머니네는 내려오지 못한 거지. 그 청년들이 "성님만 나오민 제기 이레 올라옵서. 이디 올라와사 살주 아래 내려가민 못삽니다(형님만 나오면 빨리 이리로 올라오세요. 여기 올라와야 살지 아래 내려가면 못삽니다)." 하는 거라. 그래서 어머니네는 그대로 눌러앉은 거지. 그 청년들은 아버지가 석방돼서 나온 건 몰랐어. 그래서 나머지 식구들은 나가 내려온 지 사흘을 더 담굽에 살다가 내려왔어. 그때 군인들이 와서 다 내려가자고 했거든. 그 바람에 모두 내려온거지. 내가 내려와서 보니 아버지가 나와서 길가에 앉았으니까 너무 반가워서 아버지 잡고 많이 울었지. 아버지는 "다마짱아, 울지말라. 울지말라." 달래고.

집에서 기르던 도새기(돼지)는 언니네 주인집 할아버지가 지게에 지고 갖고 와 추렴해서 형부 아는 사람들 먹게 하고, 할머님은 [아픈 곳] 쥐어주는 할머니 모셔다가 손자 어깨 쥐어달라고 해서 쥐어주고, 돼지 지름(기름)을 붙여서 감고 살았어. 돼지 비계를 붙이니까 그게 도움이 됐지. 서머세 살 때는 언니네 방 한 칸에 열 사람이 살았어. 할머니, 아버지, 어머니, 너오누이, 언니네 부부, 언니 아기 해서 열명 아니? 열 명이 방 한 칸에 산 거라. 방이 아무리 커도 열 명이 담아지면(들어가면) 작잖아. 할머님이 보통 사람이 아니거든. 빠르기도 빠르고 알기도 잘 알아. 할머님이 동머세 집을 구했어. 동머세 집은 성안 사람 집인데 가시나물 괸당네는 안거리집(안 채) 빌어서 살고 있었고, 작은 집 하나는 우리 할머니가 빌어서 살았지. 밖거리 방 한칸짜리 빌어서 들어가는 입구에는 솥을 앉히고 살안. 가시나물 웃동네 괸당 할머니가 시리시리한(싱싱한) 아들 둘을 데리고 먼저 와서 살고 있더라고. 그래서 그 집을 빌어서 가게 되니 우리 모두 기뻐했주게.

아버지 어머니, 그리고 할머니의 연행

그때가 그 해 겨울이라. 돌동산에 바위가 있고, 소나무가 몇 개 있었지. 동머세에서 아버지네가 경찰에 잡혀간 것은 얼마 살지 않을 때였어. 보름 사나마나 하지 않았을까. 얼마 살지 않을 때 경찰이 집집마다 수색하면서 잡아갔거든. 가택수색. 동머세는 나쁜 동네, 위쪽에 붙은 사람들이 많이 들어왔던 모양이라. 그래서 그 동네는 조사가 심했다고 해.

어느 날, 새벽 5시 정도 됐을까. 순경 셋이 찾아왔어. 순경들이 "잠수과(주무세요)?" 하니까, 할머니가 "예에?"하면서 오록이(곧바로) 일어났어. 순경들은 조사왔다는 말도 않고, 자는 사람들 일어나서 밖으로 나와 보라고 하는 말에 할머니는 "야네덜아(아이들아). 일어나라. 일어나라." 농업학교 살다가 온 아들(아버지)한테도 "일어나라. 살려주켄 왔져(살려주겠다고 왔어)." 아버지도 어머니도 우리도 모두 일어나서 나왔지. 할머니는 '나랏님'이 집 불 붙여두고 내려오니까 먹을 거라도 줘서 살려줄까 봐, 세 살짜리 막내 남동생까지 깨워서 모두 나오게 했지. 겨울 다 돼서 새벽 5시가 되니 어두웠주게. 다 나와서 이렇게 쳐다보니까 순경 셋이 서 있는 거라. 할머님은 속솜(잠잠)할 줄을 모르는 성미라. 그때 할머니는 순경 보고 순경이라고도 안하고 '나랏님'이라고 했기든. "나랏님 어떵행 오십디가(어떻게 오셨습니까)?" "예. 조금 계십서(기다리세요)." 이젠 순경들이 안거리 사는 괸당(친척)네 한테도 다 일어나서 나와보라고 해서 나오니까 모두 데리고 가버린 거라. 아이들은 놔두고 데리고 갔어. 우리 할머니도 데려가 버렸어. 우리 하고 안거리 팔십 넘은 할머니만 남은 거라. 내가 '아이고, 어머니 아버지' 하면서 울고 있으니까 그 할머니가 "곧 나온다." 하면서 나를 달랬어. 할머니 붙잡고 "우리 어떵 살 거(우리 어떻게 살아요)?" 하면서 울었거든. 안거리 할머니는 "다마짱아, 살암시라 살아진다. 살아진다(살고 있으면 살 수 있다. 살 수 있다)." 등을 도닥거렸어. 안거리 할머님은 참 좋은 할머님이었주게. 그렇게 하다가 우리 할머니가 경찰서에서 사흘인가? 나흘을 살고 나왔지. 동머세에서는 어머니가 경찰에 잡혀가니까 막내 남동생도 물만 먹으면서 살았어. 쌀이 어디 있어? 할머니도 아버지도 어머니도 잡혀갔는데.

전기고문 받은 어머니 젖도 나오지 않아

어머니는 일주일 넘어 살다 나왔는데 온 걸 보니까 곧 죽을 것 같은 거라. 홀쭉하게 살이 빠졌어. "어머니, 어떵 헙디가. 살나나줭 고맙수다(어머니. 어떻게 지냈어요? 살아있어서 고맙습니다)." 하면서 어머니 손을 잡고 엉엉 울었지. 아버지도 관덕정 경찰(제주경찰서)에 잡혀갔지만 따로 살았다고 해. 경찰이 "너네 서방은 어떵(어떻게)했나?" "산에 폭도로 갔나?" "쌀은 얼마나 올렸나?" 경찰이 이것저것 캐물어도 남편이 같이 끌려왔다는 말을 하지 않고 "모르겠다." 고만 했다고 해. 그랬더니 경찰이 어머니 손에 전깃줄을 빙빙 감았다는 거라. 스위치 누르면 저리로 톨톨 나뒹굴고, 여기로 나뒹굴고 하다가 목숨이 끊어질 것 같으면 스위치 다시 눌러서 살아나게 만들고 했다는 거라. 그렇게 살다가 나왔다고 해. 그렇게 오니 어머니가 살이 쪽 빠져 있더라고. 가슴도 옴막(움푹) 들어가버리니까 젖이 나오나? 집에 와서는 "우리 아기 젖 먹여야 될 건데"하면서도 젖이 안 나와서 먹이지 못하고 밥도 못 먹고 물만 먹였어. 쌀이 있어야 밥도 할 텐데 쌀도 없고 우리도 배가 고파가면(고파지면) 물만 먹고 살았지.

어머니 말을 들으면, 아버지도 산 쪽에 붙지 않았느냐고 하면서 그렇게 취조를 많이 받았다고 해. 고문을 많이 받았어. 어머니가 얘기해 줬거든. "너희 아버지 고문받고 있다."고 말이야. 사촌이 같이 내려오지 않으니까 저렇게 고문받고 있다고 했어. 아버지를 거꾸로 매달아서 주전자로 물을 붓는다는 이야기도 어머니가 도시려준거라(이야기해준거라). 경찰서에 있을 때 어머니가 이틀에 한 번씩 면회 갔거든. 나도 아버지 면회갈 때 어머니를 따라 다녔어. 세 살 짜리 막내 남동생은 여동생들한테 맡겨두고 어머니 따라가니까, 아버지 하는 말씀이 "잘 먹고 있다가 나갈 거야. 걱정 말아라." 그런 말씀을 했어. 아버지는 내가 울어가니까 "다마짱아, 울지마랑 이시라(있어라). 살암시라. 곧 나갈 거여." 그렇게 했는데….

'뚜우 뚜우 뚜우' 소리 들리고 아버지는 육지로

한 밤 중에 '뚜우 뚜우 뚜우' 하는 소리가 나는 거야. 어머니가 그 소리를 듣더니 "저 배에 너네 아버지 신경 가는 거 닮다(저 배에 네 아버지 싣고 가는 거 같다)."고 말하니까, 우리도 잠을 자지 못하고 가만히 그 소리를 들었어. 귀를 기울이니까 '뚜우 뚜우 뚜우' 하는 소리가 들려. 그때는 시민회관 쪽에 내려가서 겨울 지나고 봄이 됐을 때 같아. 아버지는 뒷 해[1949년] 봄쯤에 갔을 거라. 몇 개월을 경찰서에서 산 거주게.

아버지가 육지로 간 다음에, 동머세 살 때는 동네 친구 순찬이 하고 같이 푸대 하나씩 들고 삼성혈 주변 소낭밭에 가마귀술을 하러 자주 갔어. 가마귀술 풀. 그건 노루가 잘 먹는거라. 나는 말 몰고 가서 풀 먹으라고 소낭밭에 놔두고 소낭밭 담 어염(옆)을 돌면서 가마귀술을 꺾어서 푸대에 담았지. 그때 관덕정 경찰서 마당에 큰 쇠망산 설치해 놓고 노루를 키우고 있었어. 한 열 마리는 길

렀던 것 같아. 그래서 말 몰고 가서 먹이 먹이면서 두 갑장이 푸대에 노루 먹는 풀을 담아와서 순경들한테 팔았지.

형부는 특공대 대장이라고 하면서 말하고 구르마(수레)를 달라고 해서 빌려줬어. 걸머리 윗동네로 올라간 곳에 소낭밭이 있었거든. 집짓기 좋은 소나무들이 있었어. 그 소나무들을 베어와서 집을 짓고 살겠다고 해서 말구르마를 준거라. 형부가 부하들을 시켜서 집낭[집 지을 나무]을 해다가 뒀는데 노름하면서 그 나무들을 다 팔아먹었어.

아버지에 대한 기억

아버지는 얼굴도 좋고 덩치도 좋은 분이라. 그런데 공부를 못해서 기역자도 몰라. 공부를 못해서 편지 쓸 줄도 몰라. 경찬이 삼촌[양경찬은 이웃으로 아버지와 같은 대구형무소에서 수형생활을 하다가 석방됐다]이 와서 말하니까 알았주게.

우리 아버지는 김경행[당시 35살], 어머니는 현무생[당시 36살]. 걸머리 금산물 현씨. 경찬이 삼촌네 집 들어가는 올레에 살았어. 그래서 우리 아버지는 경찬이 오라버님하고 '성님'(형님) '아시'(동생)하며 친하게 지냈지. 그 어른이 석방돼서 고향에 돌아와서 말해주니까 알게 돼서 더 억울한 거라. 가슴이 더 아파. 어머니는 원래 경찬이 오라버님네 집 커브에 살았주게. 그러니 잘 알고 있는 사이였지. 그 오라버님이 석방된 다음에 우리 어머니한테 "누님 옵서. 나 성님 말 해내쿠다(형님 이야기 할게요)." 하니까, 내가 어머니 따라가서 들었거든. 그 어른이 몬딱 조근조근 말해줬어.

그 오라버님 말씀이 형무소에서 이 방 저 방 따로 해서 있었다는 거라. 밖에 나갈 땐 형님 봐져도(보게 돼도) 말을 못하고 서로 눈치로만 보면서 다녔다고 해. 그 삼촌[양경찬]이 그렇게 말을 해 줘서 알았어. "눈치로만 댕기명 봐수다(다니면서 봤어요)."라고. "형님을 봐도 서로 말을 하지 못했다"고 그렇게 말하는 걸 직접 들었어. "이승만이 조근조근 실어다 없애버리라고 하니 형님은 어느 바다에 가서 비워버렸는지 모르쿠다(수장시켜버렸는지 모르겠어요)." 그렇게 말해주니까 아버지가 돌아가신 줄로 알았지. 우리 할머니는 그때까지도 아들이 살았다고만 하면서 말도 팔지 못하게 하고.

형무소로 간 뒤에는 편지가 두 번 왔었어. 남 빌어서 쓴 거주게. "나 어디 가 있는 줄 몰라 하지 말라. 대구형무소에 와서 있으니까 살만큼 살면 나갈 거니까 너무 애쓰지 말고 있어라."하는 내용이었어. 두 번 그런 편지가 왔어. 어머니나 할머니는 아버지 면회하러 육지 가지 못했주게. 우리 할머니가 그 편지를 받아서 족보책 속에 보관했는데 나(내)가 결혼한 다음에 손자사위들 보라고 하면서 보여줬는데 없어졌어. 족보는 집이 불에 탈 때도 어머니가 갖고 내려가서 온전했거든. 궤는 서쪽 우영팟에 가져가서 부수고 불질러 버렸는데 족보는 갖고 다녔어.

주정공장으로 끌려간 친척들

시민회관 동머세 살 때 동산집이니까 어두우면 사람들을 데려오는 거 보이주게. 동머세에서는 우리가 동산집에 살아서 별걸 다 봤어. 그때 위에서 내려오지 못한 사람들은 여기도 저기도 못 붙어서 위로[산으로] 피신하러 올라갔거든. 군인 경찰들이 피신갔던 사람들을 데리고 시민회관 질(길)로 내려오는 걸 동산 질래(길가)에서 다 봤어. 관덕정 경찰서에는 사람들 보는대로 족족 잡아다 놓아서 가득차니까 목장에서 내려오는 사람들은[중산간으로 피신했던 사람들은] 다 주정공장으로 데려가서 가둬거라. 우리 작은 할아버지, 작은 할

아버지 큰아들 김경환, 둘째 아들 김경생. 그렇게 해서 셋을 한꺼번에 몰아왔주게. 어머니가 어디 가서 소문을 들었는지 나한테 "너네 죽은 할아버지영 모두 몰아왔져. 동척회사[주정공장[에 갔젠 해라(갔다고 해)" 하는 거야. 지금 현대아파트 있는 자리에 주정공장이 있었거든. 어머니가 한 번 가보겠다고 해서 나도 졸졸 따라 갔어. 거기 가서 보니 많이 잡아다 놓았더라. 두 번 가도 사람이 너무 많아서 그 어른을 보지 못했어. 나중에 보니 그 어른은 대구(형무소) 갔더라.

이덕구도 봐났주게. 내려오는 거 다 봤어. 그때 이덕구 못 찾아서 얼마나 했어? 이덕구 잡으려고 막 다녔거든. 그때도 여름인가 될 때라. 난 눈으로 보니까 잘 알아. "저디 이덕구 심엉 내려왐쪄(저기 이덕구 붙잡아 내려왔네)." 그런 말을 하니 "저거 봐야 된다."하면서 동산집에 있다가 질래(길가)에 나와서 보았지. 큰 신작로 지나갈 때. 머리도 기르고 숟가락도 주머니에 찔르고 해서 가고 있더라. 구경해서 보라고 하니 사람들이 많이 모였어. 관덕정 와서 보라고 해서 관덕정 앞에서 묶은 것도 봤주. 멋진 사람은 멋진 사람이어라(사람이더라). 막 잘 생견(생겼어).

거로3구통 생활

아버지 잡혀가고, 시민회관 부근 동머세에 살면서 1년도 훨씬 넘은 다음에 건설(재건) 가서 살라는 명령이 내렸어. 그때 어디선가 "거로 3구통에 가서 건설해서 살라."는 명령이 내려오니까 갔주게. 우리 할머님은 그런 소식을 어떻게나 빠르게 잘 알고 다녔는지 거로 건설 가서 살겠다고 했지. 처음에는 나는 어머니한테 "어머니, 가지 말게." 하면서 가지 않으려고 했지만, 어머님이 "노인네 혼자 가도록 하면 안된다"고 해서 거로3구통으로 가게 됐지. 14살에 4·3

사건 나고, 동머세에 살다가 16살 때 거로에 갔어.

　거로는 그때 성담을 쌓고 동문, 서문, 웃문 만들어놓고 있을 때였거든. 할머님이 먼저 와서 알동네(아랫동네)에 건설가서 함바집 짓고 살았어. 집이라고 해야 별 게 아니야. 집은 무슨 집을 지어? 우리 어머니는 활동을 못 해서 나무를 하러 다니지 못하고, 할머니하고 나하고 남의 소낭밭에 가서 나무를 끊어서(베어) 오면 이웃 어른들이 지어줬지. 그때 함바집이 여러 채 있었는데 한달 정도 살았어. 근처가 다 소나무밭이어서 나무를 몇 개 베어 와서 기둥 박고 우에 노람지(눌) 덮고, 옆에도 빙빙 둘러가면서 바람을 막는 거야. 바닥에는 검질을 깔고 자그맣게 구멍을 하나 만들어서 드나들었지. 땅바닥에는 새(띠)를 베어다 깔았지. 부잣집에서 보리를 갈면 보리낭(보릿짚) 한 줌 줘. 그거 갖다가 깔고 그 위에 살았어. 할머님이 친구네 집에 가서 이불 두 개를 얻어 오니까 하나는 할머니 덮고, 하나는 우리가 덮고 해서 살았어. 검질 위에서. 어떻게 옷을 벗고 잠을 잘 수 있겠어? 그렇게 하면서 살았지. 거로에서 함바집 짓고 살아도 할머니하고는 밥도 같이 먹지 않아. 할머니 성질이 그럴 분이 아니었거든. 이 마룻바닥(3~4평)만큼 집을 지어도 반 칸은 할머니가 살고, 반 칸은 우리가 살았어. 선 하나 그은 건데 당신만 만들어서 먹어야 직성이 풀려. 그래서 반 칸에 할머니가 살면 솥을 안치는데 만들어서 걸쳐 놓고, 따로 밥을 해 먹는 거라. 간드락 가서 살 때도 그건 마찬가지. 그래도 식게 멩질(제사 명절)은 하면서 살았지.

　거로 3구통 살 때는 남의 일 하면서 살았주. 먹을 거 제대로 먹었으면 키도 클텐데 그렇지 못했지. 각각(갈칼하세) 쓴 감자가루 사다가 둘레떡[메밀이니 좁쌀가루 따위로 쟁반만큼 크고 둥그렇게 만든 떡] 만들어서 하나씩 먹었어. 그땐 미국에서 지원이 나왔거든. 16살 때였는데 강냉이 가루 한 사발씩 배급 주면 물을 끓여서 그 가루를 조금씩 놓고 저어서 범벅 만들었지. 그 범벅은 주

로 남동생만 먹였어. 우리는 칼칼 쓴 감자가루. 어머니가 어떻게 알고 사왔는지 그 감자가루를 사다가 돌레떡처럼 만들어 물에 삶아. 그거 하나 입에 놓으면 칼칼 쓴 게 말도 못해. 썩은 감자를 썰어서 말린 거라. 살려고 하니까 그걸 한 두 개 먹지, 그렇지 않으면 먹지를 못해. 거로에서 남의 집 검질 메러 다녔거든. 나도 어머니 따라 다니면서 하루 종일 검질 멘 값으로 좁쌀 같으면 반 승 하나, 반 되 주고, 풀이라도 메면 대승박으로 하나, 됫박 하나 줘. 동생들은 그 때 어려서 데리고 다니지 않고, 나하고 어머니만 주로 다녔지.

능숙하게 말 다루는 다마짱

형부 노름 빚에 우리 구르마(우마차)도 다 줘버려났어. 거로 3구통에 건설 와버리니까 우리 말도 노름 빚으로 잡혀버린 거라. 말이 보통 말이 아니라. 특별히 잘생긴 말, 덩치가 크고 거무스름한 수컷 말이었어. 형부가 말 구르마를 모두 해 먹어서 어머니가 하루는 찾으러 갔다가 구박만 당했어. 그 다음날은 내가 어머니한테 "몰 어느 집이 메어져 이십디가(말 어느 집에 메여 있어요)? 어머니 고리칩서(가르쳐주세요). 나도 가쿠다(가겠어요)." 했지. 우리 말인데 가서 데리고 와야 할 거 아니? 나하고 어머니가 함께 가서 내가 말이 메여 있는 것을 풀고 몰고 나오는데 집 주인이 나와서 뭐라고 하는 거라. 지금 중앙로 로터리 길 옆 집이라. 우리 어머니는 어진 어머니여서 내가 나섰어. "이거 우리 몰이우다. 우리가 아져가쿠다(갖고 가겠습니다)."하면서 시끌시끌해 가는데 골목실 아래 쪽에서 경찰관 둘이 올라와. 경찰관들이 자초지종을 밀해 보라고 해. 나가 "순경님네. 이거 우리 몰인디 형부 주엉 놔두난 노름빚에 이 어

◀ 제주4·3 제70주년 핵사가 열린 2018년 제주4·3행방불명인협회 회장을 지낸 남동생 김필문 씨와 함께 제주농업학교 터에서 포즈를 취했다.

른네가 심어앗아부러수다. 우리 몰이난 이거 가정가민 무슨 일이 이서 마씸?(순경님네. 이거 우리 말인데 형부한테 맡겨 두니까 노름빚에 이 어른네가 빼앗아 버렸어요. 우리 말이니까 이거 끌고 가면 안 될까요)?" 하면서 조근조근하게 말했어. 그랬더니 순경이 "말 임자요?" 하니까 내가 "예. 우리 몰이우다. 무사 놈안티 뺏깁니까(왜 남에게 빼앗깁니까)" 했어. 그랬더니 순경들이 가지고 가라고 해서 내가 말을 끌고 어머니는 조름(뒤)에 서서 몰고 해서 중앙로 로터리에서 거로3구통까지 왔어.

성안에 쇠번처럼 말 먹이는 사람들이 모인 말번이 있었어. 한번은 할머니한테 "우리도 말번에 우리 말 놓게 마씸. 말 먹이러 다니는 게 너무 지치우다(힘듭니다)." 했어. 할머니가 말번에 우리 말을 가져 가서 녹대[말이나 소를 편리하기 부리기 위한 고삐줄]를 벗기고 풀어놓으니까 말이 코를 화릉화릉 불고 와당탕탕, 와당탕탕 여기저기 막 뛰어다녀. 거기 놨다가 저녁에 몰아서 오거든. 할머니가 말 심으러(잡으러) 갔는데 하도 뛰어다니니까 도저히 말을 못잡는 거야. 나는 함바집 짓고 살 때여서 안 갔주게. 누가 나에게 "야, 다마짱아. 할머니 너네 몰 못 심엉 햄서. 할머니가 너네 몰 하도 들럭켜노난 심지 못햄쪄"(할머니가 너희 말 잡지 못하고 있어. 할머니가 너희 말이 하도 뛰어다녀서 잡지 못하고 있어) 하는 거라. 대써부쟁이[작은 참대나무 가지]를 톡톡 꺾어서 말 있는데 갔어. 나는 매일 말 먹이러 다녀서 익숙했거든. "너 이리 먹으래 와. 와아~(너 이리 먹으러 와)." 하니까 말이 저쪽에 가만이 섰다가 오는 거야. 그래서 탁 잡았지. 그때 같이 있던 할머니한테 어떤 어른이 "그 몰 풀아붑서(그 말 팔아버리세요)." 하는 거라. 그래도 할머니가 그 말을 아들 보듯이 하면서 팔지 않아서 나를 괴롭혔어. 내가 그 말 먹이러 다녀야 했거든. 그러다가 나중에 그 말을 팔았지. 할머니가 그 사람한테 암송아지 한 마리 사다 달라고 해서 화북 가서 세 살 난 암송아지를 한 마리 사왔어. 거로 함바집에 말 메려고 했던 막사리에 나무를 해다가 기둥을 세우고 위를 덮어서 그 송아지를 키웠지. 이 근처 소낭밭에 가서 촐을 비어다가 키웠어.

거로 3구통에서 간드락으로

　거로 3구통에서 살다가 간드락 갈 때는 17살 때였어. 거로3구통엔 얼마 살지 않았지. 거로3구통에서는 1, 2년은 살았어. 간드락은 가서 오래 살았주. 금산물 주변은 걸머리 동네고, 알동넨 원닷디, 그 아랫동넨 간드락이라고 했거든. 걸머리는 그때 건설가지 못했어. 원닷디하고 간드락만 성담을 높게 쌓아서 살고 있었지. 나주 김씨 괸당이 거로 3구통에 와서 살아났어. 그 어른이 간드락으로 가가니까 우리 할머니도 친척 어른 쫓아서 간드락으로 가겠다고 했지. 나는 거로 살려고 했거든. "할머니, 여기 살면 안 돼?" 하니까, 할머니 하는 말이 "이루후제 우리 밭 버시러먹고 허젠 허민 밭 뽀드게 가야 한다(이다음에 우리 밭으로 벌어 먹고살려고 하면 밭 가까이로 가야 한다)."면서 "걸머리 가면 너희들 외삼촌 의지해서 살자."고 해서 간드락으로 가게 됐지. 외삼촌네는 원닷디 건설 가서 큰 집 지어 살고, 우리는 선반질왓디 밭을 빌어서 외삼촌이 간드락에 집 지어 줘서 살았지.

　간드락 건설 가서 보니 몬딱 큰 집들 지었더라. 가서 보니 성담을 다 쌓고 성안에 초가집들 짓고 살고 있었어. 우리 괸당이 가겠다고 하니 외삼촌이 와서 본 것 같아. 외삼촌이 빝 빌어서 다 해주니까 실있지. 그 곳에서 소나무밭에 가서 나 등허리로 소나무를 지어오고, 외삼촌이 집을 지어줬지. 가시나물까지 건설 갈 것이라고는 생각하지 않고 간드락에서 집 짓고 살려고 나무를 해다 놓은 거지. 삼촌하고 같이 그건 차곡차곡 다 데며놓고(쌓아놓고), 간드락에서는 집을 지으려고 고지에 가서 장작 지어오면서 살았어. 간드락으로 난 질로 올라가면 원닷 넘어 걸머리로 가고, 걸머리 금산물 올라가면 베로왓 동산, 그 위로 죽 올라가면 고지라. 잘도 멀어. 아침에 밥 한 숟가락 먹고 베로왓 밭에 가서 소나무를 해 오려면 하루 종일 걸리는 거지.

외삼촌이 함바집 모양이 아니고 지붕을 평평한 모양으로 만들어줬주게. 그래도 지붕은 새로 덮었지. 옆에는 돌로 둘러가며 쌓고, 방에는 문을 달았어. 문이라고 해서 요새 문이라(문이겠어)? 어욱(새) 비어다가 엮어서 문 대신 열고 닫고 했지. 방을 둘로 나눠서 한 칸에는 할머니 혼자 살고, 다른 칸에는 우리 너 오누이하고 어머니까지 다섯 식구가 살았어. 집은 오막살이니까 10평도 안됐을 거라. 억새를 비어다가 세워서 밧줄로 위로 옆으로 묶어 방 칸을 나눈 거라. 그렇게 해서 할머니는 당신 부모 제사는 당신 방에서 하고, 멩질을 우리와 같이 하는 거라.

간드락에서 가시나물 농사짓기

간드락 가서 살 때는 가시나물 밭에 가서 농사해 먹었어. 조금 [시국이] 풀어져가니 쇠걸름(거름) 모아 놔뒀다가 가시나물 밭에 와서 보리갈고 했거든. 어머니하고 나하고 줄곧 다녔어. 소 하나에 가맹이(가마니) 양쪽에 걸쳐서 거름 싣는데, 반을 해서 하나에 담고, 또 반을 들러서(들어서) 쇠 질메(길마)에 올려놔줘. 그걸 10월이 되면 하루종일 가시나물 우녘팟에 싣거(실어) 올렸어. 철 따라 조 보리 갈고. 한번은 어머니하고 둘이만 가서 검질을 메는디 위로 총소리가 팡팡팡팡 나는 거 아니라! 집이 불탈 때 어머니가 도망가지 않아서 당했던 생각이 떠올라서 "어머니 옵서 가게." 어머니 손 잡아당겨서 둘이가 애쓰면서 가시나물 질(길)로 내창(냇가)까지 단 숨에 뛰어간(갔지). 어머니는 "놔두라. 놔두라"하는데 나는 "뭔 놔두란 말이우꽈(무슨 놔두란 말이에요)?"하면서 손을 잡고 한숨에 내려왔지. 그때가 열 아홉쯤 될 때라.

그렇게 달려온 다음에는 "아이고, 밭에 못가겠다.'"고 했주게. 며칠 있다가 다시 갔어. 가시나물 가서 농사 해서 먹을 때 총소리가 나서 더 겁났던 거라. 거기서 농사 지을 때는 배 고프면서 살지는 않았지. 그때는 모두 잡아가 버려서 놉(인부)을 빌 사람이 없었어. 인근 밭 삼촌이 밭을 가니까 그 삼촌 아들한테 부탁해서 갈았거든. 삼촌이 아들보고 밭 갈아서 오라고 하면 부릉이, 밭 가는 큰 큰한 소를 가지고 와서 갈아줘서 농사해 살았지. 송아지는 간드락까지 가져 갔어. 그 송아지가 커서 새끼도 잘 낳고 노란게 잘 생겼어. 간드락에서는 여기저기 가서 촐을 베어오면서 살렸지. 간드락에서는 벌초는 다니지 못하고 사태가 끝난 다음에야 다녔주게.

군인들 중매장이 등장친구는 육지로

고향 친구 순찬이는 시민회관 부근에 살면서 같이 가시나물 집터에 말을 먹이러 다녔어. 순찬이는 시민회관 쪽에서 말 먹이러 고향가고, 난 거로에서 말 먹이러 고향갈 거 아니라." 그러면 우알력집(위아래 집)이어서 서로가 만나. 순찬이네는 부모님, 언니, 남동생도 한 명 있었어. 우리 집은 불에 탔지만, 순찬이네는 집이 불에 타지 않아도 [소개령으로[내려왔거든. 피해가 없었어. 우리 집 위로만 다 탔지.

순찬이가 나를 추그려서(부추겨서) 육지로 가자고 해도 난 말을 듣지 않았어. 어머니가 제대로 활동을 못하니까 내가 없으면 우리 집이 판이라. 나를 3년을 추그리면서 '같이 가자'고 해도 가지 않았어. 막내 남동생 키우며 살려고 기지 않았지.

우리가 말 몰고 가시나물 먹이러 가면 순찬이는 "육지가게, 육지가게." 그때 처녀들 모집해서 군인들한테 중매하는 사람이 있었어. 처녀들 모집해서. 난 안 봤주만은 그때 그런 여자가 있었던 모양이라. 아가씨들 데려가서 군인들한테 보여줘서 결혼하라고 하는 거지. 군인들이 총각들이잖아. 그래서 우리 아는 아주머니가 아가씨 모집을 왔어. 아주머니가 아가씨 모집해서 군인들하고 결혼해서 살라고 붙이는 거지. 그 사람이 결혼할 아가씨들을 찾았던 모양이야. 그래서 순찬이는 아버지 모르게 도장을 갖고 가서 찍었다고 하는 거라. 아마도 부모님 승낙이 필요했던 것 같아. 순찬이는 아버지 도장 찍어서 가기로 하고, 몇 사람은 그 아주머니가 약속해서 놔뒀는데 두 세 명 더 데리고 가서 결혼시키겠다고 했다고 해. 한 사람이라도 더 중매하면 군인들한테 그 값을 받을 거 아니라? 중매쟁이 값이지. 그래서 그 아주머니하고 같이 간 아이들은 군인들하고 육지 가서 살았을 거야.

가시나물에 건설 가서 살다가 거로 시집 온 다음에 한 번은 오일장에 갔지. 오일장이 남문통에 있을 때였어. 그때 나가 거지같이 머리도 길고 정체(모양) 차리지 못하고 살았어. 오일장에 갔다가 순찬이 어머니를 만나게 돼서 "순찬이 어디 신초래 알아졈수과"(순찬이 어디 있는지 아세요?) 하니까 "어디사 가신지 아직 소식 엇다"(어디갔는지 아직 소식 없다)하는 거라. 다음에 다시 오일장을 갔는데 어느 날 순찬이를 만났어. "아이고, 야게. 순찬아." "아이고, 다마짱아." 육지 가서 소문도 듣지 못하던 순찬이를 만나니 얼마나 반가울거라! 서로 손을 잡고 한참을 이야기하고, "나, 어신 집이 시집오난 이 정체라(나 없는 집에 시집 오니 이 모양이라)." 순찬이는 군인 남편 만나서 육지 가서 잘 산다고 해. 순찬이가 "나가 침떡 하나 사주마."해서 하나 사줨(사줬어). 순찬이는 먹지 않겠다고 가져가서 먹으라고 했어. 침떡 갖고 와서 먹으면서 잘도(많이) 울었어. "무사 자이는 잘 사는디, 나는 복력이 이 모양인고(왜 쟤는 잘 사는데, 나는 복이 이 모양인고)." 하는 서러운 생각이 나서 그렇게 울어지더라.

보초막에서 만난 '폭도'

18살 때는 보초막 지키겠다고 자원해서 보초막을 지켰어. 자원해서. 우리 집에는 보초막 지킬 사람이 없어서 자원해서 이틀에 한번 보초막을 지키러 다닌 거라. 원닷디는 지서가 있었주게. 간드락 건설 가서 살 때는 18살인데 17살로 속이면서 다녔지. 어리게 보이니까. 거로에서는 성담을 지키지 않았지만, 간드락에서는 성담 보초 서러 다녔어. 그때 성담 지어서 보초막 지어서 지킬 때거든. 하루 저녁 거르면서 보초막을 지켰어. 내가 오늘 보초막을 지키면 내일 저녁은 다른 사람이 하는 거야. 그러다가 폭도 손에 포승도 묶인 적 있주.

여름 때라. 내일 저녁은 쉬는 날이어서 서녁 기미짱 삼촌네 집마당에서 보초 지키는 사람끼리 참외 먹으면서 놀았어. 내가 어디 가서 무얼 먹으려고 해도 오래비 남동생 생각나서 내려가질 않아서 못 먹는 성질이라. 밤 12시 넘도록 놀다가 오래비 몫으로 참외 한 개를 머리맡에 두고, 그때 처음으로 흰 고무신을 신고 갔다가 그것도 벗어서 참외와 같이 놓고 집 마당 명석에 누웠어. 난 그때까지 까만 고무신만 신으면서 살다가 어머니가 나무를 내다 팔아서 처음으로 흰 고무신을 사준거라. 내가 "흰 고무신 한번만 신어봤으면", 하고 여러번 말했었거든. 그걸 사온거야. 명석에 댓명이 누웠어. 마당에서 놀다가 쉬는 날이니까 자는네 기미짱 삼촌, 기미찡, 현옥순, 니, 또 누구해서 다섯명이 잔 거야. 그런데 동쪽 성담 지키는 사람들이 졸아 버려서 두 사람이 성담을 넘어온 거라.

그 사람들이 성담을 넘어 우리가 자는데 들어와서 안거리 밖거리 집을 몬딱 뒤졌어. 밖거리에는 함머니 함아버지만 살았는데 콩 놓고 자리[자리돔]를 볶아

졸여서 먹다가 밥상을 밀려둔(밀어둔) 걸 폭도들이 다 먹어 치웠지. 거기 보리쌀 훔쳐서 배낭에 지고 가면서 우리를 깨우니까 봤주게. 폭도들이 "내려왔다"고 하면서 깨운 거라. 밤 12시까지 놀다가 잤으니까 아무래도 새벽 2시쯤 될 때 폭도들이 들어왔어. 그 사람들이 털어먹고 해도 우린 모르게 잤던 거지.

그 사람들이 그냥 가 버려도 모를텐데 잠든 우리한테 "이보시오. 일어나시오. 일어나시오." 하니까 그때 쉬흔 살이 넘은 기미짱 삼촌이 탁 일어나서 "누구시우꽈(누구십니까)?" 했어. "우리 산에서 내려와수다." 그때 들어온 것이 세 명이었는데도 이 동네 자기네 사람들이 널어졌다고(널려 있다고) 했어. 지서고 어디고 모두 우리 사람들이 와서 널어졌으니까 꼼짝도 하지 말라고 말이야. 우리를 깨워 일어나니까 이젠 손을 내놓으라고 해. 손을 내놓으니 이번에는 뒤로 내놓으라고 하는 거야. 그 사람들이 베로 삼촌은 뒤로 묶고, 현옥순도 묶어버리고, 나도 뒤로 내놓았는데 불끈 묶어버렸어. 기미짱 삼촌은 헐레기(헐겁게) 묶었는지 나중에 풀었지. 나는 그 사람들한테 "오빠, 우리 데령갈거우꽈. 나 어시민 우리 어머니 오래비 못 살아. 나 데령가지 맙써(우리를 데려갈 겁니까? 나 없으면 우리 어머니 남동생 못 삽니다. 데려가지 말아요)." 하면서 울어가니까(우니까) 그 사람들이 나 머리를 꽉 잡으면서 데려가지 않을 거라고 해. 가만히 앉아있으면 누가 풀어주러 온다고 말이야. 그렇게 말하고 가버렸어. 나는 그 사람들이 가는 걸 봤어. 그 사람들이 가버린 뒤에는 기미짱 삼촌이 어떻게 풀었는지 풀어서 와작착 서쪽 보초막으로 뛰어갔어. "아이고, 우리 집에 폭도 들어서 잡혔다가 나왔다." 보초막에서는 지서로 연락할 거 아니라? 그 뒤에 기미짱하고 현옥순이 하고, 나 하고. 나는 묶은 걸 풀지 못해서 묶은(묶인) 채로 갔지. 서녘편 대왓(대나무밭) 속에 가서 "기미짱 이거 풀어주라."해서 기미짱이 내가 묶여있는 걸 풀어주고. 우리를 묶었던 베는 거기 그냥 놔뒀주게. 대나무

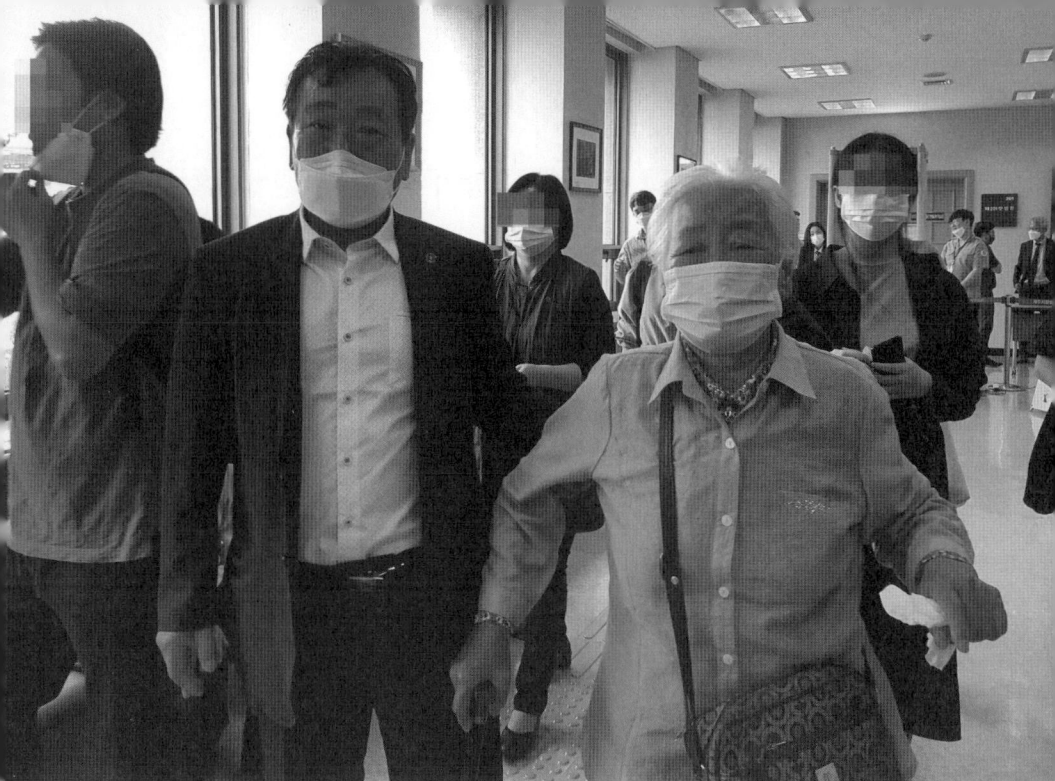

2020년 9월 14일 제주지방법원에서 열린 제주4·3 수형행불인 재심청구 소송에 참석한 김을생 씨와 동생 김필문 씨.

밭에서 풀어서 조금 있으니까 지서에서 오는 거라. "기미짱아" "다마짱아" 하면서. 하이고, 나는 어떻게 울었는지, 울면서 "우리 집 나 어시민 못 살메(나 없으면 살지 못해요)." "울지마라. 우리가 있잖아." 현집 괸당(현씨 친척)들이 그렇게 나를 아껴줬어.

나무하러 아흔아홉골로

간드락에 19살에 갔어. 19살 때라도 17살이라고 하면서 다녔어. 예쁘기는 했지만 몸이 작으니까 어리게 보일 거 아니라. 두 살은 아래로 해서 다녔어. 그때 간드락 가서 아흔아홉골 나무하러 갔었지. 육지 군인들이 한라산에 와서 살 때라. 서녘칩(서쪽 집) 삼촌, 현옥순 모두 외가로 괸당이거든. 양인옥이. 그렇게 해서 서넛이 아흔아홉골 가서 일주일씩 밤잠을 자면서 나무하러 세 번을 다녀왔어. 돈 벌러 간 거지. 군인들한테 나무 팔려고. 그때 육지 군인들이 고지에 와서 살면서 불을 지펴야 했거든. 장작이 있어야 불을 피우게 되는 거라. 장작 깬걸(팬 것을) 묶어서 한 단아, 두 단아 하면서 기둥 세워서 담아놨어. 산에서 나무를 베어낸 다음에는 셋이 한 짐씩 몇 번을 져서 내려왔어. 이게 다 되면 옆에서 한 단아 또 하면서 일주일씩 세 번을 갔지.

거기서 일하면서 살 때 사오기낭(벚나무)이 문달문달 올라가고 기둥이 크고 살찐 게 있었거든. 그 나무 두 개가 눈에 들어온 거야. "이거 끊어가면 집 지을 때 질기고 좋겠다"고 생각했주게. '이걸 베어 가야지.' 장작용 나무를 져 나르다가 쉴 때엔 그 나무를 톱으로 조금씩 잘랐어. 군인들한테 톱을 빌어서 잘라가니까 어떤 육지 군인이 뭐하러 자르느냐고 묻더라. "우리 4·3사건에 집 다 캐와부난 집 지성 살디 앞에 지둥 멋지게 만들거우다(4·3사건에 집을 다 불붙여 버려서 집 짓고 살 곳 앞에 기둥 멋지게 만들 겁니다)." "내가 잘라줄게." 그 군인이 그렇게 말해. 그래서 내가 '오빠', '오빠' 하면서 따라붙었거든. (웃음) 그 군인하고 통성명을 하게 됐어. "오빠, 성이 뭐인데요?" "김 씨야." "무슨 김 씨예요?" "김해 김 씨야." "난, 나주 김 씨예요."(웃음) 그때는 할머니 성질 물려받았는지 무서운 게 없었을 때야. 내가 '오빠'하자고 했어. 그때 이름을 을생이라고 하지 않았어. "나는 다마짱이라고 해요. 일본에서 태어나서 다마짱이라고 해요." 오빠 동생하기로 했거든. 내가 봐도 어이없주게. (웃음)그 나무를 베어내서 쓸모 있게 잘라야 할 거 아니? "욜로 끈차 주세요. 절로 끈차 주세요(이리로 잘라 주세요. 저리로 잘라 주세요)." '경해수다. 정해수다(그랬어요. 저랬어요.)'하는 제주도 말은 안 썼어. 육지말은 '요'자만 붙이면 될 거난 뭐 어려운 거 있어? 말끝에 '요'자만 붙였주게.(웃음) 그렇게 따라붙으니까 일을 해줬지, 그렇지 않으면 일을 해줘게(해줬겠어)?" 나무를 '잘라줍서' 해야 할 건데 '잘라주세요.' 했지. 나는 힘들어서 그 일을 못허주게. 그 나무 두 개를 그렇게 잘라서 놔두고, 도리깨. 그때는 도께라고 했어. 작은 나무 두 개를 붙여서 만드는 거. 윤노리나무도 모아서 묶고, 종낭(때죽나무)이라게 있어. 그것도 비어다 놓고. 그것들을 그 군인이 아흔아홉골에서 자기네 집차에 다 실어서 갖다 줬어. 내가 "신거다(실어다) 줍서"라고 해야 하는데 "신거다 주세요" 했거든. "제주시 안에 들어갈 때 실어다 줄게." 해. 오라리 먹돌새기 길 옆까지 실어다줬어. 그 군인이 먹돌새기 어느 집에 갖다 놔뒀고, 거기서 간드락까지는 한참이라도 며칠 있다가 어머니하고 나하고 하나씩 져왔어. 간드락까지는 멀어도 문제는 안 됐지. 집 지어서 살 거니까. 도리깨 도깨용 나무들도 어머니하고 조금씩 지고 왔지. 그 군인을 다음에는 못 봔(봤어).(웃음)

그런데 그때 나무하려고 갔을 때도 밤이 되면 울면서 살았어. "내 신세가 이게 뭐냐", "내가 왜 여기 왔나?", "돈을 벌면 뭐할 거냐" 이런 생각이 계속 들어서 울어지더라고. 거기도 잠자는 데가 다 만들어져 있었어. 셋이 가니까 무서운 것은 그리 없었지. 그렇게 일해서 돈을 벌어다 어머니한테 드려서 어머니가 쓰면서 살았주.

가시나물로 먼저 간 할머니

간드락에서 그렇게 살다가 할머니가 가시나물 건설 가겠다고 해서 갔어. 고향 갈 사람들은 가라고 해서 다들 올라왔지. 할머니가 먼저 가시나물에 집 짓고 살겠다며 먼저 갔지. 할머니 이길 사람이 없거든. 그때는 이녁(자기) 땅에 이녁으로 짓고 살았어. 가시나물 집 짓고 살려고 바싹 마른 나무를 구르마 녁 대

분을 싣고 올렸어. 배급 받은 나무 12개는 기둥으로 쓰고. 월평을 다락쿳이라고 했는데 월평마을 신 목수라는 분이 다 만들어줬주. 쇠 질메도 그 어른이 다 짜줬어. 그 어른 덕을 많이 보면서 살았지. 시집 가서 잘 살면 그 어른들 공을 갚으려고 했는데 못 살아서 공을 갚지 못했어.

우리 중동네는 성담을 싹 돌아가면서 쌓았어. 우리 남동생 사는 집 담이 그 때 성담이라. 집 지을 때 나무 12개를 배급줬어. 건설가서 집 지을 나무.

가시나물 건설가서 사오기 나무로 기둥 만들어서 다 지어놓고 배급받은 나무로 돌아가면서 세우고 해서 집을 만들었어. 강칩(강씨 집안) 어른네 의지해서 집 옆에 어욱을 비어다가 배급 받은 나무 위에 덮어 뒀주게.

어머니는 무릎이 아파서 제대로 걷지 못해. 가시나물 건설 간 뒤에도 나무를 비어와서 깨어 장작을 만들어서 마르면 가서 팔아. 동문로터리 다리 아래 가서 팔아서 걸어 오려면 올라 오다 쉬곡(쉬고), 쉬곡 하면서, "울멍 왐쪄(울면서 온다)."하는 소문이 날 정도라. 어머니는 그래도 78세에 돌아가시고, 할머니는 28세에 과부 들어도(과부 되었어도) 병원 한번, 약 한 방울 먹지 않고 건강하게 사시다가 97세 윤동짓달 스무일렛날 돌아가셨지.

함바집에서도 제사 명절

할머니는 4·3사건 후엔 우리하고 같이 사니까 명절 때엔 같이 하고, 제사는 할머니가 해. 같이 살면서도 당신이 따로 준비해야 된다고 하면서 그렇게 했어. 우리가 간드락 살 때 외삼촌네가 원댓디 사니까 식게나 멩질이 돌아오면 삼촌네 집에 심부름하러 다녔지. 심부름할 사람이 없었거든. 젯상(제삿상)에 올렸던 제물은 우리도 그 핑계에 먹고. 그렇게 안하면 일부러 먹어볼 수가 없었어. 동머세 살 때도 제사 명절은 꼭 했주게. 그건 잊어버리지 않아. 하루 종일 남의 집 김매는 품팔이해서 값싼 아레미[알루미늄] 접시 사다가 제물을 놓았어. 아무 것도 없었지만 정월, 2월 한식, 5월 단오, 8월 추석 어떻게 했는지 그 명절 치르면서 먹었어.

그래도 우리 어머니는 과일 올리는 것은 작은 것 하지 않았어. 작은 것은 상에 올리지 않는 거라며 싱싱하고 굵어 좋은 걸로만 해서 상에 올렸어. 소고기 적 같은 것은 없었지만 돼지고기도 한 고시(꽂이) 해놓았지. 없는 때였지만 모두 따로 따로 올렸어. 검질 부뚱이(부엌)에서 검질 평평하게 두드리면서 그 위에 놓고 했지.

4·3시건 전 아버지가 계실 때는 큰 상[제삿상] 3개를 놓았거든. 아버지가 큰

상을 놓아서 차례상을 준비하면, 그 옆으로 작은 상을 놓아서 할머니 편에 당신 아버지 어머니 상을 놓은 거지. 그땐 명절 때가 되면 마을에서 소, 돼지를 잡아서 추렴하고 명절 때 쓸 소고기를 나눠줘서 놔뒀어. 적으로 쓰는 거지. 그땐 남자들이 다 적하는데 우리 아버지가 하는 거는 못 봤어. 어머니가 적을 만들었지. 나는 7살 때 어머니 옆에서 돌화리(돌화로)에 쇠를 걸쳐서 같이 구웠어. 어머니가 쇠고기는 많이 구우면 쪼그라들어서 맛이 없다고 얼씬얼씬 굽고, 돼지고기도 타지 않도록 굽도록 했지. 메밀쌀은 갈아서 묵을 쑨 다음에 지금은 후라이팬에서 지지지만 도독도독(두툼)하게 썰어서 돌화리에서 구웠어. 7살 때부터 어머니 말 들으면서 다 배운 거주게. 지금처럼 동태전이나 여러 가지는 안 만들었지만, 초기전(표고버섯전)도 했어. 4·3사건 때는 그런 전은 할 수도 없었지.

할머니의 실화로 모두 타버려

먹을 것도 없이 오골레기(온전히) 캐워버렸어(태워버렸어). 할머니편이[쪽] 제사가 음력으로 10월 며칟 날이라. 어머니는 나하고 하루종일 거름 싣거 올리다가 어머니하고 동생은 간드락 가고, 남동생은 제관이라서 데리고, 나하고 둘째 여동생하고 같이 제사 먹으러 갔어. 간드락에서 제사를 했으면 좋았을 걸 할머니가 당신이 하겠다고 한 거라. 어머니는 간드락에서 제사를 하려고 마른 각재기(전갱이) 두 개, 쌀 한되 사다놓았는데 할머니가 "우리 어머니 아버지 제사는 나가 허켜(내가 할께)." 하면서 당신이 사는 가시나물에서 하겠다고 한 거라. 할머니가 고집부리니까 어머니가 나한테 쌀 한되에 각재기 두 개를 싸 주면서 "갖고 가서 할머니 안내라(드려라)" 해서 할머니한테 드렸어. 막살이(오막살이)를 지어놓은데 칡줄을 끊어다가 이리로 메고 중간으로 메고 당신 구들(방) 하나도 그렇게 했어. 억새 고장(꽃)을 잘라두고 억새 줄기만 갖고와야 하는데 그대로 갖고 와서 묶어 놓은 거라. 억새꽃을 '미독'이라고 했거든. 요새는 억새꽃이라고 해야 알아먹더라.

억새가 어떻게 키가 컸는지 그걸 비어와서 방 칸을 나눈 거라. 억새로 묶어서 구들, 고팡 구분해놓은 거지. 그 미독을 거기서 잘라두고 지고 왔으면 그렇게 (불에 타지) 않을 걸, 미독을 져와서(지고 와서) 다 세워두니까 시간이 흐르면 미독이 오드라질거 아니? 할머니가 제사 준비를 하겠다고 하면서 "저리 강 좀자라(저리 가서 잠자라). 좀자라."하니까 억새꽃하고 검질을 쌓아둔 데 가서 서오누이(세 오누이)가 엎어져서 잠이 들었어. 조금 있으니까 할머니가 "다마짱아, 일어낭 밥 먹으라." 셋이 다 일어나 앉았어. 할머니가 밥을 갖다 줘서 먹으려는데 먹음이랑 마랑(먹기는 커녕)! 할머니가 불 땠던 데 가서 정리하려고 촛불을 들고 갔어. 이렇게 손에 들고 가는데 오르라졌던 어욱 고장에 불이 붙었어. 우루룩 타버리는거라! 억새가 마르니까 얼마나 불이 잘 붙을 거라. 난리가 났어. 하이고~. 둘째 동생이 필문이 손 잡아당겨서 밖으로 나갔고, 할머니는 '아멋더리!' '아멋더리!'[놀람을 나타내는 제주어]하면서 이불로 덮으라고 하니까 나(내)가 이불 갖다가 덮는데 어떻게 덮어게. 이불을 덮어가니 불이 옆으로 옮겨 붙어. 미독이 얼마나 불에 잘 타는 거라! 할머니는 얼굴에 화상을 입었어. 나 아니었으면 할머니는 거기서 돌아가셨을 지도 몰라. 놀라서 어쩌지 못하는 할머니 겨우 잡아당겨 마당으로 나와서 살렸지. 할머니는 화상 입어도 가시나물에서 삼양파출소까지 설어가서 낭신대로(낭신이 직접) 신고했어. 자기가 잘못해시 집이 불에 탔다고 신고했어. 할머니도 많이 고생했어.

신수밭이라는 데서 조를 갈아서 가을농사 다 해놓은 것도 타버리고, 옆에 쌓아둔 강칩 나무도 다 태워버린거 아니? 강칩 삼촌은 동광양 살면서 아직 올라오지 않을 땐데 다음 날은 올라왔어. 올라오니까, 내가 막 울었어. 1500평 갈아서 수확해 놓은 가을농사도 다 타버리고. 그 조는 우리 밭에 해다 놓은 거 조코고리(조이삭)를 다 베어다가 묶어서 눌었거든. 할머니가 코고리가 좋아서 밤에 누가 뜯어가버린다고 싣거(실어) 올리라고 해서 갈아놓은 조를 소 한 쪽에 세 말씩 여섯 말, 나 두 말, 어머니 두 말씩 등짐 지고 가서 할머니 집 옆에 쌓아두었었지. 그것도 다 불에 타버린거라! 나가 하도 울어가니까 그 삼촌이 "다마짱아, 경 말아. 낭값 물어달라고 안할게. 노인네가 헌 걸 어떵허느니(다마짱아, 그렇게 울지 마라. 나무 값 물어달라고 하지 않을게. 노인네가 한 걸 어떡하니)." 하면서 날 안심시켜줬어. 불에 다 타버리니까 먹을 게 없을 거 아니?

어머니하고 셋째 여동생은 간드락 집에 있어서 몰랐어. 다음날은 누가 가서 말해줬는지 어머니랑 동생이 올라왔어. 또 어머니 안고 막 울고. 그렇게 되니까 이웃 삼촌네 쌀 한 되씩 가져다줘서 먹고, 타버린 팥, 콩 골라내 집어다가 물로 씻어서 말리고 ᄀ래(맷돌)에 갈아서 죽 쑤어서 먹으면서 살았지. 나 말을 시작하면 말하려고 해도 다 못 얘기해.

4·3 때처럼 굶으면서 살았지. 그때가 남동생이 초등학교 졸업하고 중학교는 아직 안 들어갈 때라. 가을이니까. 불에 탄 콩 팥에서 알갱이 주워서 씻고 말려서 이웃이 가져단 준 좁쌀 놓고 ᄀ래에 갈아서 죽을 쒀서 주면 불 탄 냄새가 나. 그걸 한 사발씩 먹으면서 살고 또 집 지을 나무 해다 놓고.

가시나물서 고지는 멀지 않거든. 긴 소나무들을 비어서 지고 오다보면 억새에 걸려서 왼쪽으로 오른쪽으로 몸이 이리저리 돌아가면서 왔어. 어떤 날은 장작해 오면 누가 보면 창피할까봐 집 뒤로 돌아가서 깰 정도였지. 집 뒤에는 큰큰한 토종 복숭아나무 세 개가 있고, 아무도 못 봤거든. 시집가기 전까지 장작해다 말려서 팔았어.

제주지방법원 제2형사부는 2021년 1월 21일 김을생 씨의 아버지 故 김경행을 포함한 제주4·3 수형행불인 10명에 대해 처음으로 무죄를 선고했다.

그 다음에 다시 할머니 집을 지었지. 나가 나무를 하고 흙을 바르면서 지었어. 그때는 스물두어 살 나갈(됐을) 때주게. 할머니는 밖거리 살 때. 그 집이 불에 타도 우잣(집터)이 넓어서 목커리(곁채)를 만들어서 있었주게. 그래도 나가 시집 올 때까지도 마루는 못 만들언.

아버지 제사

경찬이 오라버님이 와서 말해준 다음부터 생일로 제사를 지냈주게. 할머니가 어디 (점집에) 가서 물어보면 '살아있다'고 하고, 어머님은 '돌아가셨다'고 하는데 할머니 주장이 셌거든. (젯상을) 차려놓아도 먹어가지도 않을 거지만 할머님 주장으로 (제사를) 지내지 못하다가 경찬이 오라버님이 와서 말해주니까 알았지. 그때부터는 생일로 제사를 지내. 음력 6월 초나흗날. 어머니는 당신 남편 제사하면서 울지 않을 수가 있나? 울어질 수 밖에. "너희 아버지는 나를 너무 못살게 굴어서 저렇게 됐다"고 하면서. 말은 그렇게 했지만 속마음이야 어디 그렇겠어? 오죽 속상하고 답답해야 그렇게 말했을까, 생각했지. 제사는 오래비한테 절하라고 시키면서 잊어버리지 않을 정도로만 했주게. 지방도 없었어. 누가 지방을 써? 쓸 사람도 없고, 지방이 있고 없는 게 문제라? 병풍도 없고. 제삿날을 잊어버리지 않고 하는 거지.

결혼

우리 할머니가 거로 출신 양씨라. 나는 시집 안가겠다고 해서 살았어. 24살이 돼서야 결혼했지. 그때는 24살 나도록 산 새각시가 없었지. 그때까지도 결혼하지 않으려고 했었거든. 어머니는 활동을 제대로 하지 못해서, 막내 남동생을 키우려고 그랬어. 남동생 중학교 3학년때 시집왔지. 젊은 때 과부가 된 오촌 시삼촌 누님이 있었어. 그 어른하고, 우리 할머니도 과부였지. 가시나물 김빙익 어머니도 젊은 때 과부됐지. 이 세 분이 삼총사로 다녔어. 그런데 오촌 시삼촌 누님이 조카(남편)를 팔지(결혼시키지) 못한 상태였어. 어머니가 있나, 아버지가 있나. 모두 4·3 때 돌아가셨으니까. 남편(양봉현)이 나와 결혼할 때가 27살이었어. 이제 돌아가신 지 4년차 됐어. 살아 계시면 89살이라. 참전용사이고. 나가 시집 와서 누이동생 3명을 팔았지. 자식이 3남 3녀.

이 집은 시집와서 내 손으로 직접 지은 거라. 신랑하고 같이 가서 소낭밭에 가서 나무를 베어다가 가시나물 우리 집에 맡겼다가 구르마로 싣고 와서 지었지. 60년 가까이 되는 셈이라.

결혼해서 오니 농사 지을 밭이 있어? 뭐가 있어? 제사 명절 준비하려고 해도 생고구마를 이 작은 체구에 이고 다니며 팔고 마련했지. 아기 낳고 뒷날에도 돈을 만들어서 쓰면서 살았어. 그렇게 몸 아끼지 않고 사니까 안 아픈 데가 어디 어서.

결혼해서 3년 만에 신랑이 앞서 어디 책 보러[점 보러] 가니까 시어머니를 잘 해서 모셔드리라고 해서 천리[묏자리를 다른 곳으로 옮기는 일] 했어.

행방불명 재심

아버지 재심 신청[남동생 김필문은 2019년 6월 제주4·3 당시 행방불명된 아버지의 재심 청구소송을 제기했다]은 오래비가 했어. 판사가 작게 말을 하니까 귀를 기울여서 들었주게. 법원에 가면 뭐라고 해야 할까? 동생은 "서시 가면 밀을 하지 못하니까, 판사님이 말하면 '예', '예' 하면 된다."고 하더라. 그래서 "그렇게 하면 내 가슴이 풀릴 것 같냐? 나 가슴 풀릴 말 하나도 못한다."고 했어. 판사한테 "우리 아버지는 양민증도 기지고, 죄 없다는 증명도 가지고 있는데 대구형무소에서 돌아가셨다고 하니까, 대통령님이 돌아가시게 만든 것 아닙니까? 72년 동안 얼마나 내 가슴이 타들어가면서 산 줄 아십니까? 나(내)가 어찌 산 줄 아십니까? 나라에서 배상해줘야 될 거 아닙니까. 그래야 내 가슴이 풀리겠습니다." 이렇게 말하고 싶어.

　살아오면서 어떤 생각이 나? 아버지가 계셨으면 나가 이렇게 안 살아왔을 걸. 영평에는 나와 동갑짜리가 7명인데 이젠 다 돌아갔어.

〈구술 채록·정리 허호준〉

나를 살린 건 항아리 씨앗 돈

양농옥
_1931년 생. 4·3 당시 제주읍 오라리 정실마을 거주

일본 선 호강하며 살아

내 고향은 도노미 마을, 민오름이 바로 보이는 곳이야. 지금은 정실마을이라 부르지. 나는 1931년생이야. 원래 우리는 1남 4녀지. 어머니는 해방되던 해 돌아가시고 아버지, 우리 아버지는 48년 11월 1일에 잡혀가서 언제 돌아가셨는지 정확히 몰라. 오빠는 서울에서 6·25 때 행방불명 되고 도두리로 시집간 언니는 몰살되어 그 집안은 흔적이 없어졌어. 나는 18살에 가장이 되어 13살, 4살 여동생과 오라리 모기왓(현 사평부락)에서 오래 살았어.

내가 어릴 때 아버지는 일본으로 갔어. 내가 아홉 살에 가보니 아버지는 직원 열 명 쯤 데리고 수도꼭지 부속 만드는 공장을 운영하고 있었어, 외삼촌은 맞춤양복집을 하고 있었고. 오사카 이꾸노꾸에 살았는데 친척들이 주위에 많았어. 서로 합작해서 공장 운영하기도 하고, 그러니까 나는 소학교를 일본에서 한(다닌) 거지. 공부는 못했어. 매일 고철 주우러 다니고 일본군 먹을 음식이며 이 것 저 것 하느라 공부한 기억이 없어.

일본서야 보모 데리고 호강하며 살았지. 딜링이고 끼불고 다녔어. 머스마

(사내아이) 모양으로. 내가 밥 안 먹어서 내게 밥 먹이려고 어른들이 그렇게들 애쓰고. 올케보고 아버지가 개고기 발라서 불고기해서 나를 먹이라고 하는 말을 엿들었는데 그래서 더 고기를 안 먹었어. 내가 밥만 먹게 되면 식구들이 고맙다고 했지.

아버지는 징병으로 끌려갔다가 일본이 항복했을 때 돌아왔어. 하루 밤 자고 생각하더니 바로 귀국을 결정하더라고. 고향가면 땅 있고 집 있고, 해방되니까 내 나라 내 고향 간다고 무조건 들어왔어. 어머니는 자궁 물혹으로 수술을 했는데 퇴원하자마자 바로 귀국해 소독을 부실하게 해서 파상풍으로 돌아가셨어. 결국 수술 후유증으로 돌아가셨나 봐. 복부에 물이 차 호스로 물을 뽑아야 하는데… 그런 말을 들었어. 어머니 돌아가신 소식을 들은 일본 친척들이 모여 당제를 지내는데 흰 리본 홋창 달고 "아이고 아이고" 해도 실감이 안 나더라고. 왜 저러나? 고향가면 어머니 있는 데 뭐.

16살에 돌아온 고향

난 오빠 가족하고 일본에 남아 있다가 해방 뒷 해, 열여섯 살에 고향에 온 거야. 와 보니 언니는 도두리로 시집가고, 어머니가 없는 집에 11살 어린 동생이 대바지[작은 물허벅]에 물을 길어오며 살림하고 있었어. 나는 조선말을 몰라 어린 동생들과는 말이 안 통해 오빠네 식구들과만 얘기하며 지냈어. 오빠가 가는 길은 먼 길이라도 쫓아가려 해서 신발 맞추러 갈 때 민오름 아래서 오빠가 날 설득시켜서 풀 죽어 돌아온 일도 생각나고. 우리 올케가 문 집(문씨 가문)의 큰딸인데 아버지가 그렇게 며느리를 위했어. 오빠는 일본에서 전문학교를 나와 회사 다녔는데, 제주 들어와 보니 일자리도 없고 어수선하고 마음 붙일 곳이 없으니까 그 해 가을 식구들을 데리고 서울로 갔어.

아버지는 세 딸을 어떻게 키울까 고민이 많았어. 아가씨 시집 보내려 하면 '어멍 없는 거'라고 얕본다고 비온 날은 고모가 바느질 가르쳐 주러 멀리서 오는 거야. 우리 고모는 우리들을 호강하며 키운다고 투덜투덜 했어.

옷 짓는 법을 가르치려고 화로에 불 피워 인두를 올려놓으면 나는 졸려. 그러면 고모가 손을 탁 쳐. "우리 순자(고모 딸)는 솔잎 걷으러 오늘 열안지 오름 갔주게(갔는데)." 하면서. 그렇게 당신 딸은 고생하는 데 우린 호강하며 키운다는 거지. 그때 배운 것으로 한복을 지을 줄 알게 됐지. 아버지는 딸 교육에 신경을 많이 썼어. "입 벌려서 웃지 말아라, 길 한복판으로 걷지 말아라." 하시고. 나를 야학에 보내고는 밤에 꼭 와서 봐요. 그때까지 조선말을 못했으니까 "우리 일본쟁이 잘 하는가?" 하고 물으면 야학 선생님은 "네, 잘 합니다" 하시더라고. 그때 야학선생님은 송원화씨 동생인데 거기서 모음자음을 배웠어요.

송원화씨 집은 경찰이라 그 집이 항상 주목을 받았어. 송원화씨 가족은 제주시 성안에 가 살았어. 아버지가 그 집 식구들에게 '너희도 형처럼 제주시로 옮겨라, 여기서 살지 못할 거다. 옮기는 게 낫다'고 하는 소리를 들었어. 그래도 그분들은 그냥 마을에 살았는데, 그 집에서 항상 어머니 없는 우리들을 감싸줬어. 결국 그 집은 산에서 밤에 습격 와서 불탔어.

도두리 사는 형부가 말 타고 집에 왔을 때야. 통시에 앉아서 민오름 아래에 꿩이 파닥파닥 하는 걸 봤어. 놀러 온 형부에게 "형부, 형부, 저기 꿩이 있어." 하니까 그 덫에 걸려 파닥거리는 꿩을 잡아왔어. 물 끓여 뜯어서 죽을 끓이는데 기름기가 없어. '꿩 가슴 매 가슴'이라고 항상 놀래면서 사니까, 죽을 막 먹으려는 데 아버지 서당 제자인 동네 아이가 와서 뚝뚝 눈물을 흘려. 꿩이 든 걸 따라와 보니까 이 집이더라 하는 거야. 형부나 아버지도 껄껄 웃으며 "할 수 없다, 여기서 이걸 먹고 덫 가시고 또 놓아라." 했던 기억이 나.

外삼촌은 나중에 일본서 유골이 왔다고 해서 받아보니 고리짝 안에 피 묻어 굳어있는 옷가지가 유품인거야. 어떻게 돌아가셨는지는 모르겠는데 독립유공자로 올라갔어. 어우늘에서 장사지냈어. 어우늘에 독립 운동가들이 많았다고 봐야지. 오라리는 부자마을이었고 사람들이 똑똑했어. 그땐 조천 오라리 도두리만 잡으면 다 누를 수 있다고 했어. 똑똑해야 공출 반대도 하지, 청년들이 활기차게 활동 했거든. 외삼촌은 4·3 때 관덕정에서 연설도 했다고 해. 무력대항은 안 된다고 하신 분이야. 사태가 커져가자 연미마을 책임자에게 인계하고 일본으로 갔다가 죽어서 돌아온 거지. 그때 죽은 사람은 바른 사람이야.

나는 연락병으로

나도 4·3 때는 활동을 했지. 단발머리에다 키가 조그마해서 활동하기가 좋았지. 어리게 보여 누구 의심하는 사람이 없었으니까. 주로 회의는 연미동네에서 했는데 가 보면 도노미 사람들은 없었어. 그때 만났던 사람들 이름은 거의 기억을 못해. 나는 서너 살 위의 사람들과 다녔어. 회의 때 보면 여자는 스무 살 쯤 됐나? 어우늘에서 온 딱 한 사람이고, 다 남자야. 나는 선전부에 속해 있었던 것 같아. 자연히 당원 가입이 되었나 봐. 삐라를 돌돌 말아서 풀잎사귀에 감아서 묶어 전달했어. 암호로 주고받으니까 그 암호를 그날그날 받아야 하니 당원이어야 되는 것 아닌가? 뭐 '우산'이라는 암호도 있었고. 길에서 경찰을 만나면 길 옆 수풀에 휙 던져두고 저만큼 갔다가 다시 돌아와서 주워 전달했지. 연미마을에서 연락 받아서 멀리는 노남까지 샀넌 거 같아. 난 아버지하고 하는 일이 다르니까 아버지가 어떤 일을 하는 지는 통 몰라. 그저 사람들이 아버지보고 "농위원장, 농위원장" 하는 소리를 들었지. 나는 우리 밀도 시들고 기도 또래보다 작은 아이였는데 아버지가 그런 사상을 가지니 내가 더 쉽게 활동할 수 있지 않았을까 생각되지. 아버지는 같은 사상이니까 내게 하지 말란 말도 못하고.

오름에 봉화를 올리는 사람은 다 아는 마을 청년들이야. 민오름에 봉화가 올라가면 무서웠지, 마치 자기에게 화살이 돌아올 것처럼 무섭지.

5·10선거 때는 우리 마을 사람이 전부 열안지오름 앞까지 갔어. 한 일주일 살다가 온 것 같은데? 아버지는 그 사이에 수시로 집에 내려갔다 올라왔다 했어. 돼지 밥도 줘야 하고 닭 모이 주고 바구니로 닭을 덮어놓고 왔어. 선거 때는 마을 사람들이 다 올라갔지만 우리 마을은 활동으로 연결된 사람이 없었던 것 같아. 도노미에는 사상에 신경 쓴 사람이 내 기억에는 없었어. 다 몰아가니까 산으로 간 거지. 뭐 때문에 올라가는지 모르는 사람도 있을 거고.

제주에서 먼저 일어나서 될 일이 아니다

아버지가 사람들에게 하는 소리는 안 된다고만 했어. 이게 작은 일이 아닌데 제주도에서 일으켜 될 일이 아니라고, 항시 자제하고 있어라 했지.

집에서 회의할 때면 올레 입구 팽나무에서부터 망을 보고 문 앞에 딱 풍채(*차양)를 세워. 나는 창문 앞의 풍채를 만지는 척하며 엿지. 그때 우리 집에 이덕구도 다녔던 것 같고 오라리 허○○란 사람은 권총차고 긴 장화 신고 다녔어. 아버지에게 참 많은 사람들이 찾아왔어. 그때 얻어들은 얘기가 김일성이가 진짜 독립운동을 한 사람인데, 공산주의, 자본주의 차이가 있어서 북은 소련을 쫓았대요. 남의 이승만은 부잣집 아들로 죽도 밥도 아닌 사람으로 정치할 사람이 못되는 사람이래. 우리 아버지는 국제 정세까지 알기는 다 알았지만 절대 안 받아들였고, 우리 조선은 연합국이 독립시킬 때 북은 소련이 가지고 남은 미국이 가지게 다 계획이 있는 일이다, 이거 뭐 이제 난(일어난) 일이 아니다,

일본 놈에게는 벗어났지마는 이제는 미국 속에 들어가는 거다, 나라는 두 동강이 나게 돼 있다 하셨어. 산 쪽에서 사람이 오면 "나는 그런데 발 들일 입장이 못 된다."고 하며 활동은 안 해봤어. 혀를 쯧쯧 하며 대륙에서 일어나기 전에 이거 될 일이 아닌데 제주도 사람들이 나선다고 했지. 박헌영이가 제주도 운영을 많이 했지.

아버지는 어릴 때부터 우리에게 사상이란 걸 많이 얘기해줬어. 일본에서 전쟁을 할 때 원자폭탄을 터트려 우리나라 독립을 시키면 북쪽은 소련 줄 거고 남쪽은 미국이 가질 거라고 하는 소리를 들었어. 그때는 6·25 전이라 갈려지지 않은 건데, 갈라지지 못하게 김구 선생을 잡아야 그래도 통일이 될 건데 미국에서 이승만을 잡아다 맡긴 거야. 이승만은 미국에서 공부한 것 뿐이지 아무 것도 모르는 사람이라 했지. 이승만은 절대 남과 북을 갈라놓을 거다. 그래서 5·10선거를 반대한 거 아닌가? 그렇게 갈라놓고 70년을 흘려놓았어.

나는 남북통일이라는 걸 진짜 원해. 아직은 의복도 같고 언어도 같고 뭣 때문에 갈라놔? 왜 통일하자는 걸 빨갱이라고 해? 원인은 머리들 싸움이고 나는 이승만과 박정희가 갈라놨다고 봐. 박정희 얘기는 일본에서 들었어. 그 사람 야비한 사람이야. 일본 군인이었어. 그래서 조선 피를 많이 먹은 사람인데 또 조선으로 와서 권력 잡고 해 먹은 거야. 북쪽은 소련이 점령했지만 그 쪽은 소련을 떼어냈잖아. 여기는 그냥 미국을 끌어안고 있으니 박정희가 16년이나 해 먹게 된 거잖아. 아직까지 난 이런 말을 못하고 살았어. 박정희라면 지가 떨려.

한 번은 경찰에서 우리를 다 불러 모았어. 한 사람이 잡혀온 거야. 그 사람은 다랑굿 마을 사람인데 어디 역할 다니다가 잡혔겠지. 얼굴의 형체를 알아볼 수 없었어. 맞아서 얼굴은 사람의 모습이 아니야. 내부이 훌렁훌렁하고 얼굴 색깔이 변해서 누구도 알아볼 수 없어. 이 사람 부모가 누구냐고 해도 아무도 안다는 사람이 없어. "무사 나 모르쿠과 (왜 나를 모르겠습니까)?" 해도 죽어질까 봐(죽게 될까 봐) 안다고 못하지. 경찰이 끌고 민오름으로 데려가더니 바로 총소리가 나더라고. 사람들 총살한 곳에는 신발짝이 흩어져 있어. 난 그 후로 신발짝만 보이면 무서워, 시체 같아서. 난 도노미오름 걸을 때는 신발을 벗고 다녔어.

음력 10월 18일에 도노미가 불탔어. 경찰들이 와서 초가집 이엉을 박박 빼서 라이터로 탁탁 귀퉁이마다 돌아가며 불 붙이더라고. 안 붙으면 다시 이엉을 빼서 붙이고. 그러니 피난갈 수밖에 없었지. 아버지와 세 자매가 언니 사는 해안마을 도두리로 내려간 거야.

바닷길로 12시간 걸어 간 제주시

우리 식구가 도두리로 내려가서 마을입구 '양태 할망'이라고, 탕건 파는 할머니 집 방 한 칸 빌어 살았어. 10월 그믐날 할아버지 제사 해먹고 나니 다음날 11월 1일에 도두국민학교로 다 나오라고 해. 집안에 있는 사람들은 몽둥이 들고 쫓아내서 도두리 사람이 다 학교로 나갔어. 아버지는 두 동생을 양손에 잡고 앞에 걸어가고, 나는 뒤를 따라가는데 그때 아버지가 뒤돌아보며 "항아리 밑에 눌러놓은 돌을 들어보면 뭐 있다."고 하시는 거야.

학교 운동장에 모여 있는데 몰래물 마을에서 사람 싣고 지프차가 왔어. 세어 봤지. 세 사람씩 세 줄, 아홉이더라고. 눈 가린 채 그 사람들을 학교 앞 한길 건너 보리밭으로 데려가더니 담배 한 대씩 탁탁 물려주고 한 모금 연기 날 때 바로 빠빵빵 하더니 퍽퍽 쓰러지더라고. 그 장면 보지 않으려고 눈 가리면 뒤에서 몽둥이로 후려치면서 보게 하는 거야. 그리고 난 후 연미동네 김○○이가 나와서 사람을 지목하는데 '히매'하며 아버지를 가리키는 거라. 희매는 일본말로 수염이란 뜻인데 그때 아버지가 늙은 척 하려고 수염을 길렀어. 9명을 태워 온 지프에 아버지 어깨를 탁 잡고 이젠 눈도 안 가리고 태워 가는 거야. 나는 같이 간다고 매달렸지. 그때 9연대장이 내리라고, 조사하고 보내준다고 하대. 그날 온 종일 한길에 앉아 기다려도 아버지가 안 와. 아버지는 일을 안 했으니까 죄가 없을 줄 알았지. 붙잡혀갈 때는 그게 아니더라고. 결국 아버지는 아홉에 열 채우려고 간 거야. 저녁 쯤 돼서 제주경찰서로 갔다는 말이 들렸어. 아버지에게 일본서 가져온 오바(외투) 세 개가 있었어. 보통은 낙낙한 오바를 입고 어디 나갈 때는 까만색을 입고 했는데, 그 까만 오바에 남색 골덴바지 챙겨넣고 담배 한 보루 사서 새끼줄로 묶어 등에 지고 다음날 새벽에 제주시로 갔어.

그때 도두리에서 제주시까지는 도로차단이 돼서 왕래할 수가 없었어. 새벽 밀물 때 도두리 바닷길로 걸어 무근성에 도착하니 해가 져 가고 밀물이 들어오고 있었어. 12시간 정도 걸어서 간 거지. 바닷돌이 미끄러워 고무신은 손에 쥐고 맨발로 돌 밟으면서 바닷길로만 해서 제주시에 간 거야. 경찰서마당에 가서는 종일 기다렸어. 아는 사람이라도 나올까 하고. 관덕정 근처 작은이모집이 있어서 거기서 자고 아침 밝으면 다시 가고. 그래도 아버지는 못 찾아. 경찰서 가면 도남 군부대로 가라 하고. 여기 가면 저기 가라 하고. 가면 나는 무조건 죄인 앉힌 곳에 비집고 들어가는 거야. 그러면 멱서리 잡고 날 끌어내. 5일 째 되는 날 관덕정 돌계단에 앉아 혹시 관청에 아는 사람이라도 보일까 눈을 빼고 보는데 관녁상 앞 시프자에 아버지가 앉아 있는 거야. 세 사람이 보였는데 한 분은 오라리 찬익이 어머니라고 여맹위원장 했던 사람이야. 머리가 산발한 채 고개를 숙이고 있었어. 아버지는 고개를 떡 들고 있었는데 막 뛰어가서 매달렸지. '아버지 ~'하며 지프에 매달리는데 아버지는 나를 본 순간 고개를 딱 숙여

버려. 내 하는 것이 보기 딱했는지 한 군인이 타라고 엉덩이를 받쳐주더라고. 그런데 앞에서 9연대장이 눈짓으로 내리게 하더라고, 막 올라가려는데 군인이 손을 딱 떼니 나는 툭 떨어지는 거야. 다시 차를 뒤쫓아 달려가니 보초가 딱 막아 서. 그렇게 아버지와 헤어지고 봇짐지고 오는데 막 가슴이 찢어지게 아프더라고. 그 차가 오라리로 갔다는 말을 나중에 들었어.

그날은 칠성통 '갑자정 마크사'로 가던 중이었는데 "오라리로 간 사람 다 죽었져(죽었어)" 하는 소리가 들리는 거라. 어떤 사람이 등에 진 명석을 탁 놓으며 '아이고 우리 성(언니) 오리리에서 죽었수게.' 하는 거야. 오리리 공회당에서 쏴 죽였다고. 그 사람도 언니 소식 들으려 명석지고 볼 일이 있는 것처럼 가장해서 관덕정 쪽으로 왔던 거지.

작은 이모가 소고기를 사주며 가서 밥해서 상에 올리라고 하는 거야. 작은 이모는 남편이 경찰 편이야. 제주차부 사장이었어. 사업을 하려면 그쪽을 가까이 해야 사업을 운영하니까. 작은이모는 큰이모네 집에 가라고 하더라고. 큰 이모는 시집이 가시나물[영평마을] 큰 부자집이야. 산 전체에 왕대밭이 있어서 머슴 데려서(데리고) 왕대 톱으로 잘라 망치로 두드려 땜질하는 걸 봤는데, 그 집도 주목받아 두 아들이 일본으로 피신 갔어. 작은이모와는 사상이 달랐지. 이모가 준 고기로 상 차리고, 상식 올리며 도두리에서 당분간 살았어.

도두리 사는 형부는 그때 동네 청년들이 다 대동청년단에 들어갈 때인데도 안 들어갔어. 형부가 그런 조직에 안 들어가니까 집에 없는 척, 방안에서만 살았어. 어느 날 답답하니까 새벽에 도둘봉으로 바람 쐬러 갔다가 대동청년이 뒤에서 총으로 쏴버려서 바닷가에 떨어졌어. 와이셔츠 찢어서 다리상처 매고 밤중에 집으로 온 거야. 이젠 마루 떼내서 땅 파고 보리짚 깔고 그 밑에서 살았는데 마을 전체에 불을 질러버리니까 밖으로 나올 수밖에 없었지. 야, 그때 대동

청년단들 철창 매고 와서는 사람이 살아 있는데 눈 앞에서 이불들 싸고 옷들 싸고 지고 가져가더라고.

　도두리 마을 불태울 때는 사람들은 모두 모이라고 했어. 거기서 형부는 군인들이 부축해서 서쪽 제주시 쪽으로 가고 언니는 반대편 몰레물 쪽으로 끌려갔어. 헤어질 때 형부가 언니에게 "아이는 업고 가다가 '오레물 동산'에 가면 내려놓고 가." 하더라고. 어린 거니까 그러면 지가 기어가서 살까 하고. 돌이 못 된 아들이었어. 나는 그런 장면을 보기만 했지. 혈육이 볼까 봐 나서지도 못하고 숨어서 이 광경을 보는 거야. 그들이 나를 보면 나 가슴 아픈 식으로 아플 거니까. 사람은 죽게 되면 살고 싶은 게 맞는 소리야. 붙들려 가면 죽을 거니까. 그런 속에도 죽고 싶지는 않은 거야. 언니, 형부, 언니 시아버지, 시어머니가 비슷한 시기에 다 돌아가셨어. 형부 동생이 산에 있어서 그랬을 거야. 우리 그때 사돈집 굴묵 짓는(아궁이 때는) 옆 까끄라기 쌓아놓은 망태기 안에 일본에서 찍은 앨범 3개를 포개어 숨겨 놔뒀는데 집이 불타며 홀딱 다 타버렸잖아. 그래서 부모님이며 오빠 가족사진 한 장이 없어.

　도두리에 세 자매만 남아 있을 때 어린 오누이만 있는 옆집에 돼지가 새끼를 낳아서 쩔쩔매고 있더라고. 돼지새끼는 입이 셌어. 주둥이로 막 헤집으며 우영팟 다 휘갈고 우리 밖으로 나와 돌아다니면 누나가 솔가지 해서 도망 못 가게 세워 놓는 거야. 그걸 같이 도와주며 했는데 난 어린 그 아이가 남동생인 줄만 알았지. 아이고 저 집에는 어린 오누이가 사는구나, 우린 셋이 살고. 그래서 마음이 사꾸 가는 거야. 나중에 보니 그 집도 연미에서 피난 온 언니 형부가 다 죽고 부모도 죽어 어린 조카 데리고 사는 아이였어. 어른들은 다 죽었는데 돼지가 새끼를 낳으니 먹을 게 없어 자꾸 우리 밖으로 튀어나온 거지.

　추운 겨울이었는데, 폭도 구경하러 다들 나오라고 했지, 아버지 돌아가시고 난 후의 일이야. 70명 정도 되는 사람을 버스에 가득 싣고 와서 폭도 잡아왔다고 했어. 외줄로 세웠어. 그 사람들을 대청(대한청년단)단원들에게 죽이라고 하는 거야. 옷을 모두 벗기고 알몸으로 죽였어. 대청부인들이 확 옷을 벗겼어. 홀딱 벗은 알몸이 되게. 서로 아는 얼굴인데, 대창으로 찌르라 명령하면 안 할 수가 없지. 죽는 쪽에서는 제발 한 번에 죽여 달라고 사정하기도 했어. 그런데 거기에서 살아나온 여자가 있고 하데? 그런 상황에서 우리보고 박수치라고 했어. 다행히 동생은 도두리 생각은 안 나는 것 같애. 단발하고, 어리게 보였어. 나하고 5살 차이면 크지. 달락 달락 댕겼으니까. 내가 길을 나서서 막막할 때 "어디로 가코?" 하면 " 아무데로나" 언니 가고 싶은 데로 가라는 뜻이지. 조용히 내가 하자는 대로 하고 그랬지.

항아리 씨앗 돈

아버지 돌아가신 후에야 동생들과 "우리 항아리 들렁(꺼내서) 보자."고 했지. 항아리 밑에 돌로 눌러놓은 사락사락한 종이꾸러미가 있었어. 그걸 펼치니 3만 원인가 30만 원인가 하는 돈이 들어있어. 그걸 며칠에 한 번 씩 꺼내서 말렸어. 누가 볼까봐 큰 동생은 안에 세우고 작은동생은 밖에 세우고 나는 솥두껑에 위에 펴놓고 불 피워 말리고 나서 또 싸놓고. 아버지는 전부터 돈을 모으는 양반이었어. 그 돈이 씨가 되어 아직까지 내 손바닥에 돈이 없어지는 일은 없어요. 그걸 자본으로 살았다 이거야.

내 평생 돈에 여유를 가질 만한 사람이 아닌데도 이날 이 때까지 참말 남편은 환자로 살고 해도 밭도 사고 그랬어. 내가 결혼하고도 동생들 결혼시킬 때까지 그 돈은 있었어. 솥두껑에 두 번 말리면 끝인데 그 돈이 얼마나 되겠어? 그걸 안 쓰고 제사 명절도 동생이 꿩마농(달래), 난시(냉이) 캐온 것을 팔아 그

것 모인 걸로 곤썰 받아당(흰쌀 사서) 아버지 삭제 [초하루. 보름 아침에 하는 제사도 하며 산거야. 그래도 친척들이 모여 와 "아이고 아이고" 해 주니까 고마워서 곤쌀밥(흰쌀밥) 해서 드리고. 그게 씨 돈이 되어 오늘까지 돈은 내 수중에 늘 있어. 쓰지 않는 돈이. 내게 와서 돈을 못 꾸면 다 된 사람이여. 큰 소 몰아서 밭에 가는 사람 집에는 돈이 없어도 나에게 오면 돈이 있다고 했어. 오라리 살 때도 나한테 가서 돈 못 꾸면 신용 없는 사람이라 했어. 그 집에 돈 없다는 건 거짓말이라고.

여자들만 남은 친정식구

성 쌓으러 한 집에서 한 사람씩 무조건 나가야 하니까 동생 돌보면서도 성 쌓으러 다니는 거라. 밭담이고 뭐고 다 등에 져다가 쌓는데, 나는 쌓지는 못하니까 지게에 져서 날랐지. 도노미 사람들이 단체로 연동에 모여 가서 성을 쌓았어. 한 달 쯤 성을 완성시키니까 20평 씩 선 그어 줘서 집을 지으라고 해. 그때 나는 한라산 가서 나무 베어올 남자도 없고 우릴 거둬줄 사람이 없으니까 그 집을 못 지었어. 원래 살던 자리로 돌아가라는 명령이 떨어졌을 때 우린 돌아갈 집이 없는 거야. 13살, 3살 동생과 나는 오라리로 갔지. 친척들이 거기 있으니까. 고모 사는 곳 의지로 들어갔어. 고모가 친척 개똥이 어멍네 집을 빌어줬어.

오라리에서도 성 쌓으러 다닌 것 같아. 아는 동생이 서북 경찰과 결혼해서 옆에 살았는데 순경들이 그 집에 밥 먹으러 오면 그 집에 부족한 아이가 있어 밥을 맨 손으로 먹었어. 그러면 그 아이가 누가 밥 먹었느냐 물으면 우리 이린 동생이 먹었다고 할 거 아냐. 그래서 성 쌓으러 갈 때 막내를 성안 이모 집에 데려다 놨어. 그러면 13살 동생은 양은 그릇에 나 점심 싸고 자기 먹을 것 가지고 연동으로 와시 땡미농 게고 난시캐고 와서 팔아. 그러니 돈이 됐겠지. 도누미에 조상 밭이 있으니 오라리 살면서 동생이랑 농사지으러 다니고. 조 장만 하려면 아침 가서 조 비어서(베어서) 널어놓고 다음날 가서 이삭 따서 난 큰 가마니에 지고 동생은 작은 가마니에 져서 가져오는 거야. 그걸 마당에 펼쳐놓고 도리깨로 장만하고.

성 쌓으러 가는 길이었나, 정확치는 않은데 오라리 공회당을 지나가다 산폭도를 잡아왔다고 해서 봤어. 처음은 못 알아봤는데 아는 친척 어른 남편이었어. 남초등학교 선생님으로 제주시 가서 살았던 분이야. 가슴이 벌렁벌렁하고 어머나, 저렇게 됐구나 해도 누구다 하는 소리는 오늘까지 못해 봤지. 눈이 푹 들어가고 얼굴은 수염으로 다 덮여있고 콧대만 보이는데 몸은 뼈만 남아 있어. 그때가 51~2년도 인가 하는데 산에서만 그렇게 오래 있지는 못 할 거야. 여러 동네 접근하면서 살다가 토벌이 심해져가니 나중에는 산에서만 혼자 숨어 살다 늦게 나온 거겠지. 산에서만 있어노니까(있었으니까) 형태는 사람의 모습이 아니더라고. 다행히 부인은 오라리에 살고 있었지만 그 사실을 몰랐으니까 안 봤지. 남편 삼형제가 오라리 마을 일등청년들이었는데 다 그때 죽었어.

서울로 간 오빠네는 종로 근처에서 네 식구가 살았는데, 어느 날 전매청에 출근한 오빠가 돌아오지 않았어. 행방불명된 거야. 일본에 올케 남동생이 있어서 조총련으로도 알아보고 북쪽에도 알아봤을 거야. 올케가 생전에 찾을 만큼 찾았어. 오빠는 아마 돌아가셨겠지. 그 난리 속에 어떻게 살 수가 있겠어.

아버지 대상 이틀 전에 올케가 들어온 거야. 남편 잃은 올케가 두 딸 걸리고 봇짐지고 내가 세 들어 사는 집 올레로 들어오더라고. 고향 도노미 마을 집은 불 타 복구를 못했으니 내가 사는 곳으로 시집이라고 찾아 온 거야. 이젠 3년 동안 우리가 살던 개똥이네 집을 올케식구에게 내주고 우리 세 자매는 옆집 밖거리[바깥채]로 빌려 이사했지. 개똥이네 집에서 아버지 소상 대상 다 했어. 제사 네 번, 명절 네 번을 하려면 삼색나물로 콩나물, 고사리, 무채 삶은 것이나 호박은 올려야 했으니까, 콩나물을 매일 길러야 했지.

맷독으로 골병든 남편

　내가 결혼을 안 하니까 우리 올케가 하는 말이 " 아시, 아시[동생의 총칭, 여기서는 시누이를 말함], 우리 집안에 남자라는 이가 하나도 없으니까 아시가 결혼하면 남자가 생겨 동생들도 의지가 되고 나도 의지가 되어(되겠네)." 하는 거라. 집안에 남자라는 존재가 하나도 없으니까. 그 말도 맞아서 외숙모님이 소개해서 남편을 만났어. 그 전에 나를 마음에 두고 중신 온 이가 더러 있었지만 그 때는 결혼 생각이 없었지.

　결혼해 보니 남편은 4·3 때 경찰서에서 맞은 맷독으로 속이 곯은 사람인 거야. 형 둘은 목포형무소에 가서 행방불명되고 시어머니는 산에서 총 맞아 죽고, 시아버지도 화병으로 죽으니 그는 혼자 남은 거라. 형 때문에 지서를 수시로 들락거려 그때마다 온 몸이 검게 돼서 나왔다고 사람들이 살지 못할 거라고 했대. 그런 사람을 누가 숙모를 통해 내게 소개한 거야. 그 중매한 사람이 나중에 내게 미안해 한다는 말을 들었어. 그러니 결혼해도 남편은 일이란 걸 해 보지 못했어. 폐가 약해 잘 먹어야 하는데 살기 바빠 영양가 있는 것을 먹여보지 못하고 모기왓에서 연미동산 올라가는 길에 숨차 "억"하고 쓰러지니 그게 끝이야. 8년 같이 살았어. 친척이 나보고 '성님 같은 사람은 없다'고 했어. 맷독에 죽어가는 사람 소개했다고 한 번도 원망하는 말을 하시 않았다고.

　난 지금 생각이나 그때 생각이나 전 남편 생각하면 불쌍한 마음 뿐이더라고. 집안이 다 부자인데 그 집만 딱 밭 하나 있더라고. 친척 중에도 자기네만 가난하고. 나도 부모가 없으니 쓰라린 아픔을 가지고 살아왔는데 남편도 부모형제

다 죽고. 그러니까 남편도 나도 4·3 고아야. 나중에 시어머니 시체를 열안지오름[제주시 오라동 산록도로변에 있는 오름]에 토롱[흙을 쌓아 임시로 만든 무덤] 한 것 찾다가 민오름에 묻어 드렸어.

연애편지

남편 삼년 상 지나니까 자다가 보면 편지 말아서 누가 방에 툭 던져. 그리곤 덥석 법석 소리 나며 밭담을 턱 넘어가는 소리가 들리고. 큰여동생 결혼해서 나가고 작은 여동생 하고 딸 둘, 나, 이렇게 여자 넷이 사는데, 자다가 보면 마당으로 쪽지가 툭 떨어져 있고. 펼쳐보면 글귀가 근사하지. 근데 누군지 잡을 방법이 없어.

큰딸 초등학교에 다닐 때 난 1주일에 한 번은 꼭 학교에 들여다보고 했어. 우리 아버지가 그랬던 것처럼. 아침에 학교 갔다가 돌아와서 밭에 가고 그랬지. 한 번은 동네에서 선생님 일곱 분을 초대해서 대접을 하는데, 한 선생님이 먼저 가게 되니까 주인이 나보고 길을 인도하라고 해. "야, 저 버느낭 못까지 이 선생님 인도허라." 그래서 구릉 있는 데까지 같이 가는데 선생님이 이말 저말 말을 걸었어.

"윤희(가명) 어머님은 한국여성 같지가 않아요."
"나는 자라기를 일본에서 자라 아마 그럴 겁니다."
"아, 그렇군요."

그렇게 헤어진 적이 있는데 그 사람이 쪽지 주인일까, 그때까지 날 좋아하는 사람은 있어도 날 건드린 사람은 없었어. 난 인간 대 인간으로 대하지 남녀로 대

양농옥 씨가 4·3 때 당신처럼 고아가 된 친척을 만나 그동안 살아온 사연을 나누고 있다.

하진 않았지. 그때 나는 마을 부녀회장이고 그이(후에 남편이 된 사람)는 청년 회장이었어. 그땐 부녀회에서 이자 없는 돈이 나오면 그 돈을 누구 빌려줘서 키웠어. 그래서 그이와 일로 만나는 일이야 있었지. 동네 소나 송아지를 내가 키워서 새끼도 낳고 그랬는데 산에 올려두면 부구리[진드기가 성장해서 된 벌레]약을 해야 해. 약 뿌리고 나서 껍데기 벗기는 것 같이 생긴 날이 없는 빗으로 박박 긁으면 부구리가 떨어지거든. 그이가 와서 "윤희 어머니 오늘 부구리약(진드기약) 허레 갑주(하러 갑시다)" 하면 "예" 하고 따라가. 같이 산으로 올라가다가 "쉬영 갑주(쉬었다 갑시다)." 하면 그이는 저만치 앉고 나는 이만치 턱 앉고, 하나도 그런 눈치는 안 보이더라고. 그러니 누군지는 모르는 거야. 그때는 농협에

나를 살린 건 항아리 씨앗 돈   115

서 시골에 비료가 나오면 땅 평 수에 따라 할당이 나왔어. 각자 분배를 일단 받고 나서 가지는 말라고 해. 비료가 남을 수도 있고 모자랄 수도 있으니까. 다시 얼마씩 덜어내라고 해서 퍼놓다 보니 아, 종이쪽지가 있어. 요게 죄인이었구나, 이젠 잡았다 해서 아이 아버지인 줄 알았지, 그 사람일 줄은 까마득히 생각했어. 당신네 집에 가자고 했지, 그 쪽지 들고. 그 집 올레 앞에 팽나무 거기에서 가만히 기다렸어. 쪽지 주인이 나오기를. 한참 안 나오길래 집 가까이 연못까지 가노라니까 그 사람 친구가 불쑥 나오는 거야. 그이가 "야, ○○야, 이 삼촌 모시고 가라." 하니 친구는 "삼촌 갑주(갑시다)" 나를 이끄는데 밤이고 하니 그냥 돌아왔어. 그 후에도 동네 반장이 우리집 와서 이것저것 의논하는데 "반장, 여기 있는가?" 하며 들어 와. 손님이니 방석 내고 고구마 대접 하고 잡담하다가 나간 후 방석을 걷어 보니까 또 쪽지가 있어. 그렇게 하면서 나를 이렇게 만든 거야. 원수니 악수니 생각해도 항시 그런 소리를 하는 거라. "꽃이 피는 시기가 따로 있다. 그 시기가 끝나면 져버리는 거다" 이런 글귀를 보내는 거야.

  한번은 도노미 밭에서 조를 장만해서 누가 마차에 실어다 준다 하니까 조를 싣고 오는데 오라리로 들어오는 길에서 ○○어명(본부인)이 나 머리채를 탁 잡는 거야. 난 아야 소리도 안했지. 뭐라고 한지 알아? 그 사람이 술 먹고 길에서 작은 집에 가노라고 길에서 허청거린대. 나는 그런 길을 모르겠다고, 난 그런 사람도 아니라고. 그때까지는 그랬어.

  첫 남편이 김 씨인데 김씨 집에서 내 소문 듣고 조 농사한 것, 소출(꼴)까지 다 훑어 가져가도 주위에서 말려줄 사람도 없이 빈손으로 살았어. 김 집의(김가네) 딸에게도 크게 당했어. (부도덕한) 내게 집 빌려 줬다고. 동네에서 모두 나를 손가락질 했으니까. 본부인이 죽어버린 집에 갔으면 그럴 일이 없는데 내가 본부인 있는 집에 들어갔다는 거지. 한번은 김씨 집 사람 셋이 와서 나를 데려가더라고. 가보니 한쪽엔 남편 쪽 김가가 앉았고 한쪽에 친정 쪽 양가가 앉아있는 거야. 뭔 일로 오라고 했나 싶었는데 마당으로 탁 부축해서 오는 것 보니까 그 사람이라. 확 무릎을 꿇여. 내 앞에서 닦달을 하는 거라.

"누가 시작을 했느냐?"
"아직까지는 여론은 그렇지마는 아무런 관계는 없습니다."

그 사람이 그러더라고. 그러니 모여들어 멍석말이해서 두드려 팼어. 그렇게 때려도 안 죽대? 내가 탁 일어서서 말했어. 내가 원하던 사람이라고, 김 씨 과부는 재혼할 수 없느냐고 그러니 친정 친척들이 "갈보 났져"하면서 흰 마후라(머플러)를 화악 잡아서 후려치는데 와작착 와작착 때리더라고. 그때 무릎 꿇렸던 그 사람이 벌떡 일어나서 "내 사람이니 내가 살린다."고 확 부축해서 나가. 그 밤 뛰쳐나가 무제한 걸었어. 헤매 다녔지. 동네 동생뻘 처녀아이들이 "성님 성님" 하면서 그 오라리 길을 돌아다니며 나 찾아다니는 소리가 들려. 죽어버릴까 봐 그랬겠지. 사실 우리 동네에서 그 사람 아니면 나 못 꼬셔. 그 사람은 내가 처녀 때 중신 왔던 사람인데 내가 결혼생각이 없을 때라 어찌 안됐어. 그러다 내가 홀몸이 되니까 다시 덤벼든 거지. 난 친척 밖거리에 살면서도 부엌에 물 항아리가 비어 있으면 밤에라도 그 집 물 채워놓고 잤어. 친정 문중에서 나를 무시하지는 못했지. 대소사 의논 상대로 대해주고 주인집 큰 아들도 나를 누님이라 부르며 집안 일을 의논하고. 나도 결혼 중신도 서 주고. 시로 의지하며 살았는데.

난 아이아버지 집에서 받은 거라곤 양푼이로 보리쌀 두 되 하고 된장 한 사발밖에 없어. 첫 아들 낳있을 때 그 사람이 아기 업은 아내 대동하고 보리쌀과 된장 한 사발 들고 왔더라고. 난 평생 김씨 집(전 남편)이나 고씨 집(후처가 된 남편)이나 아무데도 공짜로 먹은 게 없어. 그런 상대 안하려고 제주를 나온 거지.

큰딸 초등학교 나오니까 오라리에서 중학교를 보낼 재간이 없어서 서울 사는 동생에게 보냈어. 나도 얼마 안 있어 갈 거라 생각하고, 그런데 보리 베는 날이었는데 어떻게 하다 또 하나를 갖게 되었어. 한 번 봐서 막내가 생긴 거야. 그거 가져서 1년, 낳아서 1년 살고 떠난 거야. 난 남편으로 같이 살아본 적도 없고, 뭐 하러 같이 살아? 가정 있고 집안 있는 사람을. 내가 그런 누명을 쓰고 산 것이 너무나 억울하고 그래. 그런 상황이니 내가 정 붙여 살 수가 있겠어?

성남에서 다시 시작한 삶

막내아들 돗 지나 신도 안 신어 본 때, 바로 고향을 떴어. 나갈 때 요 하나 하고 아이 내복, 내 내복 하나 갖고 나왔어. 내가 떠날 때 모기왓 사람들이 다 울었지, 친척동생이 나에게 "누님은 가면 간 디 만이(간 곳 만큼) 살 거우다"라고 힘을 준 말이 안 잊혀. 누님은 어디가도 가면 그 만큼 살 거라고. 주인집 둘째 아들이 군대 휴가 나와서 귀대할 때 맞춰서 같이 제주를 나왔어. 큰아들 손잡고 막내아들은 업고 목포배 타고 가서 완행열차 타고 용산 와서 동생 사는 정릉까지 버스타고 가니 새벽이던가. 주인집 아들이 어깨에 요를 하나 툭 매고 정릉까지 우리를 데려다 주고 군대 들어갔지.

큰딸은 중학 공부시킨다고 서울 사는 동생에게 미리 보냈고, 둘째 딸은 오라 초등학교 다니니까 떼어두고 나왔지, 자리 잡으면 데려가려고. 둘째 딸은 오라리에서 살 때도 내가 일찍 밭에 가버리면 아침에 구덕에 아기 재워놓고 동네 할머니에게 아기구덕 갖다 주고 학교 갔다 와서는 아기 데리러 가고 그런 생활을 예사로 하니까 혼자 지내는 것도 문제없는 아이였어. 마침 모기왓 동네에 일본에서 돌아와 혼자 사는 분이 있어서 거기 가서 자라고 했는데, 콧소리 때문에 밤잠을 못자겠다고 다른 집으로 가서 학교 다녔어. 자리 좀 잡히자 작은 딸을 데려와 성남에서 4학년에 전학시켰지.

그때 돈 13,500원 들고 제주 나가서 8만 원 주고 땅 20평 사서 천막생활 시작했지. 천막 밖에는 성인 남자 신발 사다가 놓아두고 천막생활을 했는데, 1년도 안 돼서 그 자리에 집 지었어. 부엌 하나 방 하나 한 칸짜리 집을. 큰아들이 여섯 살 때인데 공사장에 물주전자 가져가게 하면 올 때는 속에 나무토막들을 담고 와서 연탄불 붙일 때 쓰라고 주는 거야. 번개탄은 돈이 드니까. 매번 심부름 할 때면 주전자 가득 공사장에서 주운 나무 토막을 가져왔어. 6살에 관공서 심부름도 하고. 집을 지을 때 물건 살 일 있으면 이모부와 같이 보냈는데, 한번은 이모부하고 기와 사러 다녀와서 하는 말이

"어머니 교통비는 누가 내는 거예요?"
"우리 집 짓는데 우리가 내지"
"버스 타고 천원 내면 잔돈을 수북이 거슬러 주는데 택시 타니 쓱 받고 끝나버리데요"

집 짓고 나서 작은 딸은 식전에 버스로 20분 거리 천호동 시장에 가서 무, 배추 사다주고 가면 그것으로 반찬 만들어 길기에 디이[받침[만들이 장사하는 거야. 아침 해먹고 딸이 씻어주고 가면 무는 생채 해서 팔고, 이파리는 삶아서 나물로 팔고, 배추는 겉절이로 만들고. 고춧가루를 6가지 종류로 나누어서 팔고, 철거민들이 모여 살 때라 잘 팔렸어. 아들은 10살 쯤 되니까 관청 심부름 다니며 무슨 과에서 무슨 일을 하고 다 조사하고 다니더라고.

2018년 3월 30일 제주4·3연구소 주최 제17회 '4·3증언본풀이마당'에서.

아침에 "다녀오겠습니다."하고 나가는 아이들 다 보내고 나면 밥은 다 식어 버렸어. 아침 먹었는지 모를 정도로 바쁘게 아이들 오기 전까지 하청 일을 하는 거야. 누가 일거리 갖다 주면 다 했어. 인형 만들고, 봉지에 사탕 담는 일도 하고, 아기 키울 수 있냐고 하면 키워 주고, 저녁에 아이들이 올 때는 꼭 있어야 되고. 얘들이 돌아오면 만든 것을 돌려주러 가고 일감을 받아오고. 잠잘 시간이 없으면 안 자면 되고. 제부가 서울 나와서 장사하라고 자꾸 말해도 아이들이 낯설어 할까 봐 할 수가 없더라고. 집안에서만 일을 한 거지. 무작정 상경한 15~6세 처녀 아이들이 잠은 숙소에서 자고 우리 집에서 삼시 세끼를 먹었는데, 쌀 값과 반찬 값만 받지 다른 건 안 받았어. 15명 밥을 해주고 그걸로 식구들 밥은 먹었으니까. 집에서 만원 만 나오는 생활이었으면 살 수 있다고 생각했지. 방 두 칸 빌려줘서 한칸에 2천 원씩 월세 4천 원 받고. 성남은 처음 올 때는 장화 없이는 못 살 때야. 쌀을 봉투에 사서 밥을 하고 그럴 때 나는 그렇게는 안 살았어. 80킬로 한 가마니가 14,000원 할 때인데 가마니로 놔서 먹었어. 신발도 그때 그때 다른 걸 사줬지 아무거나 안 사줬어. 집이 있으니 고향에서 친척들이 오면 자고 가고. 손님 접대는 뭐 있나? 돼지고기 김치찌개하고 시금치 무침, 그게 전부야. 그래도 쌀밥에 고기 먹으니 잘사나 보다 하는 거야. 손님이니까 그렇게 했지. 손님이 아이에게 천 원이나 주고 가면 내게 가져 와. "엄마 고기 사요" 하면서. 난 눈물이 나.

큰아들은 6살부터 세금을 자기가 냈어. 시청에 내러 다녔어. 학교에 가면 선생님들이 다 예뻐했어. 중학교 국어담임이 '아드님 제가 돌보면 안돼요?' 하는 거라. "어떻게 돌보는데요?" 물으니 자기가 잘 인도하고 싶어 한다고(싶다고) 해서 중 2학년 땐가 약사암 절에 가서 살다 왔어. 절에 학생회장을 하게 되고 주지스님이 나이 들어 돌아가시기까지 살았어.

큰아들이 서울대학교 가니까 돈 안 들었어. 친척이 아이 데리고 살겠다고 공부 방법만 배우게 하겠다고 해서 매달 내 통장으로 10만 원 씩 부쳐주더라고, 그 집에서 숙식하는 아들은 빨래까지 거기서 다 해버려 죽겠다고 했지.

나, 아들 모르게 파출부 생활을 3년 했어. 큰아들 고3 때 시작했는데 자기 집처럼 해주니까 그렇게 좋아하더라고. 아이가 학교 가버리면 파출부 가고, 돌아오기 진에 집에 들어가니까 몰라. 그릇 닦을 것 내놓으라고 하면 주인 할머니가 일 많이 하지 말고 집에 오래 있어만 달라고 했어. 참 좋은 분들이었어. 그러다 큰아들이 서울대 들어갔다고 하니까 남자 주인이 "한번 데리고 와 봐요." 허더라고. 의사였어. 아들을 보더니 자기가 입었던 양복을 딕 벗어 입혀줬어.

그리고 자기 아들 과외를 부탁하는 거야. 그때(1984년) 돈 70만원을 주더라고. 대학교 앞에서 기다렸다가 기사가 아들을 태워 곤지암 별장에 데리고 가서 과외 시키고 나서 아들 자취하는 집으로 데려다 주는 거야. 이불 빨래도 다 해오고. 그러다 아들이 시국 사건에 말려들어가니 학교를 못 갔지. 사복 경찰들이 집 앞에 줄지어 있어. 이젠 파출부를 그만두었지. 아들도 나도.

매일 아침에 사복경찰이 집으로 출근했어. 아들은 집에 못 사니까 세를 얻어서 살렸는데(살게 했는데) 내가 일하는데 들이닥쳐 "몇 시에 나갔느냐?"고 물으면 아침 6시에 나갔다고 하지. 그러면 일하는 중에도 그 시간을 잘 기억하고 있어야 해. 대답이 똑같아야 하니까. 중간쯤에 와서 다시 물어, 몇 시에 나갔냐고. 그러다 가택수색 하면 "영장 보여 달라."고 하며 버티고. 그러다 아들친구가 연락이 왔어.

"어머니, 저 보면 알 겁니다, 한 번 저를 만나 주세요."
" 만나는 주겠는데, 아들을 한 번 보여 달라."
" 언제 시간이 됩니까?"
" 나는 저녁 6시 넘으면 된다."

성남 태평동에 내리면 산이 있고 그 밑으로 밭들이 있어, 일 끝나고 거기 밭에 앉아 있으니까 아들이 왔더라고. 첫 말이 그랬어.

"미안해요."
"미안할 것은 없는데 연락은 해라."
"연락은 할 수 없습니다."

그게 끝으로 행방불명이 됐지. 막 애가 타게 보고 싶고 어디 있는지 알고 싶어 환장하지, 하지만 딸들에게도 일체 말하지 않았어. 누우면 목이 울컥울컥하며 숨쉬기가 힘들고 잠을 못 잤지. 6개월 쯤 지나니까 제부가 아침에 전화가 왔어. 전화를 받자 우선 내게 하는 말이 "지금 섰습니까(서 있습니까)? 앉으십시오." 하더라고. 그리고는 "조간신문에 조카(아들)가 잡혔다고 이름 나왔습니다" 하는 거라. 나는 그 말 듣고 기뻐했지, 아이구 살았다 이젠 아들 얼굴을 볼 수 있구나, 제부는 내가 쓰러질까 봐 앉으라고 했는데 난 너무 너무 기쁜 거야. 참, 힘한 세상을 지나왔지. 고향 떠나고 그렇게 애탈 때는 없었지. 살아온 것이 서럽기만 하고. 나도 부모가 있으면 이런 사람은 안 될 건데 생각되고. 아이고 그땐 정말 뼈가 다 녹아버렸어. 내 인생이 여기서 이렇게 끝날 건가 생각해지고(생각이 들고). 그래도 난 아직까지 자식에게 이래라 저래라 해본 적이 없어.

 아들이 한 일이 4·3이나 마찬가지는 마찬가지라고 생각하지. 나는 박정희 정치로만 생각되지. 아들도 그 비슷한 일일 거라고 생각해. 전두환 반대였지만 그 뿌리는 박정희야. 아들이 석방됐을 때는 집으로 차가 들어오더라고.

"혹시 ○○ 모친이십니까?"
"그런데요?"
"타세요."

떡 보니 싱님경찰 차야. 나오는 입구에서 만나 준비해 간 누부 한 귀퉁이 깨물게 하고 봉지 채 바드득 밟으라고 누가 시켜주더라고. 차타고 아들과 집으로 오니까 실은 맡기는 게 아니래요. "내일 아침 9시 까지 데리고 오세요" 하더라고.
 큰아들 서울대학 들어가니까 아이 아버지가 돈 100만 원을 보내왔어. 그때 돈 100만 원이면 어마어마 했어. 아들이 그러더라고. 두 말 말고 이 돈 제주도로 보내버리자고. 큰집 식구 앞으로 보낸 걸 알아버려야 후탈이 없다는 거지. 아버지가 수원 병원에 실려 왔다고 기별 올 때도 찾아가서 "치료는 우리가 하겠습니다. 치료가 끝나면 고향으로 갈 수 있겠습니까, 승낙이 떨어지면 짐은 택배로 부칠 것이고 나을 동안은 집에서 요양 하십시오."하더라고. 내가 아무 말도 안했는데 어찌 사정을 다 아는가 몰라. 아이 아버지는 당신 어머니와 수원에도 살고 그랬지. 나 사는데 까지 올라와도 집안에 들이지 않았어. 우리 식구들이 같이 반대했어. 내가 왜 그 식구까지 받아서 고생을 해? 내가 그것을 벗어나기 위해 나간 사람인데 지저분하게 내가 왜? 무슨 험한 꼴을 볼까 싶어서. 내가 하도(아예) 만나주지 않으니까 그 사람이 내 사는 동네에 와서 딴살림 차렸다고 소문냈더라고, 서방 얻어 산다고, 그래도 집에 안 들였어. 언젠가는 본부인 딸이 올라와서 시장통 가운데서 나 머리채를 쥐어뜯는 거야. 자기 아버지와 만난다는 거지. 내가 왜 만나, 인연 끊으려 올라온 건데.

남편 본부인은 재산을 자식 이름으로 다 이전하고 남편과 시어머니를 쫓아냈어. 남편과 시어머니를 보낸 이유가 나를 타치할 수 없으니까 남편 보내서 나를 간섭하려는 거지. 후 끝이 무서워요. 일흔 넘은 늙은 할머니가 나와 가만히 앉아 살면 밥이랑 먹여드릴 수야 있지. 인생이 불쌍하잖아. 하지만 모셔오면 그 집 식구들이 다 몰려올 것이고. 남자들은 생각이 짧고 모르는 것이, 갖다 집 내려 봐요, 내 꼴이 뭐가 되나. 철딱서니 없는 사람들, 남자가 늙은 어머니 모시고 온 걸 보니 처량하기도 해. 자기도 혼자 감당을 못해 떠나는 사람이 왜 그걸 모를 거야? 남자들은 100살이 되어도 '예 예' 알랑알랑 해주면 좋은 사람 좋은 여자인가 생각하지. 살을 끊어 먹으면서라도 알랑알랑하면 그게 좋은 걸로 알아. 아이 할머니 돌아갔을 때는 제주도 문상 갔지만 남편 죽었을 때는 갈 생각도 안해봤어. 내가 뭐 하러 가? 뭔 꼴 보려고. 아이고, 뭐 하러? 절 하러?
 난 자식들은 사람답게 키우고 싶었어. 나(내)란 생각은 못하고 산거야. 나 진짜 육십 넘을 때까지 화장품 한 번 못 써보고 살았어. 그런 생각도 없고. 그저 부탁받은 일이 남았으면 밤새 일하고 그 일하는 중에 누가 "수박 끈 매 줄 수 있어요?" 부탁하면 "그래요." 하고. 잠을 자야 된다는 생각도 못 해보고 남과 대화하는 생활도 안 해보고. 아침에 아이들 배웅하러 문 밖에 나가면 사람이 보이지. 그러면 고개만 끄덕하면 끝. 얼굴 마주쳐 인사하면 그것으로 끝. 그렇게 살았어. 학교 보내면 일하고, 아이들이 돌아오면 일감 완성한 것 들고 나가 돈 받아오고. 그러면 난 저녁하고. 이웃집 사람이 나를 벙어리라 생각했대. 시장 장사꾼 상대로 계도 했어. 계를 탄 사람은 두 사람 보증을 해야 돈을 내주지. 그땐 초등학교도 월사금 냈어. 외지에서 4명 키우려니 힘들지. 왜 이렇게 많은가, 무슨 덕을 보려고 그랬는가. 그런데 그 때가 좋았던 거 같애. 나로 인해 살릴 존재가 있으니까. 지금은 말도 하면 안 돼. 나라는 존재가 없어. 좋은 말만 해야 하고. 나도 70까지는 칠순이다 돌이다 하면 갚노라고(갚느라고) 바빴는데 이젠 다 끊었어. 나이 들면 나쁘지는 않은데 자식에겐 항상 걱정이 되잖아, 늙으니까 드는 생각은 남처럼 다정하게 키워보지 못해서 내 생각은 안 나겠지 싶어. 아이들은 내가 너무 모질게 했다는 식으로 생각하는 것 같아. 그럴 땐 눈물겨워. 야, 길바닥에 놔본 적 없고 쌀도 꼭 한 가마니 들여서 먹었고, 뭐 입고 나갈까 허게 안했고, 신발도 아무렇게나 안 신겨 봤지만 자식에게 알랑알랑 해주지는 못했지. 그게 가슴이 아파.
 나는 자식 키우면서 둘째 딸 딱 한번 때려봤어. 강원도 사람이 우리 집에서 결혼을 했는데 김치를 주면 신랑 주려고 엎어놓고 가져가는 거야. 하도 못 사니까 미안해서 앞에서는 못 가져가는 거야. 한번은 쌀밥을 팥 넣고 했어. 그때는 멧밥을 한 사발씩 먹을 때야. 둘이 먹으라고 넉넉히 줬어, 둘째 딸이 우리도 굶는 처지에 그 사람들 왜 주느냐, 둘 다 젊은 것들이 하는 거야. 알아 들을까 봐 머리통을 잡아서 벽에 부딪쳐서 때렸어. "공거 허위어와서 (공짜 끌어와서) 잘사는 거 절대 아니야."

난 남과 싸움 한 번 안하고 외상 한 번 안하고 살았어. 내 인생을 말하자면 고향 나와도 인덕은 있더라고. '붉은 기와집 아줌마'라고 해서 인정해주고 나보고 보증수표라고 그래. 계를 해도 끄트머리를 남 주고 다 갖지를 못했어. 성남에서 아이들 공부 마치고 결혼까지 다 시키고 나왔지.

난 자식에게 하라, 하지 마라 그런 말을 해본 적이 없어. 자식에게 긴 말을 하지 않아. 어린앤가? 난 아이들에게 "그게 아닌데."라고 못 해봤어. 내가 해온 일을 입으로 변명할 필요가 없잖아. 보여주면 되는 거니까.

아들이 지금도 주말마다 오는 거야. 오면 슈퍼 가서 장 다 보고 채워놓고 외식하고, 그래서 한 번은 아들에게 말했어

"자꾸 오지 마라."

"왜요?"

"나 100세는 살 것 같은데 계속 그러면 미워질까 봐."

집에 간 아들이 다시 전화했더라고.

"어머니, 거 무슨 말씀이세요?"

아들들은 누나 때문에 자신들이 커지고(컸고) 누나가 용돈 줘서 커진(큰) 것

으로 생각해. 둘째 사위가 잘해서 아들은 이렇게 말하지.

"어머니야, 작은 매형이 잘 하잖아요."
"너희들은?"
"아이, 우리야 뭐."

    자식은 절대 의지하면 안돼요. 독립을 시켜줘야 사는 거지. 내가 매달리면 안 되는거예요. 나는 나다. 부모가 아무리 잘 살아도 내가 벌어야 사는 거야. 난 남자라고 해서 내 울타리가 돼 준 적은 없어. 그저 이런 거구나, 내가 움직여야 사는 거구나 할 뿐. 동생 데려 살 때도 사촌들 보리 벨 때면 나도 가서 같이 해야 돼, 내 동생 돌보는 일이 키도 가장의 노릇으로 가야 되는 거야.
    덕이 없는 남편이라도 남편이 필요해. 지금도 남자 신발 하나 신발장 앞에 놓아 둬. 남편의 덕이란 게 꼭 돈을 벌어다줘서가 아니라 이런 게 덕이야. 만약에 누가 뭘 빌려달라고 하거나, 뭣을 같이 하자고 하면 "아이고 나 의논해 봐야 한다."고 이런 말 할 데가 없잖아. 내가 대답해야 하니 그 다음에 계산해도 될 일이라도, 남편이 있으면 "물어봐야 돼." 하는데 미루는 게 없으니 그런 의지라는 것을 못 가져봤고, 평생을 그렇게 살았어. 어느 날 아들이 "어머니는 늘 혼자 결정하지 않습니까?" 하길래 "그래, 나는 늘 혼자 결정 했어." 하니 "어머니 지금 연세가 몇입니까?" 하더라고.

우울증 걸린 막내

    제주에 있을 때 남의 집 마당 빌려서 여동생 둘 다 결혼 시켰어. 이모 딸이 막내를 꽈배기 공장에 소개시켜줘서 다니게 했는데 들리는 말이 사람과 어울리지 않으려 한대. 애가 좀 부족하다 싶어서 19살에 결혼시켰는데, 나이 많은 사람에게 줬어. 아버지가 막내를 참 예뻐했어. 어미 없이 자라서 불쌍하다고 끔찍히 아꼈지. 어릴 때 아버지만 들어오면 울고 하더라고. 3살에 아버지 돌아가시고 난 엄마 역할로 애를 따뜻하게 보살펴야 하는데 엄하고 독하게만 했으니 아이가 마음 붙일 곳이 없었을 거야. 이제 생각하면 우울증일 거야. 의지할 곳이 없으니까 아이가 속병이 든 거라. 시집에 내버리면 제대로 못 살 거 같으니까 서른다섯 되었을 때 데려와 버렸어. 성남으로 데려와서 요양원에 넣었지. 보호자가 아무도 없는 것으로 해서 한 달에 3만원 씩 갖다 줬어. 둘째 동생 아들 군대 입대하는 날 죽었지. 그래도 딸 하나 있는데 잘 커서 아들 둘 낳고 여기서 살아, 그 조카는 참 팔팔하고 얘가 똘똘해. 볼 때마다 착하게 사니까 참 고맙구나 생각하지.

아들은 우리 세대의 본능 같은 것

　제주에서 살 때 너무 괴로워 아들을 그 집으로 보낸 적도 있었어. 아이 아버지 집 앞에 데려가 막 돌멩이를 던지며 가라고 했지. 작은 딸이 막아서더라고. 지가 앞에 서서 아기가 돌 맞는 것을 막으며 하는 말이 "조쟁이 달렸수게(고추 달렸잖아요)" 하는 거야. 아, 그 사람이 죽어버리고 나니까 이제는 '아은인이로구나' 생각이 들어. 그 사람 아니었으면 딸 둘 데리고 평생을 살았을 건데, 또 그 사람 아니면 더 나쁜 사람을 만났을지도 모르고. 난 아버지 영혼이 도와줘서 살 수 없는 삶을 살았어. 올케에겐 항상 미안해. 보면 부끄럽고 미안하고.

　올케가 딸만 둘이어도 난 양자를 권하지는 않아. 탱자에 밀감 접 붙이면 밀감 달리지, 탱자 안 달려. 지금 사람들은 부모가 죽어도 화장 안하면 그 산소 찾아 올 사람 하나 없어. 옛날에 귀선 위해서 그렇게 하니 잘 살아졌나(살게 됐나)? 이제는 한꺼번에 해도 되고. 그러니까 살 때 즐겁게 살아야 하는데, 내 마음이 몸을 70% 지배한다고 해. 나 죽으면 그만. 난 적게 먹고 많이 움직이려고 해. 그리고 과거를 안 떠올리려 해. 지금이 좋아. 하지만 성남 살 던 때가 그리울 때가 많아. 그 때는 내가 힘이 있어 자식을 키워냈지만 지금은 자식이나 다른 이들의 도움을 받으며 살아가니까. 일할 때가 더 좋았어. 그 올케가 7년 전 세상을 떠났는데 요양원에서 돌아갈 때쯤 딸보고 그랬대.

"야, 느네 아방 서노도미에 있젠 해라(너의 아빠 서도노미마을에 있다고 한다). 전화해 보라."

딸이 서도노미에 있다는 걸 어떻게 알았냐고 하면 빙세기(빙그레) 웃기만 한대. 그러다가 다음날 또 말한대.

"야, 전화해 봔(봤니)"?
"어디를?"
"서노도미."

올케는 행방불명된 남편을 60년 기다리다가 가신 거야. 죽을 때가 되니 남편 안부만 궁금한 거예요. 참 순하고 좋은 사람이었어. 올케는 평생 나뭇짐 장사해서 사느라 하도 걸어서 발이 오그라지고, 발톱이 한 곳으로 밀려났어, 그래도 우리집 일가친척 대소사를 소홀히 안 했지. 그 나뭇짐 장사 평생 하면서 26살에 혼자 되서 딸 둘에 의지해 살았어.

우리 시대에는 아들이 본능 같은 거지. 늙으면 외롭다고 하는데 난 외로운 건 못 느껴봤어. 그래서 자식이 있는 게 좋아. 자식 없는 사람은 안 됐어. 아들이 더 의지되고. 나는 지금 주위에서 부자집 마누라라고 해, "영감이 돈 많이 남겨놓고 갔나 봐" 하지. 난 남자를 이성적으로 생각해본 적이 없어. 젊을 때는 이쁘다는 소리를 많이 들었어. 75세에 봉사단에 가입해서 다니는데 남자들이 그렇게 많아. 한 번은 홀아비와 엘리베이터를 둘이만 타게 됐는데 나를 폭 껴안아. 난 악- 소리 질렀어. 아내가 3년 앓다 죽었는데 참 좋은 사람이야. 그 사람이 말하길 남자는 100살이 되어도 나비라고. 여자는 꽃이고. 그러니 꽃보고 안 앉는 나비는 이 세상에 없다 이거야. 여자를 보면 만지고 싶고 살을 부딪치고 싶은 게 심리라고. 나는 워낙 남자를 안 상대해봤다고 그런 줄 만 알래요. 진짜 고마운 사람이더라고. 그 후로 아무렇지 않게 악수하며 지냈어. 내가 입원해 있을 때 화장실 갔는데 전화가 왔어. "어머니. ○○할아버지인데요, 어머니 어느 정도 회복됐느냐고 물어요." 진짜 이 사람은 우리 오빠 같은 사람이구나 생각했어. 성질이 좋아 여자들이 많이 따라. 따르는 사람들을 잘 설득하고 그러더라고. 그 사람이 아팠을 때 나도 문병 갔다 왔어. 녹두죽 쑤고.

자식에게 말하지 못한 4·3

나는 인간이란 누구나 욕심이 있는 거니까 박근혜가 대통령 나갈 수는 있다고 봐. 그 사람을 찍는 사람들이 문제지. 나도 우리 아버지를 죽인 사람을 곱게 못 봐요. 그런 한을 가진 사람이 어떻게 올바른 정치를 할 수가 있겠어. 지금도 노인회 가면 사람들이 막 울어. 난 입 딱 다물지. 누가 당신 생각은 어떠냐고 물으면 난 정치가가 아니니까 하고 말지. 우리끼리는 싸우면 안 돼. 우리끼리 싸우면 불행해져. 서로 죄를 물으면 불행해지지만 그때 그 명령을 받아들인 사람이 나는 안 옳다고 봐. 하지만 죽은 것도 이젠 원망을 안해야 해. 덮어놓고 가야지. 늦게 산에 올라간 사람들은 무서워서 피한 거야. 살려고.

독재는 안 돼. 독재는 나쁜 거야. 문재인이 아무리 잘 해도 두 번 이상 못하게 해야 돼. 김정은은 오래 못 살아. 난 그 사람 각시가 행복해 보이지 않아. 어느 나라도 독재는 안 돼. 저 홍준표 말하는 걸 보면 말이 질서가 없어. 그렇게 미친 척 말해야 된대. 그 그늘아래서 산 사람은 마음 안 변해. 나이가 들어 늙고 보니까 정치하는 입장에선 애가 탈거야. 찍는 사람이 부족한 사람이지. 욕심 없는 사람이 어디 있어? 난 한국 사람이 마음에 안 들어. 개만도 못한 사람이라고 박정희 빵 하고 쏘은 사람, 난 그 사람 살렸으면 했는데. 박정희 딸 찍어주는 사람들이 딱 그런 말을 일체 안 해. 나 이번에 딱 투표하고 나와서 소리쳤어.

"나 문재인 찍었어, 자기는?"
"그런 말 허는 게 아니야."
"왜? 어떤 때 하는 거야?"
"되어야 하는 거야."
"되고 나서 하는 말은 무슨 의미가 있어?"
"사람은 누가 찍으라면 '아이고 걱정 말아 하고 넘어갔다가 안 되면 아이고 나는 찍었는데' 하라는 거지."

젊어서야 내 머리로 살았지마는 지금이야 자식이 날개지. 난 자식에게 살아온 역사를 다 말하는 사람 보면 부럽더라고, 난 말을 못 해봤어. 4·3 위령제 한 번 참가하고 싶다고 하니까 데려다 준 것 외에는 자식과도 그런 말 한 번 안 하고 이 날까지 살았어. 하지만 내 노력으로 사람같이 살았잖아. 난 자식에게 고생한 얘기 안 해봤어. 왜 해? 잘 해서 사는데, 얘기해야 아무런 대가도 없는 일을 왜 해? 어느 자식하고도 한가하게 앉아서 살아온 얘기를 해본 적이 없어. 딱딱 그 눈 앞의 일만 하면서 살았지.

사실 내 마음은 4·3 일 하는 사람들에게 뭐라도 있음 주고 싶어. 사라져버리는 일을 되찾아 살려주는 데 그 보답을 해야지. 그 사람들이 얼마나 고마워, 그런 사람들을 월급주면 좋겠어. 나한테는 배·보상이 나와도 놓지 말아줘. 이제까지도 살았는데 사라져가는 것을 살려놓고 깨워준 사람이 고마운 거지. 난 실지로 숙소에서 재워주는 것도 미안하고 싫어. 내가 돈이 있으면 내서 해 달라고 하고 싶어. 이제 유족들에게 나오는 돈, 나 안 받아. 4·3은 어떤 대접을 받느냐가 중요해. 개죽음 당한 것 생각하면.

잘못했다는 말 들어보는 게 소원

사실 살면서 뭐가 제일 부러웠냐 하면 나는 남이 '너 잘못 했어' 그런 말 듣는 게 소원이었어. 그렇게 부럽더라고. 사람들마다 잘 한다 잘 한다 하는 말, 그게 싫었어. 부모 같으면 잘못한 거 잘못했다고 할 텐데 그런 걸 꼬집어 말해주는 사람이 얼마나 행복한 사람인가. 궨당[친척]이고 뭐고 날 착하다고만 해. 잘 한다 하니 더 잘 해야 할 거 아니야. 깝죽대며 놀다오면 왜 놀다 왔냐는 사람이 있어야 하는데 나는 늘 바르게, 올바르게만 하는 거야. 잘못을 못 하는 거야. 자식을 키우면서도 그런 생각이 들더라고. 잘한다 해야 더 잘하는 거로구나, 자식들이 시험보고 와서 '이것도 틀렸어요' 하면 "다음은 잘하게 돼. 틀린 것이 배움이야." 그랬어.

사람들은 나를 성질 못 된 사람으로 봐. 말이 없으니까. 빙그레 웃기는 잘 해.

노인들이 시국 얘기 열나게 하면서 동의 구하면 "난 정치가가 아니니까." 하지. 난 좋은 게 노래 밖에 없는 것 같은데? 그 옛날에도 우리 집은 전축이 있었어, 동백아가씨 판이 있었어. "황혼이 물들면 생각나는 그 사람…." 나는 매일 노래를 불러.

"얼마나 울었던가. 동백아가씨…."

"당신과 나 사이에 저 바다가 없었다면 쓰라린 이별만은 없었을 것을…" 이 노래 부른 이도 좋지만 나는 그래도 이미자 노래를 더 좋아하지.

〈구술 채록·정리 양성자〉

그 험한 세상 살다보니 무서운 것 없었어

송순자

_1939년 생. 4·3 당시 제주읍 용강리 거주

내 고향 용강, 피로 물든 고향

거의 절멸했수다. 그때 우리 용강은. 우린 식구도 많이 죽어서 그때 살아온 생각하면 기가 막혀. 진짜. 4·3을 잊지말자 한 사람 얼마나 되나 모르지. 내 고향 용강엔 희생된 사람이 우리 아버지(송대승), 큰아버지(송대규, 행방불명), 사촌들, 친척뻘 삼촌. 우리 송칩(송씨 집안)에는 그렇게 돼. 우리 아버지 위로 고모들 넷이 계셨는데 이젠 다 돌아가셔 버렸어. 고모들은 집안에 딸들만 낳고 아들 둘을 낳으니까 큰아버지와 아버지 두 분을 극진하게 모셔서 키웠다고 해. 우리 아버진 형제 뿐이었어. 우리집은 할아버지네 집, 큰아버지 집 다음으로 맨 안쪽에 있었어.

4·3사건 때 우리 집에는 부모님하고 다섯 오누이가 살았어. 오빠가 열네 살, 나 송순자 열 살, 일곱 살 동생 춘자, 네 살 남동생 순하, 두 살 순애. 어머닌 임신중이었어.

아버지와 어머닌 아홉 살 차이야. 아버지가 첫 결혼에서 애기가 없어 두 번 상가 들었거든. 해서 나이자가 많있지. 우리 이미닌 그때가 36세. 아버지가 55

세에 희생되니까 그때부터 가장이 된 거야. 난 일제 때 있던 일도 기억이 나. 어렸는데 이상하게 기억을 잘해.

일본 장교 말 타고 집 마당 돌며 노래 불러

일제 땐 쌀을 공출해 가버리면 제사할 쌀이 집에 없었어. 오빠가 삼양국민학교 2학년에 다닐 때야. 어머니가 떡을 해서 등에 지고 오빨 앞세워서 명도암까지 가는 거라. 일본 군인들이 거기 있으니까. 오빠가 일본말 통역을 해서 어머니가 지고 간 떡을 쌀로 바꿔서 왔던 기억이 있어.

우리 올레가 진진한데(길고 긴데) 일본 군인들이 개미줄처럼 줄을 섰어. 마당엔 너무 커서 집 안에 들여놓지 못한 큰 물항(물항아리)이 있었어. 스물 다섯 허벅을 밤에 길어오니까 항 가득 했었어. 근데 우리 열한 살 오빠가 일본 군인들이 와서 물 달라고 하니까 그 물을 다 줘버렸어. 우리 어머니 몇날 며칠 길어다 가물면 먹으려고 놔둔 물을. 오빠가 일본 말을 할 줄 아니까 그랬나봐. 일본 군인들은 양철통에 건빵을 담고 와서 우리한테 주기도 했어.

일본이 전쟁에 망해 갈 땐가. 제주시 동척회사에 불이 붙었어(5월). 밤에 잠을 자는데 일어나 보니 아무도 없었어. 마당에 멍석 깔아서 누웠는데 나 혼자 뿐인 거라. 겁이 났어. '고단이 모루'란 높은 동산에서 말소리가 들려서 가 봤어. 어머니하고 마을 사람들이 불이 붙은 걸 보려고 거기 모여들 있었어. 굉장했어.

그러다가 곧 일본 군인들이 전쟁에 져서 자기네 일본으로 돌아갈 때가 됐어. 한 일본 장교가 우리 집에 찾아 왔어. 쌀을 가지고 와서는 계란으로 바꿔 갔던 높은 군인이야. 그 장교가 우리집 마당이 넓으니까 말을 타고 마당을 빙빙 돌면서 우리 앞에서 노랠 부르는 거라. 막 울면서 노랠 불렀어. "우레시나…." 자기들이 져서 돌아간다는 거지.

경비대, 닦달하면 "아버지 산에 갔수다"

일제시대가 끝났어. 조금 있으니까 마을이 뒤숭숭했어. 경비대라는 사람들이 왔어. 경비대가 뭔지 모르지만 집으로 밭으로 와서는 나한테 "너네 아버지 산으로 갔지? 산으로 갔지?" 자꾸 묻는 거라. 우리 아버지는 소 때문에 산에 많이 다니는 사람이니까 "산에 안 갔수다." "밭에 갔수다." 하다가 하도 닦달하면 "산에 갔수다." 얘길 해버렸어. 어렸으니까.

우린 그때 꽤 부잣집 소릴 들었어. 기름 빻는 기계도 있고, 일 하는 사람도 데리고 살았고, 철 되면 거름도 내려주고, 거름도 싣거주고(실어다 주고). 방아도 지어주고(찧어주고).

우린 산에서 기르는 소도 말도 많았어, '곳소'라고 해. 곳소는 동그란 글자를 구워서 낙인을 찍었는데, 아버지는 며칠에 한 번씩 산에 가서 소를 찾고 확인했어. 봉개 고풍언이라는 사람은 소 잃어버리면 소 찾아주기도 했어.

곳소 가운데 제일 우두머리 소가 있어. 이름이 '대패뿔'. 그 소 조름으로 (뒤로) 눈이 한라산에 막 와서 움직이지 못해도 다 졸졸 기어들 와. 촐(새)며칠 먹이고 조금 끔끔해지면(뜸해지면) 다시 촐을 등에 지게 해서 밭에 가는 거야. 촐을 풀어놓으면 먹고 또 날이 풀어지면 산으로 또 올라 가는 거라. 겨울엔.

아버지, 반장 아버지

아버진 농촌에서 평범하게 살았어. 그때 관덕정에서 사람이 죽었다 이런 건 모르지. 동네 낯선 사람들이 많이 와서 다니고 해도 우린 어려서 잘 알지 못했고 알 필요도 없었지. 우리 아버진 어릴 때 서당에 보내면 가지 않았다고 해. 할머니가 양태[갓의 차양을 만드는 일]하고 있으면 거기 옆에 앉아서 놀면서 가지 않았어. 그래서 큰 공부를 못 했나고 했어.

4·3 사건 날 때는 아버지가 반장을 했어. 알무드네(영평 하동) 학교에 주둔해 살던 순경이 총을 들고 우리 집에 와서 "이 집에 사람들 어디 갔냐?"는 거라. 이제 우리 보고 돼지 한 마리 술 한 춘 내노라 하는데 우리 맘대로 내놓을 수가 없었어. 동네에서 내줘야지. 아래선 내노라 하고 위에서 내놓으면 안된다고 하니 우리 아버진 피할 수 밖에 없었지. 우리만 개인적으로 내줄 수도 없고. 못 내놓겠다고 했던 거지. 돼지는 우리 할아버지 대상 때 쓰려고 키우던 거였어. 그때가 팔월 추석 바로 전[1948년]일 거라. 오빠도 이제 어딜 가버렸는데 순경들이 온 거지. 사실 오빠는 곱아분 거지(숨어버린 거지). 그때 우리 어머닌 외가댁 월평으로 가버리고 없을 때야.

순경이 총대가리로 머리를 와싹 때렸어

그때 큰어머니가 "아이들 어머니는 친정에 멩질 먹으러 외가에 가고, 아버지하고 아들은 산에 벌초 갔수다, 딸은 여기 있수다." 말해버린 거라. 난 무서워서 숨어 있었어. 순경도 처음 보니까 얼마나 겁이 났겠어. 그래도 순경이 요만한 날 부르는 거라. "지금 너네 어멍 아방 어디갔냐?" "벌초허레 가부러수다(벌초하러 가버렸습니다). 어멍은 외가에 멩질 먹으레 가수다(어머닌 외가에 명절지내러 갔습니다)." 했어.

그러니깐 순경도 "가자." 하는 거라. 같이 온 사람하고 끌어서 갔어. 그때 본 적도 없던 총이란 것도 봤어. 그때 순경이 총대가리로 내 머리를 와싹 때렸어, 그때 나는 겁에 질려 옷에 똥 오줌을 쌌어. 겁둥이지. 아이고, 그렇게 해서 순경을 따라가는데 순경이 '원경이 아방'이라는 통장 할아버지를 만나 얘기하고 있었어. 그 참에 난 솔솔솔 빠져 달아나버렸어. 급하게 고영남씨네 올레 집 촐 눌[꼴을 둥그렇게 쌓아올린 너미] 틈에 비벼 숨있다가 집에 왔어. 옷을 빗이 씻고 널었지. 그땐 똥 싸고 오줌 싸진 것도 몰랐던 거라.

어머닌 어두워지니까 왔더라고. 어디서 소식을 들은 거라. 딸이 이렇게 해서 이렇게 당했다고 한 이야길 들은 거라. 이젠 어머니가 다시 나한테 잘 숨어 있으라고 히는 기라.

난 동네 고영남씨네 유지낭(유자나무) 아래 누워 있는 큰 항아리 속에 들어갔어. 내가 촐눌 속 숨었던 집에 항아리가 이렇게 눕혀져 있었던 걸 내가 봐뒀어. 거기에 난 숨어버렸어.

껌껌해가니까 순경들이 왈칵질칵 팡팡 소리 나면서 영남씨네 집으로 오는 거라. 우리집에서 다른 집을 들러서 또 우리집으로 들어가는 거라. 날 잡으러 오는 줄 알았어. 총소리가 났어. "저 집에 사람 있었으면 돼지도 쏘아서 잡아갔을 텐데 사람이 없다"고. 그 소리 들으면서 난 항아리 속에 가만히 있었어.

그땐 퍼렁해서(파래서) 아니 꺼멍해서(까매서) 흰 점 박힌 '프리마'란 닭들이 있었어. 우리 집에서 기르는 그 닭들을 막 총으로 쏘아대는 거야. 그걸 총으로 쏘아서 대나무에 꿰어서 가져가버리는 거라. 가면서 장닭 몇 개 남기고. 이건 씨(종자닭) 할 거라고. 씨 할 것만 남기고. 다른 닭만 쏘아서 간다는 거라. 그렇게 하고 순경들이 가버렸어. 그리고 난 후 마을 사람들이 피난가야 한다고 와당와당 했어.

피난 길의 가족들

우리 어머닌 그때 애기를 임신해 있었잖아. 동네사람들은 우릴 같이 피난 다니지 못하게 했어. 우린 다섯 오누이니까. 우리가 울면 자기네도 죽는다는 거지. 두 살짜리 애기가 울면 모두가 죽는다고 사람들이 붙여주질 않았어. 그러니깐 우리끼리 피난 간 거지. 아버지하고 오빠는 따로 어딘가 가고. 어머니하고 네 오누이만 내려왔어.

 어머니하고 두 번쯤 산으로 피난 갔었을 거야. 남동생 돼지띠, 그 때 열 살 먹은 나는 그 두 살짜리 남동생 업고, 어머니는 이불 지고 이불 위에 네 살짜리 정에고개[이불 위에 걸치는 것]하고, 나하고 세 살 아래 여섯 살짜리 우리 여동생은 어머니 팔목 잡고 해서 피난 간 거라.

 그때 겨울은 아니지만, 겨울 들 때야. 저 '감메물'이라 하는 데를 갔어. 거길 가는데 신호탄이라 하는 주먹만한 불이 하늘 위로 팡 올라가면 사람들 걷는 것이 다 보여. 지금은 조명탄이라고 하지만, 봉개오름에서 그 신호탄을 쏘면 불이 번쩍 우리 앞으로 날아오는 것 같아.

 그러면 세 살 아래 여동생은 그냥 가시덤불인지도 모르고 팡글랑하게 엎어져버리는 거라. 그냥 깜깜하니까. 겁이 나니까. 치마 입고 다니다 보니 집에 와서 보니 동생은 치마가 하나도 없어졌어. 가시로 다 찢기고 뜯겨 없어진 거지. 신도 다 벗겨져 있고. 그땐 몸빼도 안 입혔어. 어깨말이만 입고 빤스만 입고. 그래서 그것들 뜯어진 조각들 끌어안고 집에 온 거라. 산엔 사람들 하고 갔지만 나중에 보니깐 우리만이지.

죽을 힘 다해 살림살이 던지던 어머니

 우린 도련 이모네가 있는데 거기로 갔어. 도련에 가니 거기를 불 붙여버린 거라. 그러니 다시 용강으로 올라갔어. 어머니가 우리를 데리러 와서 용강을 할 수 없이 또 간 거지. 이젠 또 그냥 용강 천지에 토벌대가 들이닥쳐서 불을, 와다탁 와다탁 불질러버리는 거라. 용강에서 다 피난가는데 딸 넷인 큰어머니, 우리 다섯 오누이 있는 우리 집, 잘 걷지 못하는 올레 집, 이렇게 세 집만 피난을 못 갔어.

 그땐 가을걷이를 다 한 때라. 눈 오민 서울 소들이 올레 가득하게 내려오는 거야. 부모님이 소가 먹을 촐을 지고 저 산 어디로 소를 몰래 데리고 갔어. 산에서 촐을 풀어헤치고 소한테 먹였어.

 가을 콩, 팥 그런 거 막 해다가 마당에 해 놨을 때라. 우리집은 세거리 집이야. 안팎거리, 촐눌, 모커리(바깥채)에 불을 놓더라고. 안팎거리에다 허드레 넣는 모커리. 그러니 그것까지 다 불 붙여버리니깐 그냥 어떡할거야. 그냥 이레(여기) 가서 불 붙이고 저레(저기) 가서 불 붙이고. 안거리 지붕으로 훅 불이 붙어버린 거라. 그러니깐 초가 위로만 불이 붙는 것 같아. 내 생각엔 그냥 사람이 비치락(빗자루)으로 삭삭 쓸면 꺼지겠더라고. 근데 나중엔 안으로 불이 붙은 거지. 용강 다 불 붙여버리니깐.

 그런데 누가 '얼라(아이) 연기 먹는다' "얼라, 얼라"하는 거라. 그러면서 우릴 발로 차서 옆 밭으로 확 넘겨줬어. 이제 보니까 이북사람인 거 같아. "얼라 연기 먹어 죽는다"고 한 사람이. 그렇게 지붕이 타는 동안 어머니가 그릇 같은 거, 온갖 살림을 다 끄집어냈어.

 죽을 힘을 다해 어머니가 살림살이를 꺼내 놓았더니 나중에 친족이 다 실어 가버렸어. 그땐 그릇도 우리 집에서 사람들한테 좀 나눠준 것 같아.

 그 후에 어머니가 친족네 집에 한번 가봤을 때야. 가 보니 우리집에 있던 빙(빙떡) 지져먹는 솥뚜껑도 거기 있었어. 어머니가 "사람은 죽어서 없어져도 솥뚜껑은 여기 걸음 걸어 왔구나" 했어. 웃을 일이지.

아버지 "목숨 질기면 만난다"

 대토벌 두어 달 전에 불 태우면서 다 내려가라 했어. 산으로 곱을 사람 산으로 가고, 우린 황새왓[황사평]으로 내려와서 화북으로 갔지. 거긴 막둥이 이모네가 살았어. 거길 아버지가 온 거야.

아버지가 밤중에 소에 메밀을 싣고 왔어. "나도 같이 내려가고 싶지만 할머니도 대죽창으로 찔려서 돌아가시니까 내가 임시로 토롱하고 왔다. 할머니는 찔려서 간도 나왔다. 완전히. 그렇게 될 줄 알았겠냐. 나도 먼 발로 누가 어떤 작자가 나를 미행하는 것 같으니 나는 같이 갈 수가 없다. 난 그냥 올라갈테니 소에 이걸 싣고 왔으니 애기들 굶기지만은 말고 소라도 팔아서 살암시라. 아이들하고 살아 있으면 우리가 목숨이 질기면 만나질 거다." 중얼 중얼 아버지 말소리가 들렸어.

내가 조금만 컸으면 일어나서 아버지 얼굴이라도 봤을텐데. 그땐 말소리만 들었어. 그러다 비몽사몽 잠든 거지. 그것이 아버지와 마지막이었어. 들어오지도 않고 난간에 앉아서 어머니와 말한 것이. 할머니가 돌아가신 것도 그때 알았어.

어머닌 할머니한테 피난가자고 했어. 할머니가 그랬어. "나 살던 집 내부러 뒁 어디가냐. 말다 말다, 다 늙엉 어딜 가느냐 (나 살던 집 놔두고 어딜 가냐. 안 간다 안간다. 다 늙어서 어딜 가느랴)."고 하는 거라. 할머니한테는 제주시 가도 되고 삼양에 가도 된다고 했지만.

집에 다 불 붙여버리니깐 할머닌 용강에 조그마하게 임시 움막을 만들었어. 할머니는 여기서 살암시민 살아질줄 알았지. 그렇게 난리가 나서 사람이 죽이고 살리고 할 줄 몰랐지. 우리 할머닌 동짓달 열일뤳날이 제사지. 여든 넷이었어. 그렇게 아버지는 올라가고, 우린 화북으로 피난을 가버리고. 그랬어. 그때가 막 추운 겨울이었어.

아버지의 죽음

할머니 돌아가시고 아버지는 용강에서 정월 초엿새날 돌아가셨어. 그때 아

송순자 씨가 용강마을 '머련밭'에서 아버지가 학살당했던 '내영비내'를 가리키고 있다. 아버지는 윗 밭에 임시 묻었다가 이장했다.

버진 55세. 우리 아버진 산에 있었으면 한라산 길을 잘 아니까 죽지 안 했을 건데 마을에 있다가 죽었다고 어머니가 자주 말했어.

 나중에 오빠한테 들었는데, 우리 아버진 도망갈 때 토벌대가 동서남북 포위했다는 거라. 남쪽만 트여서 거기로 올라가다가 서쪽으로 총소리 팡 하니까 동으로 가면 살아질까 뛰어갔던 모양이라. 그 쪽으로 간 사람 다 죽었어. 서쪽으로 팡팡 허니깐 동쪽으로 달아난 거지. 남쪽으로 달아난 사람들은 몇 사람 살고. 내창[제주의 건천, 시내보다 크고 강보더는 작은 물줄기]이고 밭이고 밋밋 엎어졌어.

 아버지 신체는(시신은) 용강 마을 옆 내창에 있었어. 어머니가 서너사람 거

들게 해서 찾아내 가마니떼기에 싸서 애기 봉분만 하게 임시로 그 근방에 묻었지. 4·3사건 조금 끔끔해가니깐 우리 밭으로 옮겨 묻었어. 그러다 2006년엔가 제대로 묻었주.

큰아버지 행방불명, 사촌 오빠들 처참한 희생

 큰 아버진 귀순해서 내려왔는데 매를 맞았는지 부축을 해서 배에 올랐단 소문이 있었어. 가다가 죽어서 바당에 던졌는지. 그러니까 우리 큰 아버지(송대규) 행방불명. 큰아버지네 아들 화북 사촌 오빠 있어. 이름이 송기전. 우리 사촌 오빤 미남이었어. 서대문 형무손가 어딘가 갔다고 했어. 용강 토벌에 걸려서 죽어버린 오빠는 송기해. 16살인지 15살에 죽었어. 우리 사촌 오빤 낭위에 올랐는데 쏘았다고 하더라고. 낭 위에 시신이 걸려있었다고. 그 오빠들 눈에 훤해. 세 사촌 형제가 긴긴 올레 기타 둘러메고 올라오면 동네가 가득 했었어.
 용강 근처야. 그땐 시신이 다 문드러져 찾지 못하니깐 거의 다 옷으로 찾았어. 작은 사촌 오빤 어떻게 죽은 지는 모르지만, 아무튼 4·3 사건에 죽었어. 우린 피난 와버려서 자세히는 모르고. 할머니, 아버지, 사촌오빠, 몇 촌 되는 삼촌 이렇게 우리 송씨 집 다섯 분이 죽어버렸잖아. 우리집에서 일 했던 사람도 오빠는 죽고, 누이는 살았는데 화북으로 내려갔어. 어떻게 죽었는지는 모르겠어.
 그런 게 꿈이 아니고 망상으로 잠 안 올 땐 옛날 어린 시절로 해서 여기까지 돌아오는 거야. 에구, 그러면 우리 아버지 살았으면 왜 산으로 안 달아나고 농으로 돌았을까 해지는 거라. 한라산 구석구석 샛길도 잘 아는 아버진데. 요새도 그래. 그때 우리 어머니도 "다른 사람 다 죽어도 너네 아방은 안 죽는다. 산길을 오죽 하영 잘 아느냐게(산길을 나 꿰는 사람이니까)." 헸었는데.

그 내창에, 용강 가는 내창에 그냥 멜 밭에 멜 죽은 거라[멸치 바다에 멸치가 죽은 것 만큼 많다는 의미]. 이레착 저레착. 봄에 꿩마농 캐러 갔어. 셋이 갔어. 막 밭마다 말 들어 죽었어. 배가 항 만씩 해 있었어(배가 항아리만큼 부풀어 있있어). 말들이.

돌담에 한 어른 시신은 이쪽에 반은 저쪽에 걸쳐져 있었어. 그때까지 찾아가지 않았어. 근데 그 썩은 물이 이쪽에도 흐르고 저쪽에도 흐르는데 햇빛에 오색찬란한 빛이 나는 거라. 저 동산에서 보니까.

오빠

우리 오빠는 용강 삼거리에서 달리다 걷다가 했다는 거야. 오빠는 아버지하고 같이 피난다니다가 그렇게 죽을 고비를 당했어. 그때 용강어르신 현갑생이란 분이 잡혀서 숨을 할강할강 하고 있었어. 토벌대가 총알 없으니 "이리와 학생, 살려줄 거니까." 손짓했어. 오빠는 그래도 가지 않고 순간적으로 서쪽으로 계속 달렸다고 해.

동대머들(동교 뒤) 사는 일선이란 어른이 "야 연섭이 오라, 살려주켄 햄저 (살려주겠다한다)" 했어. 우리 오빠는 "너는 가라. 나는 안 간다." 서쪽으로만 계속 도망갔다 해. 일선이란 어른도 오빠따라 서쪽으로 뛰어갔다는 거라. 오빠가 뒷날 와 보니 그 어른은 총알이 없어서 칼로 목을 베고 죽어 있었다고 해. 총이 있었으면 우리 오빠도 총으로 죽었을 거야. 성담 보초도 남자들 없어서 여자들이 섰어.

동짓달 열여드레, 할머니들 죽음

용강에서 집들을 다 태워버린 다음에 움막들 짓고 살 때였어. 동짓달이지.

사상이 틀린 사람들은 산으로 가고 젊은 사람들은 피난 가서 할머니들만 움막 짓고 살고 있었어. 집집마다 남아 있던 마을 할머니들 많이 죽었어. 어떤 일이 있었냐 하면 동네에 다른 데서 온 유태라는 사람의 딸아이가 있었어. 아이가 대여섯 살 되었을 텐데 그 애가 마을에 걸어 다니고 있었던 모양이야. 사람들이 산으로 가버리니까 토벌대가 왈칵 들이닥쳤어. 그 애 보고 "야 너네 집 어디냐?" "우리집 요디우다(여깁니다)." 하니깐 그 집을 갔던 모양이야. 가서 사진을 보니 그 아버지를 아는 순경이 있었어. "저 사람 누구냐?" "우리 아버지우다." "너네 아버지 어디 있냐?" 하니까 "굴에서 잠자고 이수다(굴에서 잠자고 있습니다)." 말해버렸어.

"너 거기가 어딘지 알겠느냐?" 하니까 안다고 했어. 그 애를 앞세워 가봤지만 어딘지 알아질 리가 있나. 어느 굴인지. 그래서 그냥 마을에 돌아와서 "이 동네 할망들 왜 피난들 안 갔냐? 뭐 하고 있냐?" 물으니 그 아이가 "폭도들 밥 해줍니다." 말해버린 모양이야. 그후 할머니들을 다 죽여버렸어. 총으로도 안 쏘고 대창으로. 동짓달 열일뤳날, 열여드레날 웃무드네서.

어느 할머니의 죽음

우리 옆 집에 마비되어서 무릎을 쓰지 못하는 고○○이란 사람이 늙은 어머니와 갓난쟁이 딸 하나 하고 살고 있었어. 불 태운 후 토벌대가 그 집으로 갔어. 마침 중문이 고향인 각시가 제주시에 가서 구르마 빌려 남편과 아이를 데리러 오겠다고 딸을 데리고 제주시로 간 때였어. 그 부인의 오빠는 경찰관이었어. 토벌대는 그 집에 돼지가 있으니까 돼지를 잡아다 먹었어. 다 먹고는 움직이지 못하는 이 사람을 죽여버렸어. 아들을 먼저 죽창으로 찌르니까 할머니가 "아이고, 그 아늘랑 살려주고 날 죽이라."고 아들을 인은 깃이 할머니도 같이 죽였다 해. 온 방안에 피가 내뿜었다고. 각시가 제주시에서 올라와서 보고 옆 밭에 묻어두고 왔다 해. 거기가 우리 올렛집이었어. 딸 하나 살았어.

더러운 세상이었어

내창엔 사람 죽은 거. 밭엔 말 죽은 것들 많았어. 그건 왜 쏜 줄 알아? 폭도들 그거 먹고 살아난다고 그랬던 거라.

그 때 꿩마농 캐러 가다보니 말들도 많이 죽어 있었어. 밭에 하나, 두 개는 보통. 우리는 말 하나 겨우 찾았어. 소는 한 마리도 못 찾았어. 다 폭도들이 잡아먹었을 거야. 밑에 사는 소도 아니고 해서 찾을 수도 없었고.

더러운 세상이었어. 물 길러 가다가도 우리 뒷동산에 마을에서 신호대라고 만든 기가 하나 있었어. 그게 누워 있으면 가다가도 돌아와버렸어. 난 그런 시절 다시 돌아오면 어떻게든 죽어버릴 거야. 그런 꼴은 다시 못 봐. 다시 당할 수가 없어. 우리 동네 청년 있었어? 아버지 또래 몇 명 안 되었어.

엿장수로 변장했던 서청

그땐 경찰관들이 엿장수같이 해서 왔어. 엿판 지고 와서는. 엿판, 그 긴긴하게(길쭉하게) 생긴 거 있잖아. 거기에 총 넣고 와서 엿 팔러 온 것처럼 했다가 들켜서 죽게 매 맞아서 간 사람도 있고. 엿장수 복장해서 스파이로 왔다가 마을 사람들한테 잡혀서 때려 보냈다는 얘기도 있었어.

어릴 때라서 나도 그런 사건을 귀동냥으로 다 들었어. 난 그때 기억이 너무 생생해. 우리 할아버지는 용강 뿐 아니라 이웃 마을까지 다 알아. 할아버지가 이장 노릇을 오래 한 덕분이지. 아라동 제주시 근처 '송 이장'라고 하면 다 알았어.

송순자 씨가 올케(어머니가 4·3시기 낳은 남동생의 아내, 사진 왼쪽)와 조카들과 함께 했다.

"뱅생이 앗아부럿젠"

또 우리 동네 멋쟁이 아저씨가 있었어. 지금 생각해보면 고데하고 계란 맛사지했던 것 같아. 그 아저씬 순경이 오면 순경 손을 잡고, 동네 사람 중 빨갱이 사상 가진 사람하고도 손을 잡았어. 이쪽도 저쪽도 아닌 사람이었지. 빨갱이도 아니고 순경도 아닌 사람이야.

위에서는 그 사람을 데려다 죽여 버렸어. 동네 사람들 앉아서 노는 거리에서 '뱅생이 앗아부렷젠(병생이 없애버렸다)' 하는 말을 들었어. 그 말을 듣고 내가 집에 와서 어머니한테 이 얘기를 했어.

한번은 저 요양원 위에 있는 밭에 갔다 오는데, 거기 오니까 구렁내(구린내)

가 났어. 죽여서 제대로 묻지 않고 돌로 막아 놓았던 것 같아. 어머니하고 같이 지나는데 냄새가 팍 나는 거라. "어머니 이거 무신 냄새꽈?" 했어. 어머니가 "속솜헹 혼저 걸라(말하지 말고 빨리 걸어라)." 하는 거라. 내가 너무 힘들어 했던 기억이라서 잊을 수 없어. 한번은 아침 일찍 공회당에 모이라 했어. 사상에 물든 사람들이 이 동네 모른 사람들 보였냐고 하면 '절대 모른다'고 하라 했어.

서청앞에 "나리님 살려줍서"

우리가 화북으로 피난 간 때야. 그때 올레에 군인들이 왈칵 담아지더니 임신한 우리 어머니를 총으로 쏴 버리겠다고 하는 거라, 진짜로 어머니 가슴에 총을 탁 대었어. 어머닌 만삭이었어. 누군지 모르지만 사복 입은 사람과 베레모 쓴 사람이 왔는데 사복 입은 사람이 산에 연락을 한다고 만삭인 어머니닐 발로 팡팡 찼어. 발로 찬 그 사람, 이북사람 같았어. 까만 베레모 쓰고 젊은 사람이야. 애기 배어 있으니까 우리 아버지를 어디서 자꾸 만나고 있다고 생각했는지. 우리 아버진 이미 돌아가시고 없을 땐데. 아이고, 우리 몇 번이나 고아 될 뻔 했는데 산천이 좋았는지 도왔어.

우리는 안절부절 난 그냥 꿇어 앉아서 울명(울면서) 싹싹 빌었어. "나리님 살려줍써 살려줍써" 싹싹 빌었어. 어린 동생들도 같이 꿇어 앉았어. 네 형제가 '나리님 나리님' 날 따라했어. 나는 누가 시켰는지도 모르겠고, 군인이라는 말도 몰랐어. 우린 빌었어 "나리님 나리님".

그때 베레모 쓴 사람이 말렸어. 그러지 말라고. 우리 어머니도 형제간을 데리고 이와 같이 살고 있다고 허는 거라. 그러면서 말렸어. 그러니깐 팡팡 찬 군인이 다음에 또 올 거니까 만반의 준비를 해있으라, "그때 오면 영창에 갈 생각을 해라." 했어. 그 사람이 뭐라 했는지 다음에 와도 영창에 데리고 가진 안했어. 난 매일 가슴이 팡팡팡팡 했어. 낯선 사람만 보믄. 우리 어머니 잡혀가면 우린 거지가 될 거니까, 우린 어렸잖아,

베레모 쓴 사람이 어떻게 했는지 그 이후론 안 왔어. 안 그랬으면 우리 어머니 죽었을 거야. 난 정신이 하나도 없었어. 이제 보니 서북 청년들이었어.

다들 피난가고 없는데 우리만 있으니까 온 거지. 우린 피난 갔다가 먹을 것이 없으니까 양식 가지러 왔다가 그렇게 당한 거지. "빨리 애기들 데리고 피난 가라" 그렇게 다 불 붙여두고 가버리니깐. 어느 밤에 우린 '창드모루', 황새왓으로 갔어.

어머니의 수난, 쇠막에서의 삶

우리가 황새왓에 갔다가 화북으로 피난 갔잖아. 화북에선 남의 쇠막에 살았어. 쇠막에 자는데, 이모부가 어떤 남자하고 왔어. 어머니가 메밀 칼국수를 해서 대접했어. 황새왓 놈인디 그게 화근이었어. 우리 어머닌 부잣집에 잘 살았던 가락으로 남의 밥 해주고 대접을 잘 해줬어. 밥 잘 해준 것도 죄였어. 죄가 되더라고. 그 대접 받은 놈이 앙심을 품은 거 같아. "너네 아버지가 성깔이 있어서 가만 있지 안 했을거다. 뭣을 한 자리 했을 것이다." 의심하면서 우리 집에 왔던 거야. 해서 가 보니 잘 살고 있더라 한 거라.

쇠막에서 잠 자다 눈을 떠보니 어머니가 안 계신 거라. 한밤중에 어머니만 잡아갔던 거지. 잠 자다 깨어 딸들이 막 울었어. 그때 "너희들은 들어가라. 다시 무슨 일 있으면 또 데리러 올거니 그리 알고." "잘 들어갑써." 히는 소리가 나고 어머니가 들어오더라고. 4·3사건 넘언 고자질한 그 놈 보니까 무서웠어. 징그러웁다.

한번은 화북에 빨갱이가 습격을 온 거라. 습격을 온다 하니까 연락을 받은

모양이라. 그러니 우리 어머닌 이제 피난 가려고 누군가한테 돈을 줬어. 우리 데리고 못 가니까. 아이들을 업어다 주라고. 그래서 돈을 줬어. 돈을 줬는데 우리 어린 아이들이고 자기네만 급해지니까 달아나 버리고 우린 못 갔어. 그런데 돈을 달라고 했어. 나중에 받으라고 해서 받지 못했어. 우릴 업어다 줬으면 아마 우린 다 죽었을 거라. 화북 버렁질이라고 하는 데, 1동에 살 때야. 그러니 용강엘 또 가려했지. 밤에 습격 오니까.

"눈물 보이면 같이 죽는다"

화북지서를 불 붙였는지, 산에서 습격했을 때 같아. 보초 선 사람들이 연락했다고. "이재민 전재민 다 모여라." 난 어머니 따라 갔어. 제일 큰 딸이니까. "줄지어서 앉아라. 눈 감아서 엎더져라(엎드려라)." 한 사람이 지나가면서 손가락으로 가리키면 "일어나?" 했어. 일어나니깐 나오라 했어. 나머지 사람은 뱅 둘러서라(둘러 서있더라). 저 사람 죽일 때 눈시울이 붉어지거나, 울면 같이 죽인다고. 너도 같은 사람이니 죽는다 하는 거라. 보초 잘 못 사서(서서) 연락했다고 하는 거지. 손이 아파 바지 내려가도 올리지 못하는 사람도 있었어. 그 사람들 다 죽이는데 울면 같은 쪽이다. 아차 하면 뺑 하게 돌아서서 다 찔러버렸어. 총살이면 좋지. 대창으로 그렇게 죽이는 걸 본 후엔 다시는 "나오라" 해도 안 갔어. 바닷가 저 오래된 학교 거기 이재민 전재민 모이라 하면 난 안 나갔어. 겁이 나서.

화북 남문 시신들

화북 남문으로 내려가는 데였을 거야. 거기도 구덩이 파여서 사람들 많이 죽여버리니 대나무 가지 네 군데 놓아 썩어가는 시신을 찾는 것도 봤어. 이 마을에서 찾다가 아니면 내버리고 가고. 다음 날은 다른 마을에서 와서 찾고. 여긴 죽이는 건 못 봤지만 마농 캐러, 지들커(땔감) 하러 갔다오면서 봤어. [2007년 화북 유해발굴 결과 부분 유해들이 발굴됐다.]

거기에선 조 농사 지으면 우리 키 두 배만큼 자랐어. 거기만. 구덩이에만. 지금은 집도 짓고 해서 어딘지 모르겠어. 그런 험한 세상을 살았어.

성담 쌓으러 간 만삭 어머니

우리 어머닌 만삭인데 가시(가시나무) 베러 가다가 죽을 뻔 했어. 열 세 사람이 도련들 제기빌레로 올라가고 있었는데, 하필 그 날이 삼양지서에 산에서 습격 든 다음날이었어. 이 사람들을 보니깐 산에 연락하러 간다는 거지. 삼양지서에 열세 명을 다 잡아갔어. 전부 철망에 가뒀어.

"폭도들 연락하러 가는 것들이야. 집어여, 집어여(집어넣어). 죽여, 죽여." 이북군인인지 순경인지. 지게 부리고 철망 안에 다 가둔 거야. 화북 사람들이니까 화북지서에 연락해 봐서 거기서 답이 없으면 총살 시켜라. 그리 한 거야.

우리 어머니는 이제 '우린 다 죽었다' 생각했다고 해. 지금은 차도 오토바이도 있지만 그땐 말 타고 응원주임인가 하는 사람이 그 전화를 받고 철럭철럭 말 타고 달려왔어. 제주사람이었어. 화북서 가시 베레 온 사람을 이럴 수가 있나. 유치장 어디 있냐. 당장 내놓으라고 하는 거라. 그렇게 해서 나왔어. 사람들이 지게 지고 나오게 해서 집집마다 돌려 보내줬어. 막내를 밴 우리 어머니도 그렇게 돌아왔어.

우리 어머니가 오래 오래 이 어른 공을 어떻게 갚을까 생각히며 살았이.

어머니 살려준 경찰과 극적 재회

우리 어머니 살려준 그 분은 그 후에도 경찰에 있었는데 생사를 알 수 없었어. 어머닌 빈 말이라도 공을 갚고 싶다고 했어. 내가 칠성통에서 바느질할 때야. 한번은 한 남자가 걸어가는데 어머니가 "저 어른 닮다." 한 거라. 우리 어머니가 친족 송원화 오빠한테 말하니까 그 사람이 자기하고 동기 동창이라는 거라. 남문통 어디 산다고.

어머니 뱃속에 남동생 있을 때 죽을 뻔 하다가 살았는데, 남동생 스물 몇 살쯤 됐을 때라. 어머니가 남동생하고 계란 한 판, 꿀 한 되 가지고 찾아가서 그 역사를 말했어. 그러니 "이런 어른이 어디 있냐." 고마운 인사했어. "나한테 아버지라고 하라. 어려운 일 있으면 나한테 오면 도와주키여(도와줄게)." 하는 거라. 나중에 동여상 쪽에 책방 차렸었는데, 그 책방 없어지고, 지금은 돌아가셨어.

어머니 이름 때문에 위기 겪어

우리 어머닌 이름 때문에 죽을 뻔 했어. 김봉길. 남자 이름이지. 산에 간 사람 중에 김봉길이 있었나 봐. 그 사람이 남자니까 살아났어. 같은 여자라고 했으면 죽었을 지도 몰라. 그땐 자기네 기분대로 했으니까. 기분 좋으면 살리고. 조금 말만 더듬어도 파리 목숨 죽이는 것보다 더 했어. 우리 어머니 애기들 때문에 고생 많았지. 여섯 오누이니까. 오빠 아래로 쪼란히(줄줄이) 입만 다 벌려 있었잖아. 저 먹으려고만 했으니까.

아버지 빙의

우리 아버지 혼이 있었는지. 우리 어머니가 아버지처럼 우리 오빠 이름 막 부르면서 우는 거라. "사람 눈 하나가 큰 거여. 사람 눈 하나가 큰 거여." 우리 오빠 보고는 "어떡하든지 살려고 하라." 했어. 그 말 듣고 우리 가까운 할머니가 "조캐(조카)로구나, 조캐로구나." 입담 해줬어. 얼핏 우리 아버지가 들린 것

(빙의한 것) 같았어. 난 눈을 감아 모른척 했지만. 일을 해 나가려면 사람 눈 하나가 크다는 거지. 그때 소주 사다가 술 뿌리면서 입담으로 잠 재웠어. 우리 아버진 술도 안 잡쉈지만. 제주 사람한테나 이 말 통하지. 근데 그렇게 했던 어머니가 잠자고 깨어나니까 했던 걸 모르더라고. 그땐 우리 아버지만 아니고 그땐 들린 사람들이 엄청 많았다고 해.

나도 그런 경험 있어. 어려서 언젠가 화북 피난 때 일이야. 꿈을 꿨어. 하얀 바지저고리 위 아래로 입었어. 촌에서는 이름으로 안 불렀어. '큰 년아, 말젯년아' 하는 거지. 나보고 "큰년아, 배고프다. 밥 호끔 주라. 밥 출리라(큰딸아 배고프다. 밥 조금 주라. 밥 차려라)." 그때 딱 한번. 그때 돌아가시고 얼마 지나지 않았을 때야. 집에 와서 "어머니, 아버지가 밥 출리렌 헴수다(합니다). 배고프다고 합디다." 했어. 뭐 그런 거 믿지 않을 수도 있고 믿을 수도 있지만.

화북서 아버지 소식을 모르니까 어머니가 점을 봤어. 우리 아버지는 냇가에 누워서 잠자는 격이라고. 점쟁이가 잘 맞췄지. 내창에서 돌아가셨으니까. 잠자는 형국이고 우리 오빠는 아버지를 찾아서 말 찾는 것처럼 소 찾는 것처럼 막 해서 돌아다닌다고. 그래서 만나 보니 딱 맞았어.

우리 오빤 동티로 귀앓이하는 거라. 어떻게 했는지. 누가 "조왕(부엌)에 동티 다스리라" 하는 거라. 봉개 봉사한테 가서 부탁했어. 우리 할아버지 오월 스무하루 제사였는데, 탕탕 솥에 물 놓고 종이로 심지 만들어서 기름 담아 띄우고 솥두껑 덮으니 솥내로 그림이 그려져. 뒷날은 나았어. 죽게 울다가 나았어.

화북 부씨 집 그 어른 지금 살아있는데, 다리 총 맞이서 데리고 다니지 않고 궤(굴)속에 내버렸어. 콩 볶아서 갖고 다니다 거기 가서 던지면 그 콩을 한꺼번에 다 먹지 않고 하나씩 먹으면서 살다가 봄 돼서 "귀순하라" 삐라 뿌리고 했어. 그러니 다리 아파서 걷지 못하니까 엉덩이로 밀어서 내려와서 귀순했어.

봉개 오니까 다리가 총 맞았으니 썩어갔지.

　화북 우리집 옆에 살았는데 머리가 쉬(서캐)로 하얀 모래 집어 넣은 것 같았어. 그런데 화북에서 시집가서 애기들 많이 낳고 잘 살았어. 할망이 누룩낭(누룩나무) 구해서 붙이면서 궂은 물 빼면서 다친 것을 고쳤어. 지금도 조금은 쩔뚝쩔뚝 해.

어머니와 오빠의 상봉

　우린 화북에 살 때야. 어머니가 봉개 성담 쌓으러 갔는데 오빠를 만났어. 오빠는 귀순하라고 해서 내려왔는데 다들 동척회사에 심어다 놓았을 때지. 오빠가 봉개 성담 쌓으러 갔다가 군인한테 '혹시나 우리 어머니가 화북으로 피난 갔는데 성담 쌓으러 돌 지러 왔으면 한번 찾아봐 달라' 했어. 봉아름 아래서 일을 하고 있었는데 높은 사람이 "여기 혹시 송연섭이 어머니 오지 않았느냐?" 하는 소리에 어머니가 벌 같이 날아갔다는 거라. 그 소리에 그 오름을 막 날아올랐다 했어. 가서 못 찾으니까 한 군인이 "나를 따라 오라." 해서 갔어. 그러니 더 높은 군인이 "누가 연락했냐?" 했어. 우리 오빠가 "제가 부탁했습니다." 그때 만난 오빠가 어머니한테 아버지 죽었다는 걸 알려준 거라. 어머니가 막 울었다고 해. 오빠랑 헤어질 때 어머니가 오빠한테 법대로 있으면 너랑 나랑 석방하면 만나질 거라고.

　그런데 얼마 지나지 않아 우리 친구가 "우리 오빠 있는 데 너네 오빠도 있더라." 하는 거라. "어디서?" "제주시에." 친구가 "난 오빠한테 감자쪄서 갈 거다." 하니깐 나도 친구따라 감자 한 광주리 쪄서 오빨 만나러 갔어. 화북에서 제주시까지 걸어서 고수선 운주당 고아원까지 갔어. 오빠는 동척회사에서 "어멍아방 없는 아이 손들라." 하니까 오빠(열네살) 또래 아이 몇 사람이 손 들었다는 거라. 친구가 면회 갔다가 우리 오빠를 본 거지.

　오빠는 미국에서 구제품 온 것을 입었는데 고왔어. 오빠는 잘 생기고 요망지니까 책임자 시켰어. 우리가 감자를 풀어 놓으니깐 난리가 나게 아이들이 감자들을 먹더라고. 아이들이 잘도 많았어. 어린 아이들이. 거기 있었으면 오빤 차라리 공부라도 하고 좋았을걸 나오지 못 해 자꾸 안달을 했던 것 같아. 자꾸만 어머니한테 오려고 했어. 아무래도 어린 마음이라.

　제주시 사는 궨당들이 보호자로 데려가 살겠다고 해서 오빠가 나왔어. 4·3 끝나갈 때. 동문통 삼촌이 책임지겠다고 해서 오빠를 어머니 있는 화북으로 데려왔어.

어머니, 유복자 출산, 탯줄묻기

　화북 동부락에서 우리 다섯 식구 작은 방에서 살았지. 초봄이야. 어머니가 불 사루다가 조금 있으니 그 불 끄라고 했어. 조금 있으니까 빽 하면서 애기 우는 소리가 나는 거야. 가서 보니 우리 남동생이 누워 있었어. 죽느냐 사느냐 하는 판에 누가 있겠어. 나도 이제사, 그때는 철부지여서 몰랐는데. 내가 어떻게 뱃똥줄이영 끊어신고(탯줄이랑 끊었을까) 생각해. 어머니가 애기태(태반)를 오빠하고 나하고 가서 땅 파고 묻고 오라는 거라.

　그러니 우리가 알 게 뭐야. 골갱이(호미)로 태역(잔디)을 들어내고 그걸 묻고 왔어. 오니까 애기가 온 몸에 좁쌀처럼 뭔가 복삭허게 돋아 있었어. 이게 무슨 일이고!. 어머니가 얼마나 걱정했겠어.

　나이 든 사람들한테 물어 봐도 몰라. 근데 어느 할망이 애기태는 어떻게 했냐고 묻는 거라. "아이들 한테 가서 묻고 오라 했는데 어떻게 했는지 모르쿠다." 한 거라. 며칠 후에 그 할머니가 우리 열네 살 오빠하고 열 살 먹은 나한테 가서 묻은 곳을 가리키라 해. 태역 들어내서 보니 왕석(큰 바위)이 있고, 왕석 위에 태를 놓고 들어냈던 태역을 위에 덮어서 발로 밟아두고 온 거라. 근데 태역을 들어냈더니 냄새 맡고 왔는지 게염지(개미)가 바글이라. 말도 맙써. 땅인지 돌인지 우리 몰랐으니까.

그걸 바다에 갖고 가서 돌을 매달아 던져버리든지 하라고 하는 거야. 다시 바다에 가서 그걸 던져버리니깐 애기 몸에 좁쌀같은 것들이 없어져서 좋았어. 참 신기한 일이야. 우리 몰랐으니까. 그 태 썩지도 않았어. 미역국? 그건 언감생심. 두 살짜리가 막둥이었는데. 얼마나 기막혔으면 그럴까. 이제 그런 사건 나면 죽어불고 싶어.

봉개에서의 삶, 밭농사 쟁기질도 제비뽑기로 우선

우린 화북엔 가을에 가서 뒷 해 봄, 늦은 봄 되어서 봉개로 와서 살았어. 함바집 지어서 산 거지. 집을 얼기설기 지었어. 안에서 네 개로 나눠서 네 가족이 살았어. 너무 시끄럽고 복잡해서 스스로 봉개 올라가는 쪽에 움막을 지은 거라. 지붕도 제대로 덮지 못해서 비 오면 비가 새서 이리 갔다 저리 갔다 했어. 이 옆으로 갔다, 저 옆으로 갔다 하는 거라. 덮을 건 이불 하나. 계절은 겨울. 얼마나 얼었겠어. 아래는 새나 보릿짚 깔아서 살았어. 열 한 살에 가서 6·25 전쟁 전까지 열 서너살 까지 움막지어서 살았어.

거기 살면서 열두마지기 밭에 조 많이 갈아서 잘 되었는데 조 비러 가보면 폭도들 와서 전부 틀어가버렸어. 우리 어머니 사뭇 누워서 뒹굴어도. 그때 살려주겠다해도 살려주지 않았어.

그땐 농사를 해도 남자가 없으면 밭을 못 갈아. 아래서 올라오면 그냥 아무나 붙잡아서 밭 갈러 가자고 할 수가 없어. 왜냐면 밭 쟁기 진 사람은 적고 밭

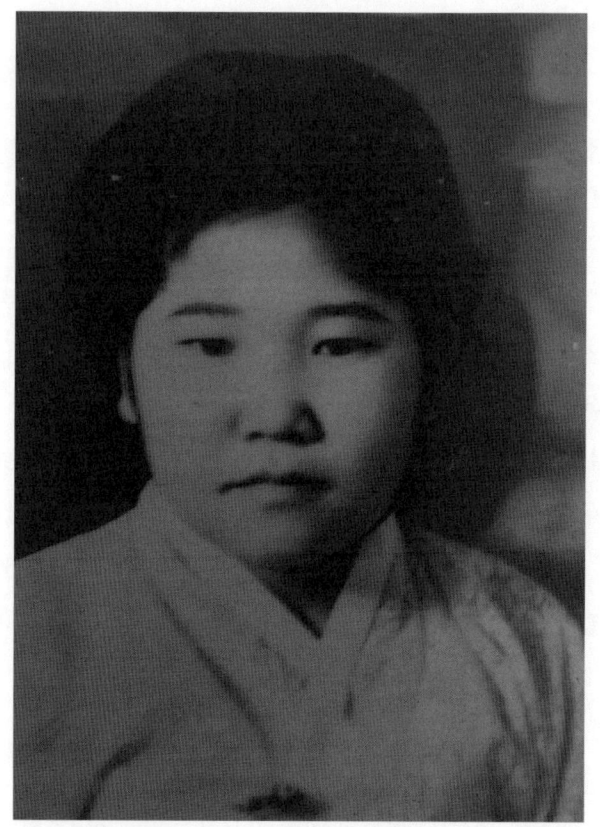
송순자 스물두 살 모습.

을 갈 사람은 열이야. 그냥 쟁기 가져온 사람은 한 다섯 사람쯤 되니까 다 갈아 줄 수가 없는 거라. 구지뽑기(제비뽑기)해서 걸린 사람이 먼저 밭 갈러 가는 거야. 제비 뽑아서 뒷날 밭 갈러 온 사람이 당첨돼야 밭을 가는 거지. 어머닌 제비뽑기가 안 됐어. 그러니 더 고생한 거지.

조 범벅 두 살짜리와 먹어

봉개에 살 때, 어머니가 "나 장사 가서 며칠 살다 올 거니까" "쌀은 이걸로 먹고 있어라." 하고 갔는데, 그 쌀을 다 먹어도 어멍이 안 와. 남동생은 내가 보는 거지.

안 오면 조 눌이 밖에 있었는데 조 짚을 뽑아다가 가마니 깔아서 조를 훑었어. 남동생은 지금은 이미 죽었지만. 그땐 두 살 막내라.

내가 조를 훑거나 발로 비벼가면 두 살 동생이 옷도 안 입은 채로 꼬물락꼬물락 같이 비벼. 생각하면 마음이 아파. 그 조로 범벅을 해. 지금은 개나 먹는 거지. 입 안이 다 찔려. 까락까락. 먹어도 먹어도 어멍이 안 오면 또 조코고리(조이삭)를 뽑아. 막내 남동생도 배고프니까 먹지. 동생은 배가 뽈록하고 다리는 가늘었어. 아프리카 배고픈 아이들처럼.

식탈엔 쥐고기가 약, 동생이랑 같이 먹어

옆집 어른이 식탈(배탈)엔 쥐고기 먹여야 산다고 하는 거라. 쥐고기를 동생 멕였지(먹였지). 그러다 보니 다섯 살 되고.

부잣집 사람들이 쌀 항아리에 막대기를 놔두면 쥐가 그걸 타고 들어가는 거라. 그럴 때면 옆집 어른이 그 쥐를 잡아줬어. 그 쥐가 약이었어. 쥐를 껍데기를 벗겨서 주면 소금 뿌리고 냄비에 넣어서 삶아. 동생들이 그걸 먹으니까 배가 차츰차츰 가라앉는 거라. 그게 약이더라.

고기를 안 먹어보니까. 징그럽다는 생각도 못하고 나도 먹었어. 고기를 못 먹어보니 어쩌겠어. 부잣집 사람이 쥐를 여러 번 잡아다 줘서 먹었지. 쥐는 식탈에 좋다고 하니까 먹었지. 새끼 오망오망(올망졸망) 한 건 주워다 주니까 그건 배도 안 가르고 그냥 삶아서 다 먹었지. 징그러운 생각? 그런 것도 못했어. 배 고프고 식탈이 나니까 다 해지더라. 나도 같이 몇 번 먹었어. 열한 살 열두 살에. 환경을 따라 사는 것이더라고. 할 수 없었어. 옛말 같지요. 열두 살짜리가 그 쥐를 삼발이에 넣어서 삶았지.

4·3 때문에 먹을 거 없고 피난 다닐 때 제일 생각 나는 게 이 쥐 먹은 거야. 배 고파서 먹었지만 아래로 두 동생이 배가 뽈록해 엉덩이에 주름이 짜글짜글하고, 식탈이라 했어. 쥐 먹어야 낫는다 했어. 껍질 벗기고 내장 빼서 주면 우리는 솥에 삼발이 놔서 보글보글 끓여서 꺼내 줬지. 그래서 아이 먹였지. 그거면 좋지, 새끼 불긋불긋한 거 일고여덟 개 주워오면 내장도 안 내고 통째 삶아서 톡톡 끊어 먹었지. (헛 웃음) 생각해 봅써. 어떻게 살았는지. 이제 그거 보기만 해도 징그럽고 하지만 그 후엔 눌 굽(밑)에 쥐가 이파리 물어다 놓고 새끼 낳은 거 보이면 "아이고, 저거 옛날에, 저것도 해서 우리 동생 먹였는데…." 하는 생각도 나는 거라.

그 시절이 다시 돌아오면 어떻게 살겠어. 고기가 어딨어, 고기가. 어머니는 감저(고구마) 캐 오면 좋은 건 비싼 돈 받아 팔아버리고, 썩어서 칼칼 쓴 건 사카린 넣고 갈아다 우릴 먹였어.

그것도 없는 사람들은 그것도 맛있다 했어. 그것으로 주베기(수제비)도 해먹고, 돌떡도 해먹고. 밀쭈시(밀채)는 안 먹었어. 비재기(비지) 많이 먹었어. 어머니가 전에는 잘 살다가 못 사니까 할 수 없이 둘째, 셋째 동생을 먼 친척 집에 식모살이 보냈어.

삼성혈 고아원에 보내지기도 한 아이들

그땐 별 생각을 다 했어. 이불 뒤집어쓰면 총알이 막아지나. 제일 고생한 건 4·3사건 화북 피난 갈 때까진 어머니가 있고, 아버지가 소 팔아다주니깐 쇠막에 살면서도 풀죽이라도 먹었는데 배고픈 거지.

아버지 돌아가시고 열두 살 쯤 됐을 때. 삼성혈 고아원에도 갔었어. 거긴 전쟁 고아들이 엄청 많더라고. 거기 그냥 있었으면 초등학교 졸업이라도 했을 거야. 우리가 봉개동에 올라가 사는데 사람 모집하러 왔었어. 지금 죽어버린 말띠 세 살 아래 동생하고 둘이. 우리 어머닌 입을 덜려고 동생하고 보낸 거지. 삼성혈 안에 천막 몇 개에 다 아이들 있었어. 가니까 천국이었어. 옷도 미국 아이들 입는 거. 밥도 먹지. 학교 보내주지.

도랑 있고 밭이 있는데. 소앵이(엉겅퀴)가 막 있더라고. 거기 다른 아이들은 가시 무서워서 그걸 안 캐더라고. 난 소앵일 이만큼 캐서 갖고 갔어. 그러면 반찬으로 무쳐서 나물로 먹더라고. 나한테 그걸 캐어오라고. 근디 어머니가 보고 싶어지는 거야. 어머니한테 가버렸어. 가서 꿩마농(달래) 캐러 갔어. 가 있으니까 다시 고아원에서 데리러 왔어. 난 안 가겠다고. 그러니깐 옷 다 벗으라 해서 벗어주고. 이젠 후회가 돼. 공불 못 한 생각하니까. 거기 있으면 공부는 했을 건데.

4·3과 여자들

4·3으로 인한 인생들이 다… 좋은 사람한테 시집도 못가고. 그때 순경들은 대통령보다 더 좋았어. 물 다 길어다 줬지, 땔감도 다 해다 줬지 지서에. 다 그

렇게 했어. 봉개에서. 손 하나 까딱? 지금 대통령도 그러나? 그렇게 지독한 사람, 도련 장가 가서 사는 사람 있어. 순경만 보면 굴묵[온돌 난방을 위한 별도 공간]이고 어디고 곱아났어. 명도암 사람이라 '양반'이란 별호가 있었어. 그 하르방 아들이 경찰.

당시엔 여자들 함부로 다니지 못했어. 남자들 없어서 아가씨들 훈련을 시켰지. 우향우 좌향좌 하면서 꽃같은 17, 18살 여자들 훈련을 시켰지. 어디서 나왐서라(나왔다더라) 해도 쉬쉬 하면서 모른척 했지. 당시엔 순경 세도가 얼마나 높았는지 몰라.

화북 살 때 객원이라는 사람 언니일 거라. 아들이 산에 가버렸어. 지서에서 할망한테 아들 찾아내라 했어. 그 딸이 참 이뻤어. 그 지서 주임이 이북사람인데 곱상한 사람이라. 그 사람이 어멍 산에 보내지 않을 거니까 자기하고 살자고 해서 할 수 없이 그 언니가 같이 살았지.

열한 살에 매일 띠로 광주리 꼬아

동척회사에 창고들 있었어. 육지에서 배급이 왔는데 안남미였어. 오면 그거 덮는 게 없었어. 뜸이라고 하면 모르지만 어른들은 알아. 노람지[낫가리를 덮는 띠로 엮은 이엉] 같은 거라. 그걸 덮으면 속에 물 안들어서 물이 미끄러내리지.

그러면 새(띠) 비어다가 매일 밤마다 두드려서 몇백 발 새끼 꼬는 일을 했어. 다시 일곱발 씩 매일 내가 짜. 짜면 한 장 묶음에 열 개를 짜야 돼. 그러면 어머니는 그걸 지고, 난 애기 업고 장에 가서 그걸 팔아. 팔아서 받은 돈으로 비재기(비지)를 샀어. 제일 잘 사가는 건 비재기. 그보다 비싼 건 돈이 없으니까 못 사지. 열한 살 열두 살까지 했어.

그 후엔 미(꽃 피기 전 억새), '어욱벵이' 속엣 거 뽑아서 껍데기 두드려서 물들이고 그걸로 꼬아서 강오(광주리) 만들어 팔고. 어욱 광주리. 봉개 여자들은 다 했지.

질긴 거여서 손이 데작데작하고 터서 피 잘잘나고 하면서 만들었어. 뜨거운 물에 씻기나 제대로 했나. 따뜻한 방도 아니고 눈 팡팡 오는데 앉아서 했지. 거의 내가 하고 어머니는 딴 일 하다가 내가 만들면 시장에 지고 가서 팔고 했지.

제주시 신산모루로

그렇게 살다가 제주시 신산모루로 내려왔어. 제주시에서도 남의 집 빌려 살았지. 살기가 힘들어서 어머니가 밭 팔아서 서귀포 가서 감저 뺏데기(고구마 썰어서 말린 것) 장사를 했어. 그때는 화폐 교환할 때 몇 푼 안 주니까 어려워서 여섯 오누이에 어멍까지 일곱이 살려니 어쩌겠어. 밭 팔면서 먹어버렸지. 그러니까 밭 하나도 없어. 지금 있는 밭은 오빠가 다 이룬 거야.

학교 문턱에도 못 가봤어

난 학교를 못 간 것이 젤 한이 되지. 난 맏이고 어릴 때 키가 컸어. 부모님이 두 살짜리 동생 돌보다가 "내년엘랑 학교 가라고 했어." 내년 되기 전에 난리 터져버리니깐 학교라 한 거 무슨 거야. 학교 마당에도 못 가봤어. 나 뿐아니고 우리 형제 전부 학교 마당에 가보지 못한 거야. 아무 것도 몰라.

그렇게 큰 부잣집에 태어났다 해도 학교 구경도 못했어. 오빠만 서당 공부하고 학교 문턱에 갔어. 지금까지 그 영향이 우리 형제들한테는 너무 커버렸어. 밥을 먹고 살 수가 없으니. 형제가 다 모여 살 수가 없으니 이모네 집으로 어디로 남의 집 살이로 각산직산해서 살아야 했으니까. 체밥(밀체밥)도 삼시 못 먹었잖아. 이리 저리 갈라붙여야 밥이라도 얻어 먹을 거 아닌가.

추자도 교장선생이 우리집에 와서 애기들 학교 보내라 했지만 집안 사정이 이러했으니 갈 수가 없었어. 난 공부만 했으면 다른 친구들처럼 여군에 들어갔을 거야. 산지항에 여군 가는 친구들 배웅 갔는데 너무 부럽더라고. 그게 억울해.

동문통 서문통 남문통 양복일

어머니 잠시 없을 때는 내가 엄마 겸, 언니 겸 아이들을 돌봤어. 열네 살 쯤에 동문통 신신양복점에 일하러 갔어. 양복 일을 배운 거야. '3개월 병만 안 걸리면 된다'고 하는 거라. 그 말이 무슨 말인고 하니 3개월 다녀가면 지겨워져서 꿩마농 캐러 가기도 하고 바당에도 가버리니 그게 3개월 병이라는 거라. 3개월을 넘기지 못한다는 거지.

서문통 고려방직에 실 감으러 갔어. 실 감을 때 나오는 먼지로 코가 간지러워서 난 못했어. 그때는 마스크도 없고. 남문통에서 바느질을 했어. 그것도 잘 안 됐어.

서울로 상경 식모살이

난 남의 집 살러 이만 저만 고생하지 않았어. 피난민들이 왔다가 육지에 가게 됐는데 아는 사람 통해서 아이 하나 보내달라 했어. 정월 초사흘인가 나흘날인가였어. 열여섯 살이었어. 어머닌 수금하러 가 버리고, 지금은 내의라도 입지, 인주지마에 보라 저고리 팬티 하나 입고 양말도 없이 고무신 신고. 얼마나 추웠는지.

목포 갔는데 제주 주정공장 사무실이 있었어. 그 딸이 아는 아이였어. 거기서 하룻밤 자고 뒷날 차로 하루 낮밤을 완행열차 타고 다음날 아침 새벽에 내렸어.

기차가 서는 순간 거지들이 내리는 사람보다 더 많이 모여들더라고. 무어라도 주워 먹으려고 하는 거 같았어. 아이도 있고, 어른도 있고, 늙은이도 있었어.

제주도는 아무것도 아니었어. 어쩌면 좋아. 겁이 나서 내리는 문에 서 있으니까 날 데리러 온 사람이 거기 서 있었어. 올라와서 가자고 하지 않고, 나 내릴 때만 기다리는 거라. 아이고 나 얼마나 겁이 났는지 몰라 기차에서 내리니 칼바람이 얼마나 추운지 몰라. 인주치마 하나 입었으니. 말도 못하게 추웠어.

종로구 가회동으로 갔어. 제주에서 와서 살던 사람이 어서 오라고. 이렇게 입고 어떻게 왔냐, 춥지 않냐고 했어.

거기 갈 때, 자주색으로 짠 스웨터를 갖고 갔어. 고아원에서 올 때 우리 오빠가 버리지 않고 갖고 왔던 옷이야. 아버지가 오빠하고 피난 다닐 때 추울까 봐 오빠한테 입혀준 아버지 옷. 그 옷은 쉬가 하얀 모래 한줌 뿌린 것 같았어. 그런데도 그 옷을 추우면 입으려고 서울 갈 때 가지고 갔어.

집주인이 그 옷을 아궁이에 태워버렸어. 내가 입었던 걸로 안 거라. 나는 안 입었는데 옛날엔 화롯불에서 이(서캐)를 잡으려고 했었어.

난 열 여섯 살에 거기 가서 열아홉 살까지 살았어. 거기서 식모살이 4년. 지금 같으면 가사도우미지. 가회동 집은 제주 피난 와서 안면이 있던 사람. 산지 이모네 집에 있었던 피난민이야. 거기서 사는데 그 집이 망했어. 원래 은행지점장이었어.

거기서는 딸 하나 데려왔다고 하면서 잘해줬어. 어머니, 아버지 하면서 살았어. 그 집 오빠들도 잘해줬어. 딸 셋, 아들 둘. 큰딸은 은행에 다녔어.

나 이제 막 후회가 돼. 그 딸 나보다 한 살 아래로 여기 신중 다니다가 서울 갔는데 계성여고라. 그 애한테 내가 공부를 왜 못 배웠나 후회가 돼. 가르쳐 달라면 가르쳐줬을 텐데 내가 너무 부끄러웠어. 왜 내가 부끄러워서 그 공부, 그걸 안 해겼나(했나) 하는 생각이 들어. 내가 멍청이라. 여고생 그 아일 보고 공불 가르쳐주라 했으면 한글은 확 알 건데. 간판만 보면서 글자를 깨쳤어.

그 아빠는 날 보고 쟤가 내 딸이었으면 좋겠다 했어. 큰 아들은 한국전쟁 때 행방불명된 사람이었어.

그런데 그 집이 망해서 아주 추웠던 어느 밤에 주인 아빠가 나가버렸어. 내가 막 쫓아갔는데 못 찾았어. 그 집 엄마가 여러 한탄을 하면 내가 자식이 다 재산이니까 "살암시민 좋은 일이 올 거우다(살다보면 좋은 일이 있을 겁니다.) 오빠들이 연세대, 고려대 다니고 하니 저 오빠들이 어머니 아버지 이끌 거니까 지금 당분간은 고생이지만 언젠가 좋은 때가 올거우다." 위로했어. 그런 말 하면 "저 순자가 우리 딸이면 좋겠다."고 해. 날 아껴주었어.

봉급 주겠다고 했는데 제주 내려올 때 차비와 사과 한 상자 사서 온 것이 전부였어. 4년 간 밥 먹은 것이 전부. "결혼하고 오면 잘해주마." "너 직장 보내주겠다." 해도 우리 집으로 와버렸어. 딴 데 가서 잘못되면 자기네가 책임이 되니까 집에 갔다 오면 어디라도 붙여준다 했어.

어머니 집 떠나고 서울로 다시 올라가

어머니는 정월 초이튿날 수금하러 간다고 나갔어. 어머니는 생활력이 아주 강했어. 내가 16살 되던 해 서울 가기 직전이었어. 전날 어머니가 집을 나가고 뒷날 내가 서울로 갔어. 어머니 얼굴도 못 보고 갔던 거지. 동생 둘은 친척집에 가고 아래 두 동생은 오빠가 결혼해 있었는데 오빠가 데리고 있었어. 서울로 가 있으니까 오빠가 어머니 소식을 보냈어. 어머니가 개가했다는 걸 알려준 거야.

남동생은 어머니가 데려가서 살았어. 나는 서울에서 내려 와도 화가 나서 2년 동안이나 어머니를 보지 않았어. 그러다 부모라서, 부모니까, 다시 보게 되었어.

그리고 어머니의 삶

아버지 제사는 오빠가 하고. 어머닌 개가한 걸로 끝이었어. 내가 너무 서운해서 어머니 무릎팍을 두드리며 울고 싸웠어. 어머니 무르팍이 시커멓게 멍들게 한 적도 있어. 어머닌 아무 말도 하지 않았어. 난 어머니한테 심하게 했어.

그런데 내가 어머니한테 크게 대들었던 이유가 있어. 내가 복강수술을 했어. 그 때가 내가 몇 살이더라. 서른여덟인가 서른 아홉인가 되던 때야. 유채를 갖다 놓으면서 기름을 뽑아 달라고 했어. 아파서 며칠 누웠다가 겨우 일어나서 기름 가지러 어머니한테 가보니 기름을 안 뽑았던 거라.

어머닌 절간엔 열심히 다녔어. 석굴암에 잘 다녔어. 그래서 화가 나서 스님이 기름 빼서 가져오라고 하면 백번은 갔다 왔을 것인데 뭣 때문에 절간에 다니냐고 내가 퍼부었던 거라.

무슨 죄를 사해주라고 다니느냐. 아이들 내버리고 가니까 그 아이들 고생했으니까 죄 사해주라고 다니느냐. 극락 보내 달라고 다니느냐 하며 어머니한테 섭섭한 소리를 마구 해버렸어.

공장에서 우리 동생 부르고. 보고 있던 남동생도 조용하고 우리 셋아시도 조용했어. 그렇게 해서 어머니한테 3개월을 안 갔어. 셋아시(둘째 아우)가 "어머니 늙었는데 그래도 가야지 왜 안 가냐."고 했어. 그래도 안 다녔어. 근데 끝내는, 부모자식이라. 그 이후에 가게 되더라. 남문통 코딱지만한 점방에서 장사하면서 어찌어찌하면서.

어머니는 개가해도 자식은 없었어. 다시 만난 남편이 돌아가시고 환갑 다 될 때 우리에게 돌아왔어. 고생만 하시던 우리 어머닌 일흔아홉 살에 돌아가셨어. 어머니의 유복자 막둥이는 서른 여덟에 그냥 도글래기(갑자기) 죽어버렸어. 유복자는 명 길다 했지만 그렇지도 않았어.

사깡 일, 멜 장사

서울서 제주에 오니 열아홉 살이 끝나갈 때가 됐어. 할 게 없어서 사깡(미장) 일도 해보고 검질(김) 메러도 가봤지만, 이렇게 해서 도저히 살지 못하겠다는 생각만 들었어.

한번은 우리 사돈이 "멜(멸치) 팔러 가자." 해서 아침에 갔는데, 빙빙 돌아도 '멜 삽써' 안 하니까 사람들이 팔려는 게 멜인지 뭔지 모르겠더라고. 배 고프고 겨울이라 추워서 너무 못 견디니까 "멜 삽써." 말해지더라. "멜 삽써, 멜 삽써." 소리가 나오는 거라. 그러니까 그땐 막 팔아지는 거라. 거

스물두살에 동갑내기 사촌과 함께 제주시 동문시장 입구 스타사진관에서 기념 사진을 찍었다. 왼쪽이 행방불명된 큰 아버지 송대규의 딸 순구이다.

의 팔아서 왔는데 그것도 아니다 생각했어.

스물 한 살에 바느질로 돈 벌어

나는 그때 스물 한 살 되는 해 바느질을 제대로 배웠어. 바느질 하러 서귀포 대성라사에 갔는데 일감이 많아서 돈을 많이 벌 때였어. 거짓말로 내 친구가 나를 바느질 3개월 했는데 1년이라고 거짓말을 해줘서 칠성통 양복점에 들어갔어. 두 사람 밑에 시다로 들어갔어. 주인이 1년 경력인데 잘 못한다고 했어.

일본말로 자꾸 내가 잘 못한다고 자주 하는 거라. 그때 양복점에서는 모두 일본말을 썼어. 그땐 "내가 너네를 꼭 이기고 말겠다."고 다짐했어. 스무 살에 이를 갈았어. 스물한 살 되던 해에 완전한 기술자가 되었어.

오빠가 군인을 가게 되니까 비행장에서 모였어. 인편에 연락이 왔는데 밥 해서 면회 한번 와 달라고, 올케는 남제주군에 살고 해서 형편이 안 됐어. 그래서 항고(군용반합)에 김치 놓고 돼지고기 찌개하고 밥 하나 담고 비행장에 가니다 식어버렸어. 오빠가 담배도 사다 달래서 서문통 가서 사다주고 가다 보니 그날은 일을 못 나갔어.

뒷날 양복점에 일 나갔더니 "어제 왜 안 나왔냐." "오빠 면회 갔다 오느라 못 왔다." "누구는 오빠 군대 안 가냐."고 하는 거라. 화가 나서 나와 버렸어.

현대양복점에서 오라 해서 갔는데 "네가 나왔냐? 주인이 나가라고 해서 나왔냐?" 해서 내가 나왔다고 하니 양복점 주인은 "나는 너를 못 쓴다."는 거라. 그때는 양복점 단체가 좋아서 자기네가 '떼갔다(스카웃)'고 서로 싸움이 나 못 쓴다는 거야. 그래서 서울이나 갈까 했어.

결혼 이후 부산서 구슬백 노동 4년

육군헌병대에 오라리 고칩(고씨 집안) 사람이 있었어. 그 사람이 나를 좋아해서 오라리로 시집갈 뻔했어. 칠성통에서 바느질하는 나를 자꾸 눈여겨 봤던 모양이라. 그 사람이 나를 좋아했지만 짝사랑이었어. 중간에 말 놓아줄 사람이 없었어. 그러니 거기서 끝인거지. 난 9일 휴가 받아서 결혼하고 방을 얻어 이사했어.

우리 남편은 일본에서 살다 온 사람이야. 남편은 키도 크고 일본에서 살다 오고 하니 좀 멋쟁이었어. 남편이 칠성통 양화점에서 일 했어. 남편은 구두 기술이 있어서 했는데 운영을 잘 못해서 부도가 난 거라. 우린 부산을 가게 되었어. 부산에 가서 미성핸드백. 4년 동안 구슬백을 만드는 일을 했어.

　이 경험으로 장사를 했어. 제주도에 오면 그렇게 잘 팔려. 경남모직, 제일모직 공장에서 옮긴 거 한 마에 천원 씩 남겨 파는 데가 있어. 그걸 알아서 경남모직 제일모직 혼방 해서 오면 와작착하게 양복점 장사가 됐어. 여기 사람들은 몰라. 그걸 가져오니 양복점으로 잘 팔려나갔어. 내가 못 갈 때는 물건을 서귀포에서 살면서 일하던 동생한테 보냈어.

동생들 돌봐준 우리 이모

　이모 덕을 우리가 봤어. 어머니가 개가해서 가 버리고 없으니까 동생 둘은 친척집에 갔어. 아래 두 동생은 오빠가 결혼해 있었는데 오빠가 데려 있었어. 막내 이모가 밑으로 동생 남매를 보살펴줬어. 자기 자식 둘에 모두 넷을 키웠어. 이모부는 4·3사건에 행방불명됐어. 그러다 이모가 답답하게 돼서 우리 막내 여동생은 동복으로 수양딸로 보냈어. 동생은 거기서 시집 갔어. 오빠는 막내 남동생을 어머니 재가한 집으로 보냈어. 거기서 도순국민학교를 나온 거야. 근데 서른 여덟 살에 아파서 죽었어. 유복자는 명이 긴다 했는데 그렇지도 않았어. 6남매에 셋이 죽으니 셋이 남았어. 오빠가 지금 여든다섯 살인데 애기들 8남매. 다 잘됐어.

　아버지 제사는 오빠가 하고. 어머니 제사는 우리 막내 남동생 각시가 하다가 이젠 합제했어. 오빠 아들이 해.

화상 입은 동생, 민간요법으로 나아

　한번은 둘째 동생한테 "산짓물 떠오라 밥 먹게." 했어. 제주시 남일차부 입구 식당 있었는데 큰 솥에 물 끓고 있었어. 그것을 어떤 차가 받아버렸어. 그 물이 몸에 튀어버린 거야. 동생은 몸에 화상입고 옷도 젖고 난리야. 로터리 해군 후생병원으로 달려갔지. 거즈 덮고 약 하면 다시 덧나고.

그러다 나았어. 화상입은 때 어떡하면 낫느냐. 전라도 할망이 "막걸리 한 잔 사라"해. 전복 껍데기나 쥐똥이나 연탄에 구워. 그게 노랗게되면 솔박(나무 바가지)에 넣고 찧어서 참기름에 갠 후 그걸 발라. 그러면 좋아진다는 거야. 그렇게 해보니까 정말 등에 덴 자리 하나도 없어.

우리 아들도 죽에 데이니까 선생이 데려왔어. 나 그 때 했던 생각이 나서 전복 껍데기 구워 빻아서 붙여두니까 표적이 없어졌어. 참기름하고 전복 껍데기하고. 전복껍데기 없으면 구쟁기(소라) 껍질도 돼. 거짓말 같지.

셋째 여동생의 수난

둘째 동생은 사돈에 팔촌 만한 외가에 가서 못견디게 일하면서 살다 그 집에서 시집가고. 우리 셋째 동생은 외가로 친족 공장에 일하러 가지 말라고 했는데 저녁에 도시락 싸서 갔다가 사고가 났어. 새벽에 일하러 갔는데 비가 왔어. 엉덕에서 흙을 많이 파야 상자로 우게도릴[우게도리: 하도급, 토목현장 용어] 해서 돈을 받을 거라. 어린아이는 그 일에 쓰게 되지 안했는데 건강하고 키도 크고 행동이 빨라. 덩치가 커서 그 일에 썼던 모양이라. 근데 한 쪽 다리는 들여놓고 한 쪽 다리는 뻗어서 흙을 파는데 위에서 돌이랑 흙이랑 팍 떨어져버렸어. 그때 그냥 다리가 잘라져버린 거라. 화북 사람이 십장인데 그 사람이 또 흙을 파다가 또 돌멩이가 쏟아져서 다치고 후생병원에 입원했어.

사라호 태풍 직후야. 내가 꿈을 꿨는데 상추에 이빨이 걸려서 이빨이 같이 넘어갔어. 이 꿈을 같이 사는 언니에게 얘기하니까 그 꿈 안 좋다 했어. 일하는데 가니까 제주차부 28호 운전사가 우리 셋이모 사원데 편질 갖고 왔어. "동생 목숨 있을 때 와보라." 했어. "피 너무 많이 흘려서 살지 못할 거 같다." 하는 거라. 지금 살아있을 때 와서 보라고.

병원에 달려 가보니 머리에 흙이 피에 다 절어붙고 얼굴과 다리가 피로 범벅이라. 아무리 기절했다지만 몽혼주사를 넣고(마취를 하고) 잘라야 되는데, 톱으로 그냥 짜른 모양이라. 그때 비명에 동문로타리가 다 벌러졌다[엄청 시끄럽게 소리치는]고 해. "살려달라"고 악을 써서. 두 다리가 다 부서지니 나 혼자 간호를 못해서 그 회사에 다니는 사람 둘과 나하고 해서 세 사람이 후생병원에서 1년을 간호했지. 조금 좋아졌다 하면 어디로 모래가 들어가서 농이 생겨. 곪으니까 째서 고름을 파내고 심지를 박아. 그렇게 간호하느라 다른 일을 쉴 때 동양라사 양복점 동생이 나를 찾아와서 이제부터 일 해달라 했어.

우리 어머닌 다른 손자들은 돌보지 않았는데 불구된 동생 아들을 돌봐주며 사셨어. 동생은 그 아기를 키우려니 얼마나 힘들었겠어. 어머니 생활비를 다 책임졌지.

나는 봉근 글이야

난 봉근(주은)글이라. 목욕탕 갔다 올 때마다 그 건물에 써진 거 목욕탕이구나 익혀서 그것이 글 배우기 시초. 대한민국 일주를 했는데 처음 가면 난 집중적으로 간판을 딱 봐 놔둬. 그렇게 눈에 표시를 하고 찾아가 간판을 주시해서 익혀.

간판도 보고 몸부림을 치니까 한글 해독이 됐어. 그 집의 것을 보면 그것이 이 글자 같구나 하면서 익혔지. 스무 살 넘어가면서 한글 해독이 되었어. 잡지책을 찢어다가 얼굴에 덮었어,

동려 야간학교 갔는데 아무것도 모르는 사람도 아주 많았어. 여든 살 안 되고 일흔 살되도. 젊은 아이들도 모르는 사람 많아. 받아쓰기 하는데 센 받침만 못 쓰고 그냥 받침은 쓰니까 초등학교 졸업하고 배우러 왔다고 하더라.

저 사진도 야간학교 수학여행 가서 찍은 거라. 이젠 안 다녀. 나 정도 된 사람하고 앉으면 좋은데 아무것도 모르는 사람과 앉게 하니 필요 없더라고.

나보다 나이 많은 사람도 4·3때 일 물어보면 '난 잘 몰라' 하는 사람 많아. 그런거 보면 난 기억력은 좋아. 아직까지는 주민등록번호 같은 건 잘 외워.

바느질에 화장품 장사도… 산다는 것

사는 것이 말도 못했어. 어느 날 동초등학교 뒤에 방을 얻으니 남문통에서 궤를 져다 준 사람이 있었어. 바느질하면서 일산 화장품 장사를 했어.

부도 나서 부산 가서 살다가 서귀포 가서 살 때는 내가 일수를 했어. 매일매일 돈을 걷는 거. 그래서 위미 밭 3,000평을 샀어. 오씨가 위미 사람이라. 자기 밭에 나무를 키울 때야. 나무를 옮기라 해서 옮기려 하니 우리 큰 딸이 많이 아팠어. 아파서 돈을 많이 쓰게 되니까, 그 밭을 구덩이 파고 축담 다 쌓고 방풍나무 다 심고, 그래도 거기 나무를 심지 못하고 밭은 밭대로 팔고, 나무는 나무대로 팔고 도와주지를 안 하는 거라. 돈으로도 안 도와주고 인력으로도 안 도와주고, 그래서 안됐어. 내가 아무리 노력해도 안 되는 거라.

그러면서 그 밭도 못하고. 마지막엔 눈이 나빠서 서울 가서 큰 수술 세 번을 받았어.

양복점 전전

그때 스무 살 아들이 군대 갔다가 사고로 죽었어. 난 정신이 돌아버렸어. 소

용강동 (웃무드네) 마을 표석 앞에 선 송순자 씨.

식 들으니 이러저러했다고 하는데, 안 가보던 길도 걷고. 그러다 아는 사람이 "서귀포 우리 화신라사 와서 일하라." 했어. "내가 다 늙었는데 갈 수 있나." 하니 "그래도 오라. 아무날 그래도 놀러 일단 와보라." 노는 날 그래서 갔어. 일류식당에 가서 별별 거를 다 시켜서 점심을 먹여줬어. '아이구 이거 진짜 큰일났다' 생각 했는데, 서귀포 어느 교장선생님집 2층에 방 3개짜리 어마장장 큰데 빌려서 "아무 날 날 데리러 간다" 하고 차 두 대 끌고 날 실으러 왔어. 나는 꽃나무를 많이 길렀어. 꽃나무 한 차 싣고 살림 한 자 싣고 갔어.

그때 누가 금남여객 숙소를 해보라 했어. 젊은 놈이나 늙은 놈이나 아침이 되면 삼각팬티 하나만 입고 돌아다녔어. 장에 가서 마직을 여러 필 끊어다가 재봉할 줄 아니까 '살마다(긴속내복)'를 만들어 걸어 놨어. 다 입으리고 큰 지

작은 거. 다 좋아했어.

최소한 6가지 반찬을 했어. 메뉴를 매일매일 바꾸면서.

난 바느질하게 되면 아침 첫 차 타고 갔어. 아침 6시에. 네 군데 거 맡으면 제일 바쁜데 먼저 가. 가보면 깜깜 어두워. 나만 일하고 있는데 8시 30분 되면 출근들 했어. 그 때 난 하나쯤은 마무리 해. 그런 다음 다른 곳에 일 하러 뛰어가. 그거 다 마무리해 오려면 12시가 넘어. 그러면 택시도 타서 오고.

열쇠 장사하는 사람이 늦으면 잠 안 자고 있다가 나를 실어다 줬어. 내가 밥이라도 한 때 사겠다 해도 암 걸려 서울갔다고 해. 소식을 찾지 못하겠어. 막차 타고 올 때는 일찍 오는 거였어.

조반 겸 점심 겸 11시 경에 먹고, 오후에 빵이나 도너츠 사다 먹지 않으면 하루 한 끼 먹을 때도 있어. 경허멍 살았어.

마지막은 양복점에서 일했어. 눈 나빠서 오래 못 했어. 거긴 직공이 여럿이고 집안에서 하는 사람 없으면 밖에서 만들어 와. 거기서 만들어 온 옷이 많아, 열 하나 열두 개 되어, 그럼 그걸 내 손으로 다 해야 되는데 12시 돼서 집에 올 때는 집에 두 장 가져와 감침질해서 갖고 가지. 경허멍(그렇게 하면서) 살았어.

그러다 보니 가끔 이렇게 허무하게 무엇을 하고 살았지 하는 생각이 들기도 하지. 현재는 딸만 둘이야. 딸 하나 아들 하나 낳고 안 낳으려 했어. 남편이 하도 술만 먹으니… 애기를 안 낳는다고. 간장 항아리에 돌을 던져 깨져 간장이 괄괄괄괄 쏟아진 때도 있어. 안 낳으려다 딸을 하나 더 낳았어. 딸 안 낳았으면 어쩔 뻔 했나 싶어.

밀항시대 제주도 분위기

꿀 팔러 대한민국 전체 다니기도 했어. 목포 서울 삼천포, 광주 대구만 안 가

보고 다 다녀봤어. 70년대, 80년대 밀항이 상당했던 시대잖아. 나도 돈 벌러 일본 갔어.

그때는 제주도 사람들이 너도나도 가려고 했지. 밀항 밖에 방법이 없었잖아. 나도 일본 가서 등록하려고 엄청 애를 썼지. 나 마도메[봉제작업 때의 마무리 손바느질 작업] 이거 일본에선 완전 알아줘. 바느질 하다가 그만하고 동경 요코하마에서 먹고 자고 하면서 도시락집에서 일했어. 25만원 받았어. 우리 오빠 일본 있었는데 "넌 다시 오면 어떤 데 가서도 일할 수 있겠다." 했어. 거긴 사흘 닷새를 일 못하는데라. 낮엔 잠 자고 밤엔 일 하는 데야.

그 당시엔 밀항하는 방법이 있어. 일본에 도착해서 인수가 되면 여기 가족이 밀항시켜 준 사람에게 돈을 줬어. 부산에서 제주도까지 와서 밀항 모집책을 한 사람이 있었어.

4·3 이후 난 인생이 엉망… 한 편의 드라마 같아

4·3 일어난 후부터 난 엉망이야. 아홉 살부터 결혼 전 스물한 살까지 완전 고통 속에서 살았어. 그 이후도 고생 고생했지만. 이런 게 4·3 영향 아닌가 해. 아니 지금까지도 나는 4·3 때문에, 고통 속에 살고 있는지도 몰라. 아버지만 그때 안 돌아가셨으면, 집만 안 탔으면 그런 고생은 안 했을 거야. 나는 그렇게 생각해. 오늘 이렇게 얘기해 나면 밤에 생각이 나.

어떤 때 잠 안 와서 누우면 애기 때부터 마지막 순간까지 했던 거 다 떠올라서 잠을 영 못 잘 때가 있어. 한 편 드라마 같아.

4·3 때 평화공원에 갔어. 우리 아버진 공원 저 위[위폐봉안실]에 있어. 난 눈 어둡고 보지 못해서 다른 사람에게 "저기 우리 아버지 이름 찾아봐 줍써." "저 동쪽 끝 저 위에 있수다.'는 말만 들었어. 근데 이제 바깥[각명비]에도 이름 다

써 놓아서 막 좋았어. 우리 아버지, 큰아버지, 사촌오빠, 할머니, 다 올라 있어서 좋았어. 다시 그런 세상 오면 살 수 없을 거야.

〈구술 채록·정리 허영선〉

시커먼 감자떡 비누가 고구마로 보였어

임춘화
_1947년 생. 4·3 당시 대정면 신평리 거주

아기 업은 채 총살당한 둘째 고모와 고모부

내 고향은 남제주군 대정읍 신평리. 할아버지와 할머니, 아버지와 어머니, 그리고 작은아버지와 고모님 네 분이 있는 집에 맏손녀로 태어났어. 내가 1946년 음력 12월생이니까 4·3사건이 났을 때는 겨우 두 살이잖아. 두 살 아기가 뭘 알겠어. 자라면서 외할머니한테 귀동냥으로 들은 거지. 푸념처럼 한탄처럼. 나한테 아버지가 없는 것도, 우리 엄마가 떠난 것도 모두 다 4·3, 그 시국 탓이라 하길래 그런가 보다 하고 살았지 뭐.

4·3사건이 나고 살던 집이 불타버리자 아버지는 이불 한 채와 궤를 지고, 엄마는 대(竹)구덕에 나를 지고 영락리 외할머니네로 소개를 했나봐. 지금도 그렇지만 신평리는 중산간 마을이잖아. 아버지는 중산간 마을에서 내려온 사위 때문에 처갓집이 혹시 피해라도 입을까 봐 엄마와 나만 맡겨둔 채 급히 몸을 숨겨야 했대. 그땐 젊은 남자들은 모두 도망을 다녀야 했다는 거야.

그해 겨울은 유난히 춥고 길었다고 하던데 우리 아버지, 얼마나 고생스러웠을 거야? 이리 저리 피신 생활을 하던 아버지는 영락리 섬반질에 살고 있던 둘

째 누님을 찾아갔나봐. 죽을 고비를 넘기며 동생이 찾아왔으니 누님은 밥이라도 먹이고 싶었겠지. 내게는 둘째 고모님이잖아. 고모님이 급하게 밥을 차리고 있었는데 마침 고모부가 보초 근무를 마치고 집으로 돌아와서 두 처남 매부가 같이 밥을 먹고 있었대. 우당탕! 탕탕! 갑자기 경찰들이 들이닥쳤어. 누군가 경찰에 신고를 했나 봐.

경찰들이 들이닥치자 둘째 고모님은 바닥에 깔려 있던 멍석에 아버지를 눕히고서는 둘둘 말아서 한쪽 구석에 세워 놓았대. 다행히도 아버지는 발각되지 않아 무사히 도망을 쳤다고 하는데, 둘째 고모님과 고모부는 우리 아버지를 숨겨주고 밥을 줬다는 이유로 잡혀간 거야. 둘째 고모님은 갓난쟁이 아기를 업은 채로 끌려가 결국 아기와 함께 총살 당했어. 지금까지도 나는 둘째 고모님네 사촌 오빠와 형제들에게 늘 미안한 마음이야. 우리 아버지만 아니었으면 부모님이 돌아가시는 일도, 다섯 오누이가 고아가 되어 친족 집으로 뿔뿔이 흩어져 고생스럽게 살아야 할 이유도 없었을 테니까. 우리 사촌 오빠네 할머니가 사촌 오빠한테 밥을 줄 때마다 (밥을 조금만 주려고) 밥그릇 안에 종지를 엎어놓고 그 위에 밥을 담아 줬다는 얘기를 들었을 때는, 내 가슴이 미어지더라고. 사촌 오빠네 형제들은 제주에 살지 못하고 모두 육지로 나가버렸어. 가장 똑똑했던 오빠는 군인 장교 생활을 하다 돌아가셨고, 지금은 부산에 세 오누이가 살고 있어. 영락리에 사는 오빠하고는 집안 일이 있을 때마다 자주 연락을 하며 지내. 내 잘못은 아니지만, 그래도 나는 둘째 고모님네 사촌 오빠와 형제들에게 늘 미안하지.

*주: 임춘화의 둘째 고모와 이름도 짓지 못한 막내 아들은 1949년 1월 31일 무릉지서 경찰에게 총살당했고, 고모부는 1949년 1월 27일 서귀포 정방폭포로 끌려가 집단총살 당했다.

◀젊은 시절의 아버지.

기록으로만 남은 아버지, 아직 끝나지 않은 징역살이…

아버지를 태운 트럭이 모슬포에서 제주시 방향으로 갔다는 게 내가 알고 있는 우리 아버지 마지막 행적이었어. 막내 고모가 트럭에 실려 가는 아버지를 길가에서 봤다고 했거든. 막내 여동생을 발견한 아버지는 자신이 돌아오지 못할 걸 알았는지 "신길아, 밭 팔앙(팔아서) 등록금으로 써라."는 말을 남겼다는데, 자기 딸이 국민학교도 제대로 다니지 못했다는 걸 알면 우리 아버지, 얼마나 가슴이 아플거야?

언제인지 정확히 모르겠지만, 4·3법이 통과되고 처음으로 4·3에 죽은 사람들을 신고하라고 했었어. 그때 도청에 4·3희생자 신고를 하러 갔더니 아버지와 작은아버지 기록을 떼주는 거야. 기록에는 우리 아버지 이름이 '임청야'가

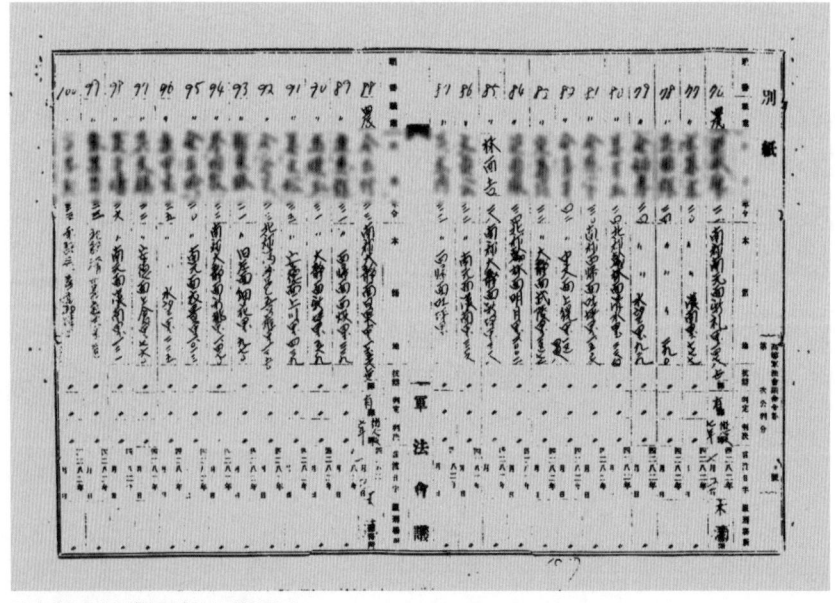

어비지 故 임청야(임유길)의 '수형인명부'

아닌 '임유길'로, 작은아버지는 '임동야'가 아닌 '임자길'로 올라가 있더라고. 나는 아버지와 작은아버지가 이름을 2개로 쓰고 있는 줄은 생각도 못했지. 그래도 본적지랑 나이가 같으니까 제적등본이랑 다 확인해보더니 우리 아버지랑 작은아버지가 맞다는 거야. '임유길, 징역 7년, 목포 형무소', '임자길, 징역 5년, 목포형무소' 이렇게 적혀 있는 기록(수형인명부)을 받아들고서야 아버지와 작은아버지가 목포 형무소로 끌려가 징역살이를 했다는 걸 처음 알게 됐어.

언제 어디에서 어떻게 돌아가셨는지, 시신도 찾지 못해 생일날 겨우 밥 한 그릇을 올려드리면서도 아버지가 육지 형무소까지 끌려갔을 줄은 꿈에도 몰랐어. 기록으로라도 아버지의 마지막을 확인할 수 있어 그나마 다행이라고 말해야 할까?

7년 징역살이를 열 번은 더 하고도 남을 만큼의 시간이 흘렀는데도… 우리 아버지 징역살이는 아직도 끝나지 않았나 봐.

너무 무거웠던 엄마의 삶

아버지가 사라지자 경찰들은 아들을 찾아내라며 칠순의 할머니와 할아버지까지 잡아다 총살했어. 할아버지와 할머니는 두 아들이 도피했다는 이유로 총살당한 거야. 음력 동짓달 초 열흘이 제삿날이야. 우리 엄마는 경찰이 무릉지서로 끌고 갔어.

"남편을 내놓으라!"

경찰의 모진 취조와 고문을 임신한 몸으로 견뎌야 했던 우리 엄마. 보다 못한 외할아버지, 외할머니가 몇 번이나 지서로 찾아가 사정을 했대.

"이 어미한테는 목숨이 셋이나 달려 있습니다. 집에 있는 어린 딸자식과 뱃속의 아기까지 모두 이 어미 목숨에 달려 있습니다. 제발 살려주십서. 제발 살려주십서."

외할머니와 외할아버지의 애원과 눈물로 엄마는 겨우 풀려날 수 있었어. 다행히 엄마의 처지를 불쌍하게 여겨준 이북 출신 경찰의 도움이 있었다고 해. 그렇게 지서에서 풀려난 뒤 엄마와 나는 외갓집 밖거리에 살게 됐어. 그리고 엄마는 유복자인 내 동생을 낳았어. 3살 아래 여동생 춘자가 태어난 거야. 나는 동생이 생겨 너무 좋았지만 남편도 시부모도 없이 어린 자식 둘을 혼자서 감당하기에 엄마의 삶은 너무 무거웠나 봐.

할아버지가 총살당하고 아버지와 작은아버지까지 행방불명되자, 큰 고모는 작은 할아버지네 아들을 양자로 내세워 집안의 땅과 밭을 관리하기 시작했어. 우리 아버지가 농사짓던 신평리 밭도 5촌 양자가 농사를 짓게 됐어. 옛날에는 삼분패라고, 다른 사람이 밭을 경작하게 되면 원래 밭 주인과 실제 농사를 지은 사람이 곡식을 1:2로 나눠 가졌거든. 농사가 다 끝나면 밭 주인이 태작(타작) 안 한 쌀 3분의 1을 갈라오는 거지. 나머지 3분의 2는 농사지은 사람이 먹고. 신평리 밭에서 삼분패로 쌀을 갈라 와도 우리 세 식구가 먹고 살기엔 턱없이 부족했어. 그나마 곡식이라도 제대로 갈라오면 다행이야. 엄마가 어린 남동생(외삼촌)을 데리고 구루마를 끌고 쌀을 가지러 가면, 그렇게 우리 엄마를 못 살게 굴었다고 해. 곡식을 제대로 주지도 않고, 심지어 엄마 머리채도 매버리고(뽑아버리고).

농사지을 밭조차 뺏겨버린 엄마는 먹고 살기 위해 고소리술을 만들어 팔았어. 옛날에는 밀주라고 해서 단속이 심했거든. 집에서 술을 팔면 안되는 걸 알고 있었지만 매번 조사를 나오는 세무서 직원들에게 두 손 모아 빌고 또 빌면서도 우리 엄마에겐 다른 선택이 없었어. 하루는 엄마가 마당에서 술밥을 띄우고 있었는데 세무서 직원이 조사를 나왔어. 나는 엄마 옆에 가만히 앉아 술밥 띄우는 걸 구경하고 있었거든. 아무 잘못도 안했는데 엄마가 갑자기 나를 때리기 시작하는 거야. 영문도 모른 채 매를 맞게 된 나는 아프고 억울해서 울고, 나를 때리는 엄마는 서러워서 울고, 조사를 나온 세무서 직원은 아무 말도 하지 못하고 그냥 돌아갔어. 그렇게 살려니 우리 엄마, 얼마나 고생이 많았을 거야?

　내가 기억하는 엄마는 시도 때도 없이 무릉지서에 잡혀가 고초를 겪고 세무서 직원들에게 사정을 하고 나무를 하러 산으로 나무를 팔러 모슬포 장으로 감자를 캐러 밭으로 삶은 감자를 팔러 모슬포 신영물로 나가던 모습으로 남아있어. 삶은 감자를 미군 긴 양말로 바꿔다가 그 양말을 뜯어서 나와 동생의 스웨터도 짜주던 따뜻한 엄마였어. 엄마가 장에라도 가면 저 신작로까지 동생 손을 잡고 마중을 나가고 나무를 하러 가면 저 삼거리까지 마중을 나갔던 나는, 엄마가 나무 등짐 위에 올려 놓았던 산에서 딴 열매를 입에 넣어주는 게 마냥 좋은… 고작 여덟 살짜리 아이였어.

나에게 4월은 제일 나쁜 달

　1955년. 이제 나는 아홉살, 동생은 여섯 살이 됐어. 나는 아홉 살이라고 해도 음력 12월생이니까 실제 일곱살 정도 밖에 안됐어. 3월에 개학을 하자 엄마는 2학년 1학기 공책과 샘분책을 사줬어. 그리고 4월. 엄마가 떠났어.

　그날 엄마는 분홍색 유동치마, 꽃이 그려진 예쁜 치마를 입고 있었어. 철이 없던 나는 엄마가 떠나면서 내 손에 쥐어 준 고소리술 판 돈을 들고 무릉리 점방에 공을 사러 갔어. '엄마는 분명 배를 타러 성안에 갔는데… 왜 지금 내 앞에 엄마가 서 있는 걸까?' 도민증이 없어서 배를 타지 못한 엄마는 도민증을 발급받기 위해 무릉지서로 돌아왔고, 엄마를 다시 만난 나는 엄마의 치맛자락을 꼭… 잡았어.

"여기는 무서워서 못 살겠어. 너네 집은 재산이 많으니까 너는 고생을 안할 거야. 고모집에 좀 살고 있으면, 엄마가 육지가서 살 집 마련해놓고 꼭 데리러 올게."

한참 시간이 흐른 뒤 다시 만난 우리 엄마.

"그때 네가 엄마 치맛자락을 꼭 잡고 놓지 않았으면… '엄마 나도 데려가, 나도 데려가.' 했으면 내가 너를 놓지 않았을 텐데. 너는 언제나 너무 착해서… 엄마가 불쌍해서… 내 눈치를 보더니 슬며시 잡고 있던 치맛자락을 놓더라."

그렇게 엄마와 헤어졌어. 그래서 나에게는 4월이 제일 나쁜 달이야. 엄마가 떠난 달. 엄마가 무릉지서에 잡혀갈 때마다 엄마를 안타깝게 생각했던 이북경찰을 따라 육지로 간 엄마는 다시는 제주에 돌아오지 못했어.

내 이름은 "양옥이 사촌 누이"

엄마가 떠나고 나는 큰 고모네로 보내졌어. 재산이 많아 고생을 안 할거라는 엄마의 바램(바람)과는 달리 하루도 쉬지 않고 밭을 매고 쉐(소)를 멕이고 땔감을 해 와도 나는 매일매일 배가 고팠어. 아홉 살의 어린 나는 땔감을 등에 지고 산을 내려오다 보면 점점 등이 굽어 지팡이를 잡은 손이 땅에 닿을 정도로 키가 작았어. 지금도 내 키가 150센티미터가 안되는데 그땐 얼마나 작았겠어?

새벽부터 밤까지 일만 하는 작고 어린 아이를 영락리 동네 사람들은 '양옥이 사촌 누이'라고 불렀어. 큰 고모님 아들 이름이 양옥이었거든. 아무도 내 이름을 물어보지 않았고, 아무도 나를 '춘화'라고 불러주지 않았어. 서삼리 외가에서 온 양옥이 사촌 누이. '불쌍한 양옥이 사촌 누이'로 불리던 그 시절엔 밥을 배불리 먹어본 기억이 없어.

배가 고파 잠이 오지 않는 밤. 부엌 문턱(문지방)에 놓여 있는 고구마 하나가 눈에 들어왔어. 누가 뺏어갈까 냉큼 집어 들고 한 입 크게 베어 물었는데, 쓰고 맵고 구역질이 나는 이상한 맛에 베어 문 고구마를 확 뱉어냈어. 깜짝 놀라 손에 든 고구마를 다시 보니 고구마가 아니라 '감자떡 비누(감자나 고구마가 불에 탄 것처럼 거멓게 생긴 비누)'야. 시커먼 감자떡 비누를 고구마로 착각을 했던 거야. 비누를 베어 물었던 입을 물로 헹궈내도 눈물은 멈추지 않았어. 얼마나 배가 고프면 감자떡 비누가 고구마로 보이는 세월을 살았겠어?

"춘화를 저를 주십서"

우리 성할머니(친할머니) 오빠 아들이 부산에서 판사였어. 이름은 고달건. 나는 딱 한번 봤지만 절대 잊어버리지도 않아. 우리 아버지하고 외사촌이 되니까, 나한테는 오촌 당숙이지. 고달건 삼촌이 우리 아버지 이름을 거느리면서 큰 고모를 찾아 왔더라고. 판사니까 양복을 멋지게 차려입고 오셨더라고.

"누님, 춘화를 저렇게 놔둘 게 아니우다. 차라리 저를 주십서. 제가 데려강 공부라도 시키쿠다(데려가서 공부라도 시키겠습니다)."

내가 숨어서 들으니, 큰 고모한테 나를 달라는 거야. 그런데 우리 큰 고모는 무조건 안 된다고만 했어. 아니! 왜 안보내겠다는 건데! 그냥 줘버리면 되잖아. 먹고살기 힘든 시절, 군식구 하나 덜면 좋을 거 아니? 고모가 너무 완강하게 거절하니까, 삼촌도 방법이 없잖아. 남대문이 그려진 100원짜리 지폐 한 장을 내 손에 꼭 쥐어주고는 혼자 가시더라고. 만약 그때 고달건 삼촌을 따라갔으면 내 삶이 조금은 나아졌을까?

학교 대신 밭으로 산으로

큰 고모한테는 나보다 한 살 어린 딸이 하나 있었어. 사촌 동생이 2월생이고 나는 12월생이니까 학교를 같이 다녔어. 그런데 큰 고모는 자기 딸은 학교에 보내면서 나는 학교가 아닌 밭으로만 보내는 거야.

"왜 춘화는 안 오고 너만 왔냐?"

사촌 동생이 학교에 갔더니 반 친구들이 나는 왜 안오냐고 물었나 봐. 친구들이 궁금해서 물어볼 수 있는 거잖아? 사촌 동생이 자기 엄마한테 그 말을 어떻게 전했는지, 큰 고모는 내가 친구들한테 일부러 큰 고모네를 나쁘게 얘기했다며 나를 혼내는 거야.

한번은 큰 고모가 밭 스무 고랑을 매라고 시켰어. 우리 동네에 나랑 비슷한 또래의 남자아이 하나가 마침 자기네 집 쉐(소)를 보러 왔다가, 내가 혼자 검질(김)을 매고 있으니까 도와주겠다는 거야. 빨리 끝내고 같이 놀자며 둘이서 부지런히 검질을 맸어. 나는 골겡이(호미)로 그 친구는 골겡이가 없어서 칼로. 어린 우리는 풀을 뿌리 채 뽑지 않고 칼로 자르면 다음 날 더 파랗게 자란다는 걸 몰랐던 거지. 며칠 후 밭을 확인한 큰 고모. 검질을 제대로 매지 않았다며 또 매질이야.

  큰 고모네 집에는 큰 쉐 한 마리가 있었어. 쉐한테 풀을 멕이는 일도 내가 해야 하는 중요한 일 중 하나였어.

"쉐 멕여동(소한테 풀 먹이고 나서) 학교에 가라."

  빨리 쉐 멕이고 돌아오면 친구들하고 같이 학교에 갈 수 있다는 생각에 새벽부터 쉐를 끌고 나갔어. 시계도 없을 때니까 시간이 얼마나 지났는지는 모르지. 동산에서 내려다 보니 친구들이 하나 둘 학교에 가는 모습이 보이는 거야. 급한 마음에 쉐를 끌고 내려와 올래 큰 기둥에 매어놓고 학교에 가려고 나서는데, 갑자기 쫓아나온 큰 고모.

"쉐 멕이다 말고(소한테 풀 먹이다 말고), 일하다 말고, 어딜 가젠 혬시냐(어디를 가려고 하냐)!"

  화를 내며 쉐석(쇠고삐)으로 때리기 시작이야. 쉐석으로 맞으면 정말 아파. 말도 못하게 아프거든. 어쩌면 어릴 때 너무 맞아서 내가 크지 못했는 지도 몰라. 매일 매일 일만 하는데도 매일 매일 혼이 나고 매일 매일 매를 맞아야 했으니까. '혹시… 내가 죽기를 바래서 이러나?' 수도 없이 생각을 했어.

쉐석 붙잡고 울면서 먹은 외할머니 밥

  그 시절 우리 영락리에서는 음력 맹질을 안 지냈어. 음력 정월 어느 날, 그날도 역시나 사촌 동생은 학교에 가고 나는 보리 검질을 매러 밭으로 갔어. 동네 어른들이 "오늘은 밭에 안 가는 날인데 오늘도 밭에 가냐?"며 또 '불쌍한 아이' 타령이야. 주위를 둘러보니 밭에서 검질 매는 사람들이 한 명도 안보여. 괜히 서러운 생각이 들어 그냥 집으로 돌아왔더니, 이번엔 사촌 언니가 학교에 가라는 거야. 생각해 주는 척 생색내는 사촌 언니가 얄미워 밭에 갈 때 입었던 옷, 버문(더러운) 옷을 입은 채 집을 나섰어.

"놈(남) 웃잖아. 옷이라도 갈아입고 가."
"놈 웃어도 좋아!"

동네 사람들 눈치를 보는 언니가 갑자기 얄밉더라고. 내가 고집을 부린다고 생각했는지 사촌 언니가 내 손목을 잡아끌었어. 힘으로 밀린 나는 울면서 땅바닥에 주저앉아 버렸어. 이젠 사촌 언니한테 질질 끌려가는 모양새가 되버린 거야. '무슨 일이 났나?' 내 울음 소리에 동네 사람들이 하나 둘 모여들기 시작했어. 그중에 우리 이모도 있었던 거야.

"그 손 놔!"

바닥에 질질 끌려가는 나를 본 이모는 화가 나서 사촌 언니에게 소리를 질렀고, 사돈끼리 싸움이 시작됐어. 우리 이모가 사촌 언니보다 한 두 살이 많았을 기야. 결국 그 소동에 그 날도 학교는 다갔지 뭐.
큰 고모한테 혼날 게 뻔한 데 집에 있을 수가 있어? 큰 고모의 매질을 피해 쉐를 끌고 나와버렸어. 하지만 쉐가 눈에 보이겠어? 세상만사가 다 억울하고 머리끝이 바짝 설만큼 화가 나고 가슴이 꽉 막혀서 곧 죽어질 것만 같은, 그런 마음이었거든. 너무 억울하고 서러워서 쉐가 풀을 뜯는지 마는지 쉐석만 잡은 채 서 있었는데, 아까 사촌 언니랑 싸웠던 이모가 나를 찾아온 거야. 내가 쉐를 끌고 나가는 걸 우리 외할머니가 봤나봐.

"춘화가 밥도 못 먹고 가실거여(갔을거야). 누가 물으민 빨래하러 간덴 허고(누가 물어보면 빨래하러 간다고 하고) 이 밥 춘화한테 갖다뒁(가져다 주고) 오라."

그땐 빨래를 집에서 하지 않고 마을 빨래터에서 공동으로 할 때였어. 외할머니가 빨래감처럼 구덕에 몰래 담아 보낸 밥을, 쉐석을 붙잡은 채 울면서 먹었어.

앞니로 조곤조곤 씹으면 언제 다 먹을래?

큰 고모네 집 길 건너에 보이는 외갓집. 하지만 제삿날이라도 되어야 마음 편히 갈 수 있었던 외갓집이었어. 큰 고모는 혹시라도 내가 큰 고모네 집에서 있었던 일들을 외할머니한테 소도리(고자질) 할까 봐 외갓집에도 보내주지 않았어. 검질을 매고 쉐를 멕이다 보면 어느새 저녁이 되어버려 외갓집에 갈 짬이 안나기도 했지만, 그래도 큰 고모 몰래 슬짝슬짝(살짝살짝) 외갓집에 들르곤 했어. 물론 외할머니, 외할아버지는 밭에 가고 없는 빈 집이었지만, 외할머니네 방구석에는 언제나 풀바른 바구니에 떡이랑 고구마가 담겨 있었어. 우리 외할아버지와 외할머니는 세상 없이 좋으신 분들이어서 태풍이나 큰 바람만 불어도 동네 누구네 집 (초가)지붕이 불려나지는 않았나 살펴주고, 담이 무너지지는 않았나 손 봐주고, 큰 일도 잘 봐줬거든. 좋은 일을 많이 하시니 큰 일 있는 집에서 늘 떡을 가져다 주는 줄 알았었는데, 이제 생각해보면 늘 배고픈 외손녀가 다니다가 언제든 들러서 떡이라도 하나 집어먹고 가라고, 먹을 걸 항상 마련해 두신 게 아닌가 싶어. 외할머니는 항상 나를 부엌에 데리고 가서 누가 볼까 부엌문을 꼭 닫고 밥을 줬어. 그때마다 외할머니가 했던 말이 있어.

"혼저(빨리) 먹으라. 앞니로 조곤조곤 씹으면 언제 다 먹을래? 경허난 크지 못햄시네(그러니 키가 크지 않는 거잖아). 혼저 먹으라. 혼저 삼키라."

옛날에는 밥을 큰 낭푼이(양푼)에 떠 놓고 식구들이 빙 둘러앉아 다 같이 숟가락으로 퍼서 먹었잖아. 아홉 식구 큰 고모 집에서 천천히 꼭꼭 씹어 먹으면 다른 식구들이 밥을 다 먹어버려서 외손녀가 배불리 먹지 못할 걸 걱정하셨던 거야. 조금만 씹고 꿀떡꿀떡 삼키라던 외할머니 말씀이… 지금도 잊히지 않아.

외할머니네 식게(제사)가 있던 날. 외할머니는 식게가 끝나 파제를 하고 나면 자는 나를 깨워 제삿밥을 먹이고는 큰 고모 집으로 돌려보냈어. 이모와 함께 할머니가 싸준 제삿밥을 들고 큰 고모네로 가야 해. 무거운 발걸음으로 큰 고모 집 앞에 도착하면, 나는 또 들어가기가 싫어 쉐막(외양간) 속에 곱아버렸어(숨어버렸어). 큰 고모 집 앞에만 가면, 꼭 도살장에 끌려가는 것 같았거든.

"사돈님, 춘화는 잠자부난 못 데령왓수다(잠이 들어서 데려오지 못 했어요). 내일 아침에 일어나믄 일찍 보내쿠다(보내겠습니다)."
"알앗수다(알겠습니다)."

이모가 내 마음을 읽었나 봐. 들고 간 제삿밥을 큰 고모에게 전하며, 나를 못 데리고 왔다고 거짓말을 하더라고. 쉐막에 숨어있던 나는 혹시라도 큰 고모한테 걸릴까 봐 숨도 제대로 못 쉬고 있었어. 큰 고모가 집에 들어간 뒤, 나는 이모 손을 잡고 발걸음 가볍게 외갓집으로 돌아왔어. 그렇게 외갓집에서 하룻밤을 자고 나면 뒷날은 또 큰 고모 집에 가기가 싫어.

"고모 집에 가기 싫어. 할머니랑 살래. 안 갈래."
"너가 안가민 고모랑 나랑 또 싸웡 안된다(네가 안 가면 고모랑 나랑 또 싸워서 안된다). 가라. 가라."
"아이고! 서삼리에서 가는(가는) 대(竹) 구덕 들렁 나가민(들고 나가면) 좌행순이 만한 여자가 없었는데, 팔자가 궂어가지고 지 새끼 저렇게 불쌍하게 하는 거 보난, 나가 못살켜(못살겠다)."

떼를 쓰는 나, 치매통(치마폭)에 떡이랑 고구마랑 이것저것 먹을 걸 싸주며 나를 달래는 외할머니, 그런 우리를 보며 한탄을 하시는 외할아버지. 어쩌겠어. 눈물 닦고 큰 고모 집으로 돌아갈 수 밖에.

엄마와 두 번째 이별… 말라버린 눈물

엄마가 돌아왔어. 외할머니네 집에서 만난 엄마는 아기를 안고 있었어. 엄마가 왜 왔는지는 기억나지 않지만, 그날은 내 무릉국민학교 졸업식이었어. 여섯 살에 헤어졌던 내 동생 춘자가 학교 운동장에서 우리 교실 쪽으로 걸어오고 있는 게 보여. 나는 졸업식에서 받은 옥수수빵을 손에 쥐고 있었어. 먹고 싶어도 꾹 참고 나에게 오는 동생 춘자에게 주려고 기다리고 있었어. 그런데 큰 고모 딸이, 나랑 같이 졸업하는 사촌 동생이, 나보다 먼저 춘자에게 다가가서 옥수수빵을 건네주는 거야. 그걸 보는 순간 너무 화가 나서 손에 쥐고 있던 옥수수빵을 발로 밟아서 짓이겨 버렸어. 그 아까운 빵을 왜 그랬는지 나도 모르겠어.

춘자한테 주려던 내 마음을 빼앗긴 기분이었을까?

　이번에도 엄마는 나를 두고 떠났어. 나는 엄마를 배웅하러 외할머니랑 제주시까지 간 거야. 외할머니는 막 울고 있는데, 나는 엄마가 가는데도 눈물이 안나. 너무 서러워서였을까? 엄마가 미워서였을까? '그래도 내가 울어야지 엄마에게 체면이 설텐데….' 하는 생각을 해봐도 눈물이 안 났어. '먼 바다를 보면서 아무 생각이라도 해서 울어야, 외할머니 보기에도 미안하지 않을텐데….' 그래도 눈물이 안나. 밤하늘에 별만 봐도 울고 달만 쳐다봐도 눈물을 흘리던 그 울보가….

제주시로 탈출하다

　내 나이 열여섯. 아침부터 밤까지 일만 하는 '불쌍한 춘화를 제주시로 보내자!'는 동네 언니들의 작당 모의가 시작됐어. 제주시 남문통 남일빵집에서 일하던 우리 동네 정운 언니가 삼촌 결혼식이 있어서 마을에 오게 됐어. 그때가 시작이었어. 나보다 두서너 살 위의 동네 언니들이 모여서 '춘화를 저렇게 내버려둬선 안된다. 춘화를 어디로 빼돌려야 된다!'고 결의를 하게 된 거야. 이제 생각해 보면 어떻게 연락을 했을까 싶기도 해. 전화도 없는 시절이었는데.

　막상 제주시로 가려니 입을 옷이 마땅치 않은 거야. 다행히 이장집 딸이었던 정숙이 언니네 집에 미싱(재봉틀)이 있었어. 모슬포 장에 가서 검정 천을 사다가 정숙이 언니가 치마를 만들어 준 거야. 3~4월 봄이었으니까, 위에는 블라우스 하나만 입으면 됐어. 분홍색 체크 블라우스는 동네 언니들이 돈을 모아 사준 것 같아. 정운 언니가 일자리를 구하고, 정숙 언니가 검정 치마를 만들고, 동네 언니들이 분홍 블라우스를 사주는 것으로 모든 준비는 끝났어. 내일이면 큰 고모네 집을 떠나서 제주시로 가는 거야.

외할머니에게도 말을 안했어. 외할머니가 알면 절대 못 가게 할 테니까. 아마 내가 죽는다고 해도 가지 못하게 했을 거야. 나는 자라면서 우리 외할머니 가슴 아플까 봐 큰 고모네 집에서 있었던 일들을 하나하나 자세히 말하지 못했거든.

"춘화야, 할아방들 앉은 디도(앉은 곳도) 쓱 지나가민, 어멍 아방 어시난(없으니까) 버릇 없덴 고르난(말하니까) 그냥 혹 지나가지 마랑 옆으로 조심행 댕기라(다니라)."
"춘화야, 궂은 일은 하지 말고 좋은 일만 해야 좋은 사람 된다."

안 그래도 불쌍한 외손녀. 혹여 잘못될까 노심초사하는 외할머니의 마음이 걸렸지만, 나에게 다른 선택은 없었어.

큰 고모도 외할머니도 모르게 어떻게 떠날 것인가? 당시 우리 마을에 외숙모님이 한 분 살고 있었어. 4·3에 남편이 죽고 혼자서 아들 하나 데리고 살고 있는 어른이. 밤에 그 집에 가서 하룻밤을 자고 아침 일찍 첫 차를 타고 제주시로 가는 계획이었어. 외숙모님네 방에 누웠는데, 잠이 올 리가 있겠어? 뜬 눈으로 밤을 새우고 새벽 일찍 집을 나섰지. 첫 차 올 시간은 한참 멀었고, 길에는 차도 사람도 아무것도 없어.

"일단 걷다가 지나가는 차가 보이믄 손들렁 타믄 돼(차가 보이면 손들고 타면 돼)."

언니들이 말해준 대로 일단 걷기 시작했어. 영락리에서 걷기 시작해서 나중에 보니 고산리까지 걸었더라고. 새벽 동이 터올 때 쯤, 제주시로 가는 첫 차에 올랐어.

험난한 제주시 삶이 시작되다

  옛날에 우리 서쪽 사람들은 차를 타면 무근성 차부가 종점이었어. 버스를 타고 종점에서 내리면 정운 언니가 기다리고 있기로 했는데, 차부에 언니 모습이 보이지 않는 거야. 덜컥 겁이 나기 시작했어. 어디선가 큰 고모가 나타나서 내 머리끄댕이를 확 잡아챌 것만 같았어. 길도 낯설고 사람도 낯설고 그 와중에 혹시라도 누구 아는 사람이라도 보게 될까 무서워 구석에 숨어 있었어. 작은 몸을 더 작게 움츠린 채 기다리고 또 기다려도 정운 언니는 나타나지 않는 거야. 얼마나 지났을까?

"어, 양옥이 누이 아니냐?"

  누군가 말을 걸어왔어. 깜짝 놀라 고개를 들어보니, 나도 얼굴을 아는 우리 동네 오빠였어. 제주시에서 살고 있던 오빠는 아침 일찍 일을 가다가, 차부에 웅크리고 있는 나를 보게 된 거야. 영락리에 있어야 할 아이가 이른 아침, 그것도 혼자서 제주시 차부에 있으니 오빠도 귀신을 본 것처럼 깜짝 놀랄 거 아니?

"니가 어떵 행 여기 이시냐(네가 어떻게 해서 여기 있는 거니)?"

  제주시 빵집에서 일을 하게 돼서 아침 일찍 왔다고, 정운 언니를 기다리고 있는 중이라고 사실대로 말했어. 그래도 죽으라는 법은 없나 봐. 정운 언니에겐 오빠가 연락을 해주기로 하고, 우선 오빠가 살고 있는 오빠네 작은아버지

댁으로 나를 데려다 주는 거야. 오빠네 작은어머니가 차려주는 밥도 얻어 먹고 정운 언니가 올 때까지 기다리기로 했어. 저녁이 되어서야 연락이 닿은 정운 언니, 새벽에 늦잠을 자서 차부에 못나왔다는 거야. 왠지 순탄하지만은 않을 것 같은 제주시에서의 첫날이, 그렇게 지났어.

월급 없는 4년의 점원 살이, 식모살이

나는 관덕정 우체국 앞 삼일 빵집에서 일하기로 약속이 되어 있었어. 그런데 삼일 빵집에는 이미 다른 아이가 일을 하고 있는 거야. 약속이 어긋나버린 게 미안했는지 삼일 빵집 주인 아주머니가 옆 가게인 흥성상회에서 일할 수 있도록 소개를 해줬어. 관덕정 바로 앞, 길 건너편에 흥성상회라고 과자 도매집이 있었어. 큰 잡화 도매상이었는데, 점포 일도 보고, 사장네 집안 일도 하면서 지내기로 했어.

열심히 일했어. 부지런히 일했어. 심지어 사장님 어머니가 키우는 돼지 먹이까지 날라 가며 살았으니까. 당시 흥성상회 사장님 어머니는 관덕정 뒤쪽에서 혼자 살고 있었어. 그땐 제주시에서도 집에서 돼지를 키웠거든. 매일 돼지 먹일 궂은 물, 음식 찌꺼기를 들고 날랐으니, 사장님도 사장님 어머니도 나를 상당히 예뻐할 거 아니? 그런데 일 잘한다, 착하다 하면서도 왜 한 번도 월급을 주지 않았을까?

처음에는 제주시에서 살 수 있다는 것만으로도, 먹고 자는 게 해결되는 것만으로도 감사했어. 그러다 제주시 생활도 익숙해지고, 큰 고모가 쫓아올 것만 같은 무서움도 조금씩 사라지자 이젠 월급 생각이 나는 거야. 시에서 몰래 숨

◀ 스무 살의 임춘화.

어 사는 아이라는 걸 알아서 그랬는지는 모르겠어. 그래도 "월급 주세요" 이 말 한 마디를 하지 못하는 바보 같은 나는, 그렇게 4년을 월급 없는 점원 살이, 식모살이를 한 거야. 동네 언니들은 시에 오면 한 번씩 만나고 했지만, 다행히 아무도 큰 고모에게 내 소식을 전하지 않았어.

"누군지 춘화를 빼돌린 놈 찾으민 가랑이를 찢어불켜(찢어버리겠어)."

소문에는 내가 없어진 걸 알고 우리 큰 고모가 난리를 쳤다고 들었어. 나를 찾아 제주시를 막 헤맸는데도 날 못 찾았다고. 나는 한동안 큰 고모가 쫓아와서 나를 잡아가는 꿈에 시달리기도 했어. 머리를 감으려고만 하면, 내 앞에 큰 고모가 나타나서 내 머리끄댕이를 확 잡아챌 것만 같았거든. 옛날에 큰 고모가 내 앞머리를 콱 잡아채며 때렸던 기억 때문에 무서워서 머리도 제대로 감을 수가 없었어. 언제나 큰 고모가 나를 찾아올까 경계를 하면서 지냈어. 하지만 월급을 받지 못해도 큰 고모에게 잡혀가는 악몽을 꾸고 언제 큰 고모가 나타날까 마음 졸여도… 나에겐 돌아갈 이유가 하나도 없었어.

정주막에 앉은 아기 울 때마다 새가 따라 울고 있어…

옛날에는 차가 많이 없으니까 교통사고도 별로 없었어. 그런데 큰고모 아들 양옥이 오빠가 어쩌다 트럭에 치이는 교통사고를 당한 거야. 오빠는 관덕정 바로 뒤에 있는 광신의원에 입원을 하게 됐어. 지금도 그렇지만 예전에는 집안에 우환이나 걱정거리가 생기면 답답한 마음에 점집을 찾곤 했었어. 우리 큰 고모도 아들이 교통사고를 당하자 용하다는 점쟁이를 찾아간 거야.

"집 정주막 위에 새가 한 마리 앉아신디(앉아 있는데), 아래 앉은 아기가 매일 울엄시난(울고 있으니까), 그 아기 울 때마다 새도 따라 울엄서(울고 있어). 새가 날아가지를 못헴신게(못하고 있어)."

점쟁이는 우리 아버지가 정주막 위에 앉아서 나를 내려다보고 있다고, 내가 울 때마다 우리 아버지가 같이 우느라 날아가지를 못하고 있다고, 내가 울면 큰 고모네 집안이 편하지 못할 거니까, 나를 잘 달래주라고 했다는 거야. 그 말이 정말일까? 우리 아버지가 어린 딸자식이 걱정되어 저승에 가지 못하고 이승에서 구천을 떠돌고 계셨다는 그 말이… 정말 사실일까?

그 점쟁이 말을 듣고 우리 큰 고모가 나를 수소문하기 시작했어. 점쟁이 말 때문에 큰 고모가 나를 찾는다는 소식을 들었어. 나는 여전히 큰 고모가 무서웠지만, 그래도 어쩌겠어? 아들을 살리려는 큰 고모의 절실함을 믿어봐야지. 양옥이 오빠가 입원한 병원으로 찾아갔어.

"이젠 때리지도 않을 거고 구박도 안해크메 나영 잘 지내게(이젠 때리지도 않고 구박하지도 않을테니 나랑 잘 지내자)."

솔직히 마음이 다 풀리진 않았지만, 더 이상 숨어 살지 않아도 되는 게 어디야? 그때부터 영락리에 왕래를 하기 시작했어.

"결혼을 하게 되면 돈을 좀 줄 거야"

하루는 관덕정에서 어릴 적 친구 동순이를 보게 됐어. 신성여고 교복을 입은 친구를 보는 순간 나는 너무 부끄러워서 숨어버렸어. 모슬포에 살았던 동순이는 아버지가 6·25때 죽었는데, 4·3에 죽은 우리 아버지랑은 다르게 연금도 나오고 학교도 공짜로 다니고 있었어. 취직도 1등으로 시켜줬는지, 동순이는 신성여고를 졸업하자마자 관덕정에 있던 전화국에 들어갔어. 나는 부끄러워서 숨는다고 숨었는데, 전화국이 흥성상회 바로 앞에 있으니까 결국은 만나게 되더라고. 동순이는 부끄러워 숨는 나를 오히려 다독거리며 챙겨줬어. 내가 4년을 넘게 일해도 월급을 한 푼도 받지 못하고 있다는 얘기를 들은 동순이는, "결혼을 하게 되면 돈을 좀 줄 거야." 하더니 남자 한 명을 소개해 줬어. 동순이네 큰집 어른들을 통해 남수각 남자를 소개받았어. 강원도에서 소위로 복무하고 있던 직업 군인을.

동순이 말처럼, 결혼을 한다고 하자 흥성상회 사장님이 40만원을 주더라고. 1년에 10만원씩 4년치 40만원을 월급으로 한꺼번에 받고, 곧바로 흥성상회를 나왔어. 결혼 준비는 결혼 날짜를 정하는 걸로 다 끝났어. 하지만 인연이 아니었나 봐. 결혼식 당일 눈이 엄청 내리는 날이었는데 결혼하기로 한 남자가 강원도 군부대에서 내려오질 못한 거야. 신랑이 없으니 결혼식은 파토가 났지 뭐. 이젠 나 혼자서 지낼 방을 빌어야 했어. 이미 흥성상회는 그만둔 상태였고, 신혼집은 들어갈 수가 없잖아. 아마 년세(年貰)가 2만원 쯤 했을 거야. 방을 하나 빌려 살 집을 마련하고 무근성 아래 배고픈다리 근방에 있던 유창산업이라고 통조림 공장에 새로 취직을 했어. 흥성상회에서 받은 돈 40만원은 관덕정 옆 제일은행에 딱 저금해놓고.

결혼을 하다

그래도 어떵어떵 죽지는 말라는 건가 봐. 혼자서 방을 빌엉(빌려서) 살고 있었는데, 이제 우리 남편을 만나게 된 거야. 옛날 흥성상회에 과자를 납품하는 공장이 있었어. 산지(천)쪽에 금성제과라고 다마사탕(알사탕) 공장이야. 남편은 금성제과 공장 직원이었어. 흥성상회에서 일할 때 사탕을 배달하러 오면서 자주 봤었지. 배달도 자전거로 왔다 갔다 할 때였으니까.

"춘화라면 알뜰하게 잘 산다."
"명룡이는 사람이 참 순하고 착하다."

남편 친구 부부가 중간에서 우리를 소개해 결혼을 하라는 거야. 스물두 살쯤 결혼을 한 것 같아.

첫 딸을 낳았어. 남편은 공장에 다니고 나는 집에서 아기를 키우며 살고 있었는데, 우리 집 근처에 누가 가게를 하나 내놓은 거야. 커브에 있는 가게라 목이 좋았어. 집세 20만 원을 주고 가게를 얻어서 핫도그를 구워 팔았어. 다행히 장사가 잘 되더라고. 점심 때면 근처에 있던 영주미용학원 아이들이 배가 고프니까 우루루 몰려오는 거야.

"먹어난(먹었던) 젓가락은 잡앙 이시라(잡고 있어라)."

손님이 너무 많아서 젓가락을 세지 않으면 돈 계산을 못할 정도였어. 우린 밤에도 장사를 했어. 그 동네가 요정이 많았거든. 술집이 많으니까 밤에도 남들 낮에 하루 파는 만큼 장사가 됐어. 요정은 잠을 안사니까 우리도 24시간 장사를 했지 뭐. 장사가 너무 잘되니까 몸이 고된 줄도 몰랐어. 큰 아들이 태어나 아이도 두 명으로 늘었어. 아기도 너무 예쁘고, 돈 버는 재미도 알게 되고, '아! 이젠 좀 살만하다' 싶어질 때쯤, 갑자기 가게 주인이 가게를 비우라는 거야. 장

결혼식 사진.

사가 잘 돼 가면 꼭 그러는 주인들이 있어. 놈 주기 아까웡(남 주기 아까워서). 어쨌든 주인이 나가라는데 방법이 없잖아. 가게를 비워주고 이젠 다른 가게를 알아보러 돌아다녔어. 마땅한 가게를 찾는 게 쉽지가 않더라고. 그러던 중, 우리 집 주인 아주머니가 연탄 가게로 쓰던 공터에 조립식 건물을 지어줄 테니 거기 와서 장사를 하라는 거야. 옛날엔 목욕탕에 불(난방)을 석탄으로 땠거든. 가루 석탄으로. 목욕탕은 대량으로 불을 때야 하기 때문에 땀뿌차(트럭)로 석탄을 싣고 오면 그 석탄 가루를 비워둘 넓은 장소가 필요할 거 아니? 땀뿌차가 들어와야 하니까 큰 길가에 붙은 넓은 공터를 석탄 가게로 쓰고 있었는데, 이젠 기름 보일러가 나온 거야. 더 이상 가루 석탄을 쓸 일이 없잖아. 그러니까 놀고 있는 공터에 조립식 건물을 지어서 점포를 빌려준 거지. 처음 장사했던 곳에서 한 100미터쯤 떨어진 곳에 다시 가게를 냈어. 그래도 몇 년간 흥성상회 점원으로 일했었는데, 잡화점 정도야 할 수 있겠더라고.

잡화점을 차리다

가게 앞에 요정 있지, 갈비집 있지, 장사가 너무 잘됐어. 술도 처음 나올 때는 가게에서 파는 거랑 요정, 술집에서 파는 게 틀려났어(달랐어). 가게에서 파는 술은 따까리(뚜껑)에 도장을 딱 찍어서 술집에서는 못 팔게 했거든. 솔직히 도장 찍힌 딱지야 확! 떼어동(떼어서) 주머니에 놔버리면 아무도 모르잖아. 처음엔 그렇게들 많이 팔아줬어. 우리한테 사가면 자기들도 이익이지. 세금을 적게 내니까. 물건을 많이 팔면 나도 이익이고. 그땐 술도 비싼 술, 정종이 많이 팔렸거든. 나는 멩질(명절) 때 동네 사람들이 물건 바꿔달라고 가져 오면 다 바꿔줬어. 멩질 선물로 받은 술 가지고 와서 쌀로 바꿔가고 사과 한박스 들고 와서 배로 바꿔가고 그랬어. 우리 가게에서 산 것도 아닌데 필요한 거로 바꿔주면 솔직히 기분 좋잖아. 그럼 다른 거 살 때 또 오게 되고. 그렇게 장사가 잘됐어. 돈이 너무 잘 벌려. 동네에 가게가 우리 말고도 몇 군데 더 있었는데 우리 가게만큼 잘되는 데는 없다고들 했어.

우리 큰 아들이 다섯 살인가? 여섯 살 때 쯤, 교통사고를 당했어. 내가 가게에서 물건을 팔고 있었는데, "삐~익" 소리가 들리는 거야. 나는 우리 아들인 줄도 모르고 소리나는 곳을 씩 쳐다봤어. 택시 밑에서 우리 아들이 기어나오는 거 아니? 아우! 그냥 바락 겁이 나서 달려갔더니 우리 아들이 그냥 걷는 거야. 옛날에는 (의료)보험도 없고 할 때였거든. 병원에 데리고 가서 검사를 하는데 침대 위에서도 그냥 걸어. 천만다행으로 차에 부딪친 게 아니고 그냥 놀래서 넘어진 거였어. 무사히 집으로 돌아오는데, 동네 할머니들이 그러더라고.

"아이고 이서 하나믄 안 되켜. 애기 하나 너 낳아사주(아들 하나년 안뇌셌어.

하나 더 낳아야지)."

그렇게 우리 막내 아들이 태어났어. 이젠 아이도 셋이 됐어.

사탕 공장 문을 닫다

나는 돈이 모이면 은행에 가는 게 아니라 촌에 있는 외할머니를 찾아갔어. 옛날엔 매일계(契)가 있었거든. 3푼 이자를 줄 때였으니까 외할머니한테 돈을 맡겨 놓으면 이자를 받아다가 몇 달만에 금방 목돈을 만들어 주는 거야. 그땐 현찰이 막 쌓이니까 금방 부자가 될 줄 알았어. 이추룩 살아지카부덴 안했주(이처럼 살게 될 줄은 몰랐지).

하루는 남편이랑 비행장 근처에 집을 보러 갔어. 600만원에 세커리짜리 집을 보러 갔는데 그것도 안 되려고 하니 그랬던 거 같아. 비행기 소리 때문에 살지 못한다는 거야. 그냥 돌아왔지 뭐. 돈은 있어도 마땅한 집을 구하지 못하고 있었는데 우리 막내가 막 아프기 시작하더라고. 우리 막내 아들이 아기 때 정말 아까웠거든(예뻤거든). 지나가는 사람들, 모르는 사람들이 한번 안아보자고 했을 정도였어. 우리 가게 앞에 청량갈비 사장 아줌마도 우리 막내를 너무 예뻐했어. 그런데 하루는 그 아줌마가 우리 막내를 안았다가 오꼿(순간) 땅에 떨어뜨려 분 거 아니? 그때부터였던 것 같아. 아기가 골골골골 하더라고. 막 하영(많이) 아프지는 않은데, 계속 골골대니까 우리 남편이 답답했는지 어디 물어보러 가더라고. 우리 남편이 전에 다니던 공장 주인 할머니가 이북 사람이었는데, 막 잘 본다고(용하다고) 소문이 났었어. 남수각에서.

"야! 너 기술 있고, 그 점방 하지 말고 공장을 허라."

장사가 잘 되는 가게를 그만두는 게 너무 아깝잖아. 나는 장사를 놓기가 너무 싫어서 남편이 일하던 사탕 공장을 인수한 후에도 한동안은 장사를 계속했어. 그런데 막내 아들이 계속 아프니까 '정말 가게 터가 안 좋아서 아이가 아픈 건가?' 바락 겁이 나는 거야. 외할머니도 '욕심 부리다가 아이 놓친다'고 걱정하는 소리를 하시고.

"야! 공장해서 이만큼 못 벌겠냐! 공장으로 가자!"
"그럼 팔아붑서(팔아버리세요)!"

우리 막내가 첫 돌쯤 됐을 거야. 가게를 팔고 남편 공장으로 들어갔어. 나는 오연수 소아과에 입원한 막내를 돌보느라 병원에 있었고 남편 혼자 가게를 정리했어. 장사가 잘되는 가게였으니까 금방 나가더라고(팔리더라고). 그런데 우리 남편, 550만원을 받고 가게를 통으로 넘겨버린 거야. 남자니까 철 없이 몽땅 다 줘버린거지. 돈도 다 안받고.

공장에 살림을 차리고 밥해 먹으면서 본격적으로 공장을 돌리기 시작했어. 우리는 한림, 모슬포, 함덕, 이런 큰 읍·면 지역에만 물건을 대줬거든. 옛날처럼 자전거로 왔다갔다 할 수 있는 거리가 아니잖아. 물건도 많이 실어야 하고. 이젠 도매상에 배달을 다니려고 조그마한 트럭도 하나 샀어. 그런데 정말로 일이 안 되려고 그랬나봐. 하필이면 그때 박정희 대통령이 죽어버린 거야. 그러자 나라가 막 뒤집어져버련(뒤집어져 버렸어). 불가가 막 뒤십어지니까 사람들이 네이커만 먹는 거야. 여기 제주에서 만든 거는 쳐다보지도 않고 사지도 않아. 그때 망해버렸지 뭐. 우리만 그런게 아니라, 제주도 공장들은 그때 다 망해분거야.

사딩은 겨울 장시기든. 겨울 팔앙 여름 먹거든(겨울에 팔아서 여름을 살거든). 옛날엔 보리 검질 맬 때도 다마사탕 2천원 짜리 한 봉다리(봉지)씩 막 줘났으니까(줬었으니까). 그런데 겨울에 장사가 안 되니까 버틸 수가 있나? 딱! 치워버렸어.

보안대에 끌려가다

건입동에 방 하나 딸린 조그만 가게 하나를 얻었어. 담배 가게 정도의 구멍가게였지만, 그래도 다섯 식구 밥은 먹을 수 있었어. 큰 딸이 열 살쯤 됐을까? 음력 정월 막 추운 날 저녁이었어. '임춘화' 내 이름을 부르는 소리가 들리더라고.

"경신이 엄마, 위에 잠바라도 걸치고 나가."

방문을 열고 나가려는데, 남편이 붙잡는 거야. 무심한 나랑은 달리 우리 남편은 뭔가 이상한 느낌이 있었나 봐. 아마도 가게 앞에 서 있던 낯선 남자들이 수상했던 거겠지. 우리 남편은 나보다 일곱 살이 많기도 했지만 서울에서 고등학교까지 나온(졸업한) 똑똑한 사람이었어. 나하고는 상대가 안 돼. 잠바 하나를 걸치고 가게 밖으로 나가는 순간, 나는 차에 태워졌어. 이상한 건 남자가 세 명이었다는 것 말고는 아무것도 기억이 안나. 분명 차를 타고 갔는데 어디로 어떻게 갔는지가 도통 생각이 안나는 거야. 차가 도착한 곳은 관덕정 경찰서 앞. 그 사람들은 나를 경찰서에 바로 붙어있는 사무실로 데려갔어. 그곳이 보안대라고 불리는 곳이라는 건 한참 뒤에야 알았지.

자기들이 누군지 나를 왜 잡아 왔는지 아무 말도, 아무런 설명도 없어. 나도 서른 몇 살 밖에 안됐을 땐데, 애기 엄마가 뭘 알겠어? 그래도 겁은 나잖아. 잘못한건 없지만 경찰서 닮은 데 끌려왔으니까. 정신이 왁왁하고, 콩닥콩닥 놀란 가슴만 붙잡고 있었지. 그런데 갑자기 우리 막내 우는 소리가 막 들리는 거 같아. 엄마가 없어지니까 아이들이 엄마 찾아 울고불고 할 거 아니? 아이들이 걱정되기 시작하니까 이젠 무서운 것도 없지 뭐. 보이는 사람은 아무나 붙잡고 우리 집에 전화 좀 해달라고 사정을 했어. 이틀째 되는 날 전화를 걸어주더라고. 다행히 큰 딸이 전화를 받았어.

"엄마, 아빠 왜 집에 안 와? 언제 와?"

그때야 알았어. 우리 남편도 같이 잡혀 왔다는 걸. 엄마, 아빠가 갑자기 사라지니 아이들이 얼마나 놀랬을 거야? 우리 큰 딸하고 막내 아들이 딱 8살 차이가 나거든. 그러니까 우리 막내는 겨우 두 살 밖에 안됐을 때야. '아이고, 어떡하지!' 아이들만 집에 있다고 생각하니까 바락 겁이 나. 그래도 천만다행인 건 가끔씩 덕수 이모님이 전화로 우리 사는 안부를 물어주곤 했었거든. 그날도 이모님이 우리 집에 전화를 했다가 "엄마 아빠 둘 다 아저씨들이 잡아가서 집에 안온다."는 큰 딸 말을 듣고 곧바로 우리 집으로 달려와 줬더라고. 전화로 자세한 사정 얘기를 할 수도 없고, 염치없지만 며칠만 아이들을 맡아달라는 부탁을 하고 전화를 끊었어.

4·3 때 행방불명된 아버지를 만났다고?

조사가 시작됐어. 나를 방 한가운데 놓인 책상 앞에 앉히더니, 종이와 펜을 가져 오더라고.

"아버지를 만난 사실을 적어라!"

2020년 6월 8일, 제주지방법원에서 열린 아버지의 군법회의 재심 재판을 마치고.

"우리 아버지는 4·3 때 없어져서 얼굴도 모르는데 언제 아버지를 만났다고 하는 거냐!"

나도 악이 받쳤던 것 같아. 얼굴도 본 적 없는 아버지 얘길 갑자기 꺼내니까 기가 막히더라고.

"그럼, 아버지에 대해 알고 있는 걸 다 써라!"

'우리 아버지는 나 애기 때 나를 구덕에 눕혀서 외갓집에 데려다 놓고 그 길로 나간 뒤 소식이 없습니다' 외할머니와 어머니한테 들어서 알고 있는 것들을 쓰기 시작했어. 아버지가 둘째 고모님네 집에서 밥을 먹다 도망간 얘기, 둘째 고모님이 갓난아기를 업은 채 총살 당한 얘기, 할아버지와 할머니가 총살 당한 얘기. 집이 불 타버린 얘기 등등 내가 알고 있는 우리 집안 4·3내력을 모두 써 내려갔어. 줄줄줄줄 다 쓰니까, 종이를 새로 가져오는 거야. 처음부터 다시 쓰라고. '우리 아버지는 나 두 살 때 나를 대구덕에 눕혀서 외갓집에 데려다 놓고….' 다시 썼어. 또 새 종이를 가져와. 그렇게 몇 번을 쓰고 또 쓰고 또 쓰고 계속 쓰라고 하더니, 나중에는 내가 쓴 종이를 들고 수사관들이 영락리 둘째 고모가 살았던 동네로 조사를 갔더라고.

마을에 가서 조사를 해봐도 내가 쓴 내용과 꼭 같았을 거 아니? 나중에 알게 된 사실이지만 수사관들은 영락리에 살고 있던 우리 외할머니와 외삼촌까지 잡아다가 내가 쓴 내용이 맞는지 확인을 했더라고. 나는 방에서 글만 쓰고 있었으니까 밖에 우리 외할머니가 잡혀왔는지 외삼촌이 잡혀왔는지 몰랐지. 나중에 풀려난 뒤에야 우리 외할머니랑 외삼촌도 조사를 받았다는 얘길 들었어. 우리 외할머니는 연세도 많은 노인이 얼마나 겁났을 거야? 영락리에 가서 조사를 해봐도, 신평리에 가서 조사를 해봐도, 친족들을 잡아다 조사를 해봐도, 내가 우리 아버지를 만난 사실이 있을 수가 없잖아. 그제서야 수사관들이 '이상하다?'며 처음부터 다시 조사를 했던 것 같아.

나중에 알게 된 사건의 전말은 이랬어. 고산인가 신창에 나랑 이름이 똑같은 동명이인이 해녀가 있었던 거야. 해녀 임춘화가 강원도로 물질을 갔다가 거기서 어떤 남자를 만났는데, 그 남자가 이 해녀를 찾아서 제주에 왔나 봐. 하필 그 남자를 조사하던 기관에서 그 남자가 만난 해녀 임춘화를 조사한다는 걸 동명이인인 나를 잘못 잡아간 거시. 기가 막힐 노릇 아니? 한 3·4일 정도 조사를 받은 뒤

'여기서 있었던 일은 절대 말하지 않겠다'는 각서를 쓰고서야 풀려날 수 있었어.

"아주머니가 쓴 내용하고 조사한 내용이 너무 똑같아서 풀어줍니다. 어떻게 그렇게 정확하게 기억을 하십니까? 하지만 여기서 있었던 일을 얘기하면 또 잡혀오니, 아무에게도 아무 말도 하지 마세요. 그리고 아주머니는 공부를 했으면 정말 훌륭한 사람이 됐을 것 같습니다."

남편의 후유증

우리 남편은 제주도 출신이 아니야. 4·3이 뭔지도 모르지. 내가 우리 부모님 얘기를 자세히 해 본 적이 없어서 우리 아버지에 대해 아는 게 없었어. 4·3에 죽은 걸 막 쉬쉬하던 시절이었으니까. 내가 처음 주민등록증 만들 때에도 우리 외할머니가 그랬거든.

"춘화야, 주민등록 빨리 해불라(만들어버려라). 이제 조사나 하게 되면 위험하니까, 빨리 해불라."

아버지 얘기는 언제나 '위험해서' 꺼내면 안되는 걸로만 알았지. 처갓집의 4·3 내력에 대해 아는 게 없었던 우리 남편. 아무래도 보안대에서 고초를 당했던 것 같아. 나한테 했듯이 우리 남편한테도 똑같이 "장인 어른에 대해 아는 내용을 쓰라!"고 했을 거 아니? 하지만 아는 게 없었던 우리 남편은 아무것도 쓰지 못했을 테고. 나 때문에 겪지 않아도 될 고초를 당한 남편은 보안대에서 풀려난 다음에 후유증을 크게 앓았어. 다른 사람 같으면 "너 때문에 이추룩 허난 나 아팡 영 고생햄덴(당신 때문에 이렇게 하니까 내가 아파서 이렇게 고생한

다).” 술이라도 먹고 와서 분풀이라도 했을 텐데. 우리 남편은 워낙 속이 깊은 분이어서 내 마음 아플까봐 거기서 있었던 일들에 대해서 실제 입도 안 뗐어. 입을 딱 닫고 일체 말을 안했어. 우리 둘 사이에도 거기에서 있었던 일들은 그냥 물로 흘려버린 거야.

하지만 보안대에서 풀려난 남편은 이미 예전의 남편이 아니었어. 이유를 알수 없이 아프기 시작하더라고. 그래도 그냥그냥 살았어. 그러다 누가 일본이라도 가자고 했나 봐. 먹고는 살아야 하잖아. 남편은 아픈 몸으로 돈 벌어 오겠다며 일본에 갔어. 나는 또 오래 살며 돈이라도 벌어 올까봐 김 사고 고추장 담고 해서 보냈는데, 남편이 50일 만에 돌아왔어. 위가 아파서 아무것도 먹지를 못했다는 거야. 이젠 남편을 데리고 서사라 체 내리는 데를 찾아갔어. 체 내리는데, 쓸어주는 데를 막 찾아다녀도 도저히 안 나아. 먹지를 못하고 피곤해만 하고 사람이 막 죽게 됐어. 이젠 도립병원 옆에 내과가 하나 있더라고. 거길 갔지. 이것 저것 검사를 막 하더니, 위암이라는 거야.

서울에 살고 있는 큰집에 부탁을 해서 신촌에 있는 연세대학교 세브란스 병원에 수술 예약을 잡았어. 나는 요만요만한 아이들을 셋이나 데리고 바로 움직일 수가 없잖아. 남편을 먼저 보내니까 큰집에서 남편을 데리고 가서 입원을 시켜줬어. 수술 날짜는 다가오는데, 의료보험이 안나오는 거야. 그때가 의료보험이 막 정착될 때였거든. 수술 직전에야 겨우 동사무소에서 의료보험을 찾아다가 우편으로 보냈어. 수술 하는 날 아침 새벽. 우리 형님이 우체국으로 가서 내가 보낸 우편을 식섭 찾아가지고 병원으로 달려가서 겨우 수속을 마치고, 우리 남편 수술을 한거야.

감기 한번 걸린 적 없는 아주 건강한 사람이었는데. 보안대에 잡혀갔던 후유증으로 38년을 아파서 병치레만 하던 남편은 당신의 억울함을 한마디도 쏟아내 보지도 못한 채 2018년 4·3 70주년에 돌아가셨어. 그 마음이 안타까워, 남편을 보내고 많이 울었어.

결혼 밑천 하라던 아버지의 논(畓)

남편과 결혼을 하기로 하고 처음으로 엄마를 보러 갔었어. '이제 결혼하면 어디 마음대로 가지도 못할 텐데, 엄마 얼굴이나 한번 보고 오자'는 생각이 들더라고. 경찰이었던 엄마의 남편은 경찰을 그만두고 경상북도 상주에서 광산을 하고 있었어. 엄마의 집은 버스도 끊기고 택시도 가지 않는 비포장도로를 걷고 걸어, 냇가도 있고 논도 있는 곳 어디쯤에서 찾을 수 있었어. 돌 광산, 그것도 잘했으면 돈을 많이 벌었을 텐데… 딸 넷에 아들 하나를 낳고 살고 있는 엄마의 삶은… 여전히 고단해 보였어.

"그 사태 나기 전에 니네 아방 일본에서 돈 벌어당 신평에 논(畓) 두 판 사논 거 있져. 아방 이름으로 된 논은 니네 아방이 산 땅이난, 폴앙으네 하나는 너 갖고 하나는 춘자 줘불라(그 사태 나기 전에 너희 아버지가 일본에서 돈을 벌어와서 신평리에 논 두 판을 사둔게 있어. 아버지 이름으로 된 논은 네 아버지가 산 땅이니 팔아서 하나는 너 갖고 하나는 춘자에게 주렴)."

결혼을 앞두고 찾아온 딸에게 그나마 아버지 논이라도 하나 물려줄 수 있어 다행이라던 엄마. 하지만 이번에도 엄마의 바람은 틀렸어. 혹시나 하는 마음에 알아봤더니, 역시나 아버지 논은 이미 온데 간 데 없었어. 그 난리에 이미 풍비박산 돼버렸지 뭐.

아버지 논 없이도 나는 결혼도 하고 아이도 셋이나 낳고 잘 살았어. 그런데 우리 막내 결혼식이 있던 날. 울산에 살고 있다는 고모 한 분이 찾아왔어. 그 고모는 내가 어릴 때 제주를 떠나서 얼굴도 모르거든. 생전 연락도 없던 고모가 굳이 막내 아들 잔칫날 오겠다는 게 그리 반갑지만은 않더라고. 하지만 집이 부담스러우면 결혼식 피로연 식당에라도 잠시 왔다 가겠다는 고모를 말릴 수가 없었어. 그렇게 얼굴도 낯선 고모랑 처음 마주 앉은 날. 고모는 우리 아버지 이름으로 되어 있던 논 두 판을 자신이 팔아갔다는 고백을 하는 거야. 1,600원을 주고 논 두 판을 판 바로 그날, 우리 엄마를 모슬포 장에서 만났다고. 논 판 돈이 호주머니에 있었는데도 너무 아까워서 우리 엄마한테 주지 못했다고. '아니! 이제와서 그 말을 왜 하는 건데!' 신경질이 나는 거야. 우리 엄마, 남편도 없이 어린 자식 둘 데리고 먹고 살려고 불쌍하게 술 닦으면서(빚으면서) 경찰서에 잡혀가면서 고생하는 걸 다 봤으면서, 어떻게 그럴 수가 있냐고! 그 생각을 하니 더 신경질이 나. 하지만 지금에 와서야 자기가 그때 왜 그랬는지 후회가 된다는 고모를 어쩔 거야? 내가 내려놓지 않으면 내 화(홧병)에 내가 살 수가 없는 걸.

내 동생 임춘자

우리 여동생은 엄마가 데리고 간 후 쭉 육지에서만 살았어. 결혼도 육지에서 하고 지금은 김해에 살고 있어. 여섯 살까지 이름은 임춘자였는데, 엄마를 따라간 후에는 키워준 아버지 호적에 이춘자로 올라가 있어. 이름이 두 개인 거지. 그래도 우리 아버지 호적에는 임춘자로 되어 있으니까 4·3에서 유족으로 해주더라고. 처음에는 안 된다고 하더니 여러 번 신청을 하고 기회가 될 때마다 쫓아다니며 설명을 하니까 한번은 원적을 떼오라는 거야. 원적을 떼가니까 마지막에 유족으로 올려줬어. 이름이 두 개라도 우리 아버지 딸인 건 분명하잖아.

춘자를 통해서 엄마 사는 소식도 듣고 엄마가 낳은 동생들하고도 연락도 하고 또 집에 큰 일들은 서로 보면서 지냈어. 한번은 그쪽 아버지가 환갑을 한다는 거야. 육지는 환갑을 막 크게 했었거든. '그래도 어머니 남편이니까. 우리 춘자 키워준 아버지니까' 인사를 해야겠다는 생각이 들더라고. 나도 그땐 조금 살만할 때였어. 장사하고 할 때니까. 동문시장에 가서 어머니랑 그쪽 아버지 옷 한 벌씩 지어 입을 수 있게 옷감을 사고 치수를 모르니까 돈 5만원을 봉투에 넣어서 소포로 보냈어. 그런데 그쪽 아버지가 환갑(잔치)을 준비하려고 대문을 고쳤나봐. 대문을 고치다가 사고로 그냥 돌아가셨다는 거야. 내가 보낸 소포가 도착하기도 전에. 엄마는 당신이 남편 환갑 때 새 옷 지어드리라고 보낸 옷감을 그대로 놔뒀다가 당신 아들 결혼할 때 옷 해줬다고 하더라고.

외할머니의 눈물

강원도 콩나물 공장에서 일하던 이모가 결혼을 하게 됐어. 외할머니랑 외삼촌이 강원도에 가서 이모를 결혼시켜 두고 오는 길. 이왕 육지에 올라온 김에 큰 딸 얼굴이나 한번 보고 가자는 마음으로 엄마를 찾아갔다는 거야. 내가 엄마를 찾아갔던 그 길 그대로. 버스도 끊기고 택시도 안가는 산 길, 논 길을 걷고 걸어 엄마 집에 도착한 외할머니. 엄마가 사는 모습을 본 외할머니도 나처럼 말문이 막혔을 거 아니? 차마 집 안으로 들어가지도 못한 채 마당에 앉아 한참을 울다 돌아왔다는 거야. 나에게는 엄마지만 우리 외할머니한테는 딸이니까… 당신 딸이 얼마나 애처로웠을 거야? 불쌍한 딸을 데리고 가자니 제주도에선 창피해 살 수 없을 거고, 혼자 두고 가자니 사는 게 처량하고… 기가 막혔겠지.

나의 눈물이, 외할머니의 통곡이, 우리 엄마한테 비수가 됐던 걸까? 춘자한

2018년 4월 15일 4·3 70주년을 기념해 4·3평화공원에 차려진 '옛날 사진관'에서 아버지에게 하고 싶은 말을 적은 메모판을 들고 기념촬영을 하는 임춘화 씨. ▶

이름: 임춘화   전화번호:

주소:

　　아버지 작은아버지 저 춘화 에요 생각만하면 너무 눈물이
나내요 너무 고생하시고 배도 너무 고푸세죠 나는 구덕에 누은 저을
외가집에 엄마가왔고 엄마는 그러게 시잡서에 심어가서 동성 임실
큰 상태에서 *고섭 너무해서 그 바람에 윤지로 가버리)고 늦는
재산이 너무 많으니 그거 먹고 산하면서 저을 ₽산저을 고모 잡에
노교가서요 그래서 고모가 학교도 1주일에 3일도 나을 학교안보 내교
나너 목 어끌해서 모 산아요 그것도 어콧산 댁 안 버지 따리운이 저눈기 나떤
이 보인 대에 잡허가 서고생해써요 나 도 외탈머 내 외삼촌 다 잡허가서고생
해서 지금도 회보이 안되서 죽지못해서 산고 싰써요 모탤이 작은아버지가 저심도
다 판아먹고 나는 나 나도 민주 없수 아버지 저승에서 저을 보고 있음니까 죄송해요
아버지오 목포 형무소에서 얼마나 고생해써요 할머니 학아버지도 하는게**에게 중심회신요

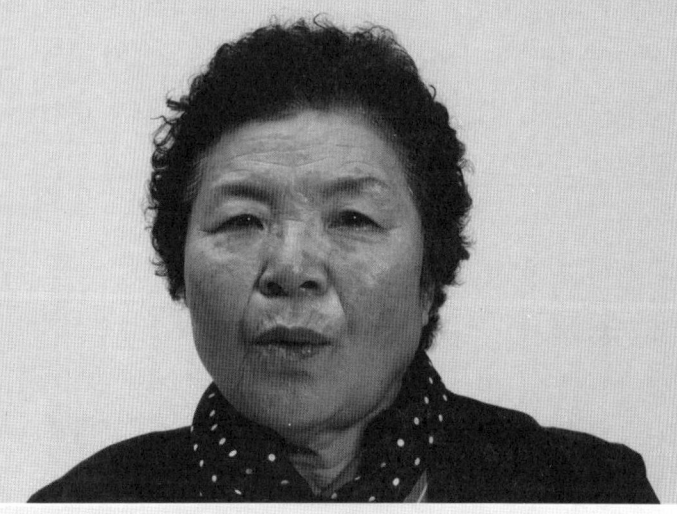

테서 엄마가 위암이라는 전화를 받았어. 결혼한다는 딸이 찾아와도 친정엄마가 찾아와도 울음 밖에 꺼낼 수 없었던 그 마음이 병이 된 건 아닌지…. 딸을 버렸다는 죄책감으로 평생 밥이 목에 안 넘어가게 그렇게 살았다던데, 그 마음이 병이 된 건 아닌지…. '우리 엄마, 외할머니가 얼마나 보고 싶을까?' 갓난쟁이 큰 아들을 등에 업고, 외할머니 손을 잡고 상주로 엄마를 만나러 갔어. 이번에는 엄마를 만나면 절대 울지 않기로 약속을 하고.

엄마, 나 하나도 안 서러워요
    엄마는 상주 집을 정리하고 아들이 있는 창원으로 옮겨 병원 치료를 받았어. 당시만 해도 암 치료가 쉽지 않을 때여서 어느 정도 마음의 준비는 하고 있었어. 얼마 후, 춘자에게서 전화가 왔어. 엄마가 얼마 버티지 못하실 것 같다고. 머리가 복잡하고 뒤숭숭해서 잠도 못 자겠고 먹지도 못하겠는 거야.

    "어머니 보고 와."

    남편이 끊어준 비행기 표로 엄마를 만나러 갔어. 엄마는 마산 적십자병원에 입원해 계시더라고.

    "내가 이렇게까지 하면서 고향 땅 못 밟고 나도 이렇게 못 살 걸. 내가 그냥 거기 앉아 있었으면 너 고생은 안 시켰을 건데… 미안하다."

    나는 엄마가 그렇게 섭섭한 마음으로 떠나면 안 될 것만 같았어.

"엄마, 그렇게 생각하지 말아요. 엄마, 나 하나도 안 서러워요. 엄마, 그래도 나 이렇게 살았잖아. 그러니까 그런 생각하지 마요."

내 말을 알아들었는지 엄마가 내 손을 꼭 잡더라고.

"고맙다. 그래 고맙다. 니가 그렇게 말해주니."

그게 내가 본 엄마의 마지막 모습이야. 집으로 돌아온 며칠 뒤 춘자에게서 전화가 왔어. 음력 9월 초하룻날. 우리 엄마가 떠났어. 엄마 장례식은 나 혼자 다녀왔어. 장례식장 문을 들어서는데 차마 발길이 떨어지지 않는 거야. 엄마가 죽었는데 나 혼자뿐이라는 게 너무 서럽고 억울해서 한참을 울었어. 엄마가 돌아가시기 바로 전날, 대구에서 당신 딸 결혼식이 있었던 거야. 딸 결혼식에 자식들, 식구들 다 보내놓고, 딸 결혼식을 못하게 될까 봐 마지막까지 버티고 버티다, 결국 혼자서 돌아가신 거야. 우리 엄마, 당신이 낳은 자식이 일곱이나 있었는데 그 누구도 당신 임종을 지키지 못했어. 어떻게 마지막까지 그렇게도 비참할 수가 있는지….

대구 결혼식에 갔던 동생들이 도착하고서야 엄마 장례를 치를 수 있었어. 엄마는 상주에 있는 이북 도민 공동묘지에 그쪽 아버지와 같이 모셨어. 엄마 제사는 육지에 사는 남동생이 지내고 있어. 많이는 못 해도 제사 때맞춰서 한 10만 원씩 보내주고, 아주 가끔 한 번씩 가보기도 하면서 살아. 그래도 매번 갈 수가 없으니, 나는 우리 아버지 제사 때 어머니 밥을 같이 올려드리고 있어. 언제 돌아가셨는지도 모르는 우리 아버지. 생일날이라도 우리 엄마 만나서 밥 한 끼 같이 드시라고.

마지막 바램

 돌이켜보면 참 힘든 삶이었던 것 같아. 엄마도 나도. 먹고 사는 일이 이렇게도 힘들 수 있을까? 우리 외할머니 말씀처럼 시국을 잘못 만난 탓이겠지. 아버지를 잃은 것도… 어머니와 헤어진 것도… 우리 남편이 보안대에 끌려간 것도… 모두 다 시국 탓이겠지. 엄마를 보내드리며 마지막으로 했던 말. "엄마, 나 하나도 안 서러워요. 그래도 이렇게 살았잖아요." 누군가는 불쌍하고 억울한 어느 가엾은 작은 아이가 안 죽고 70년을 살았다고… 기억해 주었으면 좋겠어.

〈구술 채록·정리 조정희〉

열여덟 등짝에 옹기 지고
집집마다 팔러 다녔어

고영자

_1942년 생. 4·3 당시 대정면 무릉2리 거주

난 까막눈, 학교에만 가고 싶었어

나 고영자. 난 까막눈이야. 이름자 하나만 쓰지. 누가 날 죽인다고 편지 갖다 줘도 모를 거야. 우리 산옥이 언닌 국민학교 4학년까지 다녔는데 난 학꼴 못 다녔거든. 아버지가 4·3에 돌아가버렸잖아. 난 그게 너무 억울해. 누가 책을 줘도 부끄럽지. 어디 가면 책 내놓아요. 난 창피해서 가슴에 품어. 너무 억울해. 글 모르니.

어릴 때 얼마나 학꼴 가고 싶었나 몰라. 우리 집 길 건너에 학교가 있었어. 그 옛날엔 밤에 학교에서 연극 연습을 했어. 언니가 밤에 연극하러 학교에 가면 나도 언니 따라 가려고 막 발버둥치는 거라. 언닌 얼마나 귀찮았겠어. "아버지, 영자 좀 붙잡아줘. 학교 가면 잠만 자는데 뭐." 그러지. 내가 자꾸 떼를 쓰니깐. 우리 아버지도 언니한테 "영자 데령가라게, 데령가라(네리고 가리)" 했어. 근데 학교 가면 이상하게 난 또 잠만 자는 거라.

그래도 난 얼른 저녁 밥 먹고 먼저 올레에서 언니를 딱 기다리는 거지. 그러면 언닌 숨어서 학교 가고. 난 또 따라가고. 자꾸 그랬어.

일 년만 있으면 여덟 살이었어. 아버진 "영잔 내년에 학교 갈 거여. 그때까지 기다리라." 했어. 근데 그놈의 시국을 만난 거야. 그러니 학교를 못 갔어. 난 1942년생. 무릉 2리가 고향이지. 살기는 금악리. 여든 살이 이제 되네. 아들만 셋에 손자가 여섯이야.

"죽어도 조선에서 죽자" 일본서 귀향한 아버지

우리 아버진 젊어서 일본에 갔어. 일본선 메가네(안경)공장에서 일 하다가 직접 공장을 차려서 살았어. 일본에선 꽤 잘 살았다고 해.

우리 어머니도 열다섯에 일본 갔어. 일본에 사는 큰오빠네 집에 가서 살았나 봐. 큰오빠네 생이 만드는 공장에 다녔다는 거라. '생이'가 새잖아. 새. 장난감 인형을 만드는 거지. 어머닌 형제가 야학에 다녔대. 우리 어머니가 조금 똑똑했던가 봐. 동생은 야학에 가도 이름을 못 썼는데 어머닌 가갸거겨 열넉 줄 동동 암기했대. 편지 쓰고 편지 보내기도 할 수 있었대. 일 이 삼 사 잘 하니깐 일본사람이 "최고 잘 한다." 했다는 거라.

어머니 고향은 인행이(인향동), 아버지 고향은 사구수(좌기동)야. 마을이 서로 가깝지. 무릉2리가 그 전엔 가운데 마을 사구수였어. 그 옆이 인행이, 고바치(평지동). 다 한 마을이지, 근데 이장은 단 한 사람이 맡았어. 지금도 이장은 한 명이지.

옛날엔 아버지들끼리 얼굴들 안 보고 사돈하자고 했잖아. 그렇게들 많이 했어. 두 아버지가 자식들 결혼시키자고 해서 일본에서 어머니 아버지를 불러 고향에서 결혼 시켰대. 어머니 스무 살이었어.

결혼만 하고 부모님은 일본에 다시 갔어. 우리 언니하고 난 일본서 낳은 거

◀ 아버지의 유해를 찾은 고영자 씨가 유골함 앞에서 흐느끼고 있다.

지. 언닌 나보다 네 살 위. 가운데 아들이 있었을 건데 어쩌다 어머니가 죽은 아길 낳았다는 거라. 그러니깐 아버지가 막 울었대. 그래서 우리 아버진 아이 욕심이 있었던 모양이라. 딸 둘 뿐이니깐 자식들한테 욕도 하지 못하게 했어. 아버진 언니한테 아무거나 다 사줬어.

딸이라 해서 누가 뭐라 하면 싸움이 나는 거라. 아버진 자상했어. 내 머리카락 하나하나 손으로 빗겨줬어. 머리카락이 잘 엉키니깐.

아버지가 고향에 온 건 일본 전쟁 때야. "조센징 놈들 다 죽인다" 사진 들고 일본 사람들이 난리치니깐 아버지가 "죽어도 일본놈 손에 안 죽고 조선 와서 죽어도 죽겠다."고 고향에 와버렸어. 우리 언니 일곱 살, 나 세 살에. 언니 일본 이름은 기미짱.

우리 어머닌 "메가네 공장 해서 돈 잘 벌 건데 다 내버리고 왔다. 다시 일본 가도 메가네 공장 할 수 있다." 했어. 일본 살던 우리 외삼촌은 "너희들은 앞에 가라. 우린 뒷 배에 가마." 고 같이 오지 않았어. 그러다 해방 되고 외삼촌은 일본에서 돌아가셨어, 사촌들만 일본 살고 있지.

아픈 딸 등에 업고 달리던 아버지

고향에서 할 수 있는 게 농사밖에 없잖아. 보리, 조, 콩 같은 농살 지었어. 내가 어려서 멋대로였나 봐. 어릴 적 기억 나. 하루는 아버지가 쉐(소) 먹일 촐(꼴) 베러 갈 때야. 우리 집 닭이 병아리 열두 개를 낳았어. 이놈들이 마당에서 막 돌아다니는 거야. 아버지가 "너 어디 가지 말고 이 병아리들 잘 지켜라. 가마귀 물어간다." 말하고 간 거야. 난 "예." 큰 소리를 쳤어. 그래놓고 난 언니네 학교에 연극 구경하러 가버린 거라. 병아리가 죽거나 말거나.

학교 갔다 와보니 에미만 졸락졸락. 이리 저리 돌아다니고 있는 거라. 아이고, 더럭 겁이 났지. 병아리들은 다 어딜 가고.

 그러는데 그때 막 내 다리에 피부병처럼 붉은 것이 스멀스멀 올라오더라고. 종아리에도 발발발. 아이고, 아버지가 촐 비고 돌아와 보니깐 딸이 죽어가고 있잖아. 다리로 시뻘겋게 올라오는 걸 보고 놀라서 수건으로 내 허벅지를 딱 묶고 등에 업고 달렸어. 병아리고 나발이고 어딨어. 근데 그 병이 머리까지 올라오면 다들 죽는다고 말들 하니깐 겁이 난 거지. 나를 업고 침 주는 의원 할아버지한테 갔어.

 거기선 이만한 동침 그걸로 나를 꽉꽉 찌르더라고. 궂은 피 다 빼는 거라고. 침 맞을 때는 얼마나 아팠는지 내가 다 죽었어. 막 우니깐 아버지가 나를 안아 줬어. 집에 오니깐 아버지가 이빨로 날콩을 꾹꾹 씹어서 그걸로 내 다리를 칭칭 쳐맸어. 그렇게 하니까 신기하게 나았어. 그런 아버지였어. 그런 아버지가 얼마없어 죽었어. 나도 그때 죽었으면 4·3도 안 겪었을 텐데. 아이고.

철모 쓴 놈들이 '파방파방'

 그때 다들 농사만 지었잖아. 언제부턴 아버지가 일하다가 자꾸 곱으러(숨으러) 가야 한다는 거라. 난 어렸으니 왜 그런지 모르지. 우리 아버지하고 언니네가 숨으러만 다니는 거라. 한번은 데스카부도(철모) 쓴 사람들이 총 들고 학교에 와서 총 파방 파방 막 쏘는 거라. 그때 아버지하고 마을사람들은 다 숨으러 가버리고. 조금 나이 먹은 아이들도 다 같이 숨으러 가고. 근데 더 어린 아이들은 안 갔어. 나도 그냥 있었어. 어리니까 잡아가지 않는다는 거야.

 우리 동네 아이들 셋이 우리 집 마당에 앉아서 놀고 있었어. 갑자기 총 들고 데스카부도 쓴 놈들이 왈왈 들어오는 거라. 궤고 뭐고 고팡(곳간)엣 거 막 꺼내고 밖으로 내던지는 거라. 아버지 어디 갔냐고 안 하고. 얼마나 무섭겠어.

우린 "아이고, 저 사람들이 우릴 죽일 것 같아. 빨리 나가자, 나가자." 놀던 아이하고 나하고 둘이 남의 집 대왓(대밭) 있잖아. 대왓 칭칭한[빼곡한] 그 대왓에 가서 숨어 있었어. 그 대왓 숨은 데서 보면 큰 길이야. 거기서 총소리가 파방파방. 대왓 위로 총부리가 짱짱 내려가는 거라. "아이고, 우린 죽었다." 숨도 쉬지 않고 있었어. 그 담에 탁 숨어서 내 생각에는 한 시간쯤 있었어. 그러다 총소리가 안 나고 끔끔해지는(뜸해지는) 거라. "이제 갔구나, 나가자" 해서 집으로 갔어. 집에 와 보니깐 옷이고 뭐고 막 엉망. 난리치고 가버린 거지.

언닌 숲으로 가서 삼동만 따 먹고 와

아버지하고 언닌 곶(숲)에 숨어있다가 나왔다고 했어. 그러니깐 아무 소리도 못 들은 거라. 언닌 입이 새카맣더라고. "언니! 무사 입 시커멍핸 (왜 입이 새까만 거야)?" 하니깐 "삼동 따먹었어." 하는 거라. 언닌 삼동만 타 먹다 온 거지.
"나도 데령 가지. 여긴 군인들, 데스카부도 쓴 놈들이 와서 막 총질해서 우린 죽을 뻔 했어." 내가 막 울면서 그랬어. 근데 아버지하고 언닌 숨은 덴 총소리고 뭐고 아무 소리도 안 나더라는 거라. 그땐 삼동 타 먹을 때니깐 양력 5월은 됐을 거라. 작은어머니가 너넨 안 곱아도 된다는 거라. 우리도 죽을 뻔 했는데.
집을 몬딱(전부) 불 질렀잖아. 누가 불 질렀는지 몰라도. 그러니깐 동네 사람들이 모슬포고 어디 해변으로 다 내려가는 거라. 마을에 살 수 없었어.

왕할머니가 아버지 키워

우리 아버진 낳아준 어머니하고도 잘 살아보지 못했어. 아버지 생모, 그러니깐 우리 친할머니가 말했어. 우리 아버지 하나 낳고 사는데 할아버지가 일본 가서 몇 년 동안 돌아오지 않았대. 할머닌 할아버지를 기다리다 시어머니한테

"이 아이 데리고 살고 있으면 나 일본 갔다오쿠다(갔다올께요)." 했다는 거라. 아무런 편지 소식도 없으니깐 일본 가서 남편을 찾아보겠다고 할머니가 일본을 갔어.

가 보니까 남편이 공장 하면서 '검은질'서 온 할망을 얻고 살고 있더라는 거지. 그러니 할머니가 막 화가 났지. 나도 이젠 조선 들어가지 말고 공장 일이라도 하겠다고 눌러 앉았대. 한 달 쯤 일을 하다 보니깐 화가 나서 더는 일을 못하겠다고. 할머닌 다시 조선으로 확 들어와버렸다는 거지. 할머닌 시어머니한테 손자를 맡아서 키우시라고. 남편이 다른 각시를 얻어 살고 있으니 당신은 이 집을 떠나겠다고 나가버렸대.

그러니 우리 왕할머니가 아버지를 키우게 됐어. 옛날엔 왜 남자들이 각시를 여럿 했는가 몰라. 그렇게만 안 했어도 할머니가 재가하진 안 했을 건데.

할머닌 저 대정 모록밭 하르방, 세 살 난 아들 하나 있는 집으로 재가했어. 거기 가서 딸 둘을 낳았어. 그러니 나한텐 고모님 두 분이 되는 셈이지. 근데 재혼한 집 그 남편도 일찍 죽어버렸어.

할머닌 당신이 낳지는 않았지만 거기 남편네 세 살 난 아들 공부도 시켜주고 장가까지 보냈어. 나중에 할머니가 억척스럽게 일 해서 돈 벌고, 집도 사 주고 딸들한테도 밭 하나씩 물려줬지.

일본에서 와서 재가해버린 어머니

이상한 팔자야. 우리 어머니도 일본에서 돌아와서는 우리하고 안 살았어. 와보니 계모 시어머니가 있었잖아. 그 시어머니가 어머니한테 일도 못한다고 구박을 말도 못하게 했다는 거라. 구박만 하니까 일곱 살 언니를 아버지한테 맡겨두고, 세 살짜리 나만 데리고 친정에 가 버렸어. 우리 어머니 형제는 4남매. 외할머니가 열 두 아기를 낳아서 넷만 살았다고 해. 아들 둘, 딸 둘.

우리 외가는 부자였어. 할아버지가 제주 전체 돌고래 잡으러 다녔어. 돌고래가 한림 바당 어디어디에 있다는 걸 잘 알았대. 그러니깐 아는 걸 지도만 그려줘도 돈을 받았지.

인부들한테도 이렇게 해라, 저렇게 해라 시키기만 하고 그 돈을 받아. 돈 받고 인행이(인향동) 와서 엄청 큰밭도 샀어. 근데 외가 큰 삼촌이 일본에 가버리니깐 다른 삼촌들이 다 팔아먹었어.

친정에 가 있던 엄마가 날 데리고 재가했어. 다시 시집을 간 거라. 근데 재가해서 가보니 거기 큰 부인이 있었어. 그러니 아들 하나 임신하고 얼마 안 살고 나와버렸어.

아버지의 재혼

어머니가 가버리니까 아버진 혼자 됐잖아. 일본에서 무슨 공장에서 일 하다가 온 우리 할아버진 이장질을 10년 했다더라고. 그렇게 똑똑했어. 우리 할아버지 고중화라고 하면 모르는 사람이 없었다고 해. 그러니 할아버지가 우리 아버질 처녀장가 보내겠다고 신평리 처녀를 구해서 날짜까지 정했어.

근데 그때 어떤 사람이 그 집에 고자질을 한 모양이라. 딸 둘이나 있는 집에 딸을 주려고 한다고. 그러니깐 신평리 처녀하곤 파혼된 거라. 우리 할아버지가 이번엔 감산리 여자를 구해서 아버지를 장가보냈어.

그때 어머닌 나를 다섯 살까지 키워서 아버지한테 다시 맡겼어. 날 맡기고 떠날 때가 기억 나. 내가 막 어머닐 안 떠나려고 했어. 감산리에서 온 작은 어머니가 날 업었어. 다섯 살인데 자꾸 업으니까 내가 머리를, 작은어머니 머릴 막 잡아당겨 버린 거야. 우리 엄마가 날 떼놓고 다른 길로 도망가는 걸 내가 딱

올레 울담 동백꽃 아래에 선 고영자 씨.

봤거든. 내가 막 땅바닥에 뒹굴며 울었던 기억이 생생해. 작은어머니가 "내가 내일 니네 어멍한테 데려다주마." 그렇게 해서 겨우 달랬어.

작은어머니 모슬포 모래밭에서 희생

감산리서 온 우리 작은어머닌 아버지보다 먼저 시국에 죽었어(49년 1월 17일). 작은어머닌 순경들인지 폭도들인지 하여튼 멜캐, 모슬포 바닷가 모래밭, 거기서 총살 당했다고 해. 왜 그런진 나도 모르지. 그런데 수습하러 갈 사람이 없었대. 모슬포에 살던 언니들이 와서 데려다가 묻어줬다고 해. 우리 할머니 말씀이.

작은어머닌 아기도 못 낳았어. 성씨도 몰라 [주: 감산리 희생자 오사규]. 그

때 제일 첫 고통으로 죽었다고 해. 아버지하고도 두 해 살았나. 얼마 못 살고 떠난 거라. 그 작은어머닌 아주 조그마한 사람이었어. 그때는 다들 억울하게 죽었잖아. 오래 살아보지도 못하고 그 시국 만나 일찍 갔어.

그래도 요망진(야무진) 사람이었어. 이제 생각해보면. 아버지 호에는 우리 친정어머니가 들었어.

4·3에 아버지 피신시킨 할머니

내가 여덟 살 되니까 막 시국이 엎어진 거라. 막 시끄러워가니깐 친할머니가 아들 걱정이 돼 데리러 왔던 모양이라. 촌에 있으면 남자들은 다 잡아간다고. 할머니가 아버지를 데리러 왔어. 아버진 모슬포 생모 집으로 잠깐 몸을 피했던 모양이라. 아버진 거기 가만 있어야 하는데 시국이 조금 잠잠해지는 것 같으니깐 이젠 무릉리로 가도 된다고 생각했나 봐.

아버지가 "고향 사구수에 얼른 다녀 오쿠다(다녀오겠습니다)." 하니깐 할머니가 "그래도 가지마라. 재수 없으면 잘못 된다. 가지 말라 가지 말라." 했다는 거라. 아버진 두 딸이 너무나 보고 싶었던 거야. 아무 일도 없을 거라고 집으로 다시 돌아간 거라.

집에 가자마자 순경들이 톡 잡아가 버렸어. 재수없이. 아버지도 할머니 말만 잘 들어서 그냥 있었으면 죽지 안 했을 건데. 딸들이 궁금해서 왔다가 걸린 거지. 아버질 모슬포 경찰서에 가둬버리니깐 할머니가 바지 저고리 한 벌을 갖고 거기로 갔어. 경찰들한테 이거라도 입혀달라고 통사정을 해도 경찰들이 "할망 저리 가라."고 총대로 자락자락 찌르고, 밀쳐버리고. 옷도 못 주고 돌아왔다는 거야.

아버지, 트럭에 실려 제주시로

며칠 있다가 아버지 소식이 왔어. 한 트럭 가득 사람들 싣고 제주시 쪽으로 갔는데 거기 우리 아버지도 보였다는 거라. 외삼촌이 옛날에 제주시에서 이발소를 했어. 얼핏 트럭에 앉은 거 보니깐 아버지 같더라고. 어디로 가서 죽인 건 몰랐지. 이번에 우리 아버지 신체(시신)를 공항에서 찾았으니까 공항에서 죽여 버린 거지.

그러니 아버지 소식은 언제부터 없어졌는지 모르겠어. 나 일곱 살에 아버지 없어졌잖아. 간 곳 없이. 죽어도 조선 땅에서 죽겠다고 온 아버진 진짜 조선서 죽은 거지. 하도 고생하니 그때 일은 잊어버리질 않아. 머릿속에 담아져(담겨) 있어. 아이고, 우리가 죽지 않고 살아서 지금 이렇지. 명이 기니까 살았지. 아버지만 살았으면 우린 정말 행복했을 거라.

함바에서 밥 해 먹고 보리낭 속 잠

그때 우린 왕할머니 따라 영락리 피난 가서 산 거라. 그러다 끔끔해지니까(잠잠해지니까) 사구수에 와서 함바 짓고 살았지. 그때 우리 친정어머니가 다시 재가해서 얻은 아들 하나를 데리고 왔어. 나한텐 남동생인 거지.

우리 어머닌 저 남원리 쪽으로 신사라(신서란), 신사라 있잖아. 끈 엮는 질긴 거. 그걸 뱃사람들한테 팔려고 남원리 쪽으로 간 모양이라. 어머닌 그거 해서 모슬포 와서 팔고 했어.

어머니가 장사하러 밖으로 나갈 때면 어머닌 남동생하고 나히고 남의 집에 맡기는 거라. "장사 가니깐 올 때까지 집에 이시라(있어라)."는 거라. 함바집이니깐 밥 한다고 불을 피우다가 불 날까봐 걱정이 됐던 거지.

근데 한번은 어머닌 오지 않고 깜깜해서 밖이 무서운데 오줌이 마려웠어. 그

때 아홉 살. 요강 단지를 찾지 못해 허둥대니까 우리 맡은 집 주인이 "요강단지 거기 있어." 해. 찾다 찾다가 뭔가 있어서 오줌을 쌌는데 아침에 보니깐 낭푼이(양푼)에 오줌 싸버린 거라. 아이고, 막 미안해서 다시 그 집에 다시 들어갈 생각이 안 나. 웃을 일이라.

할 수 없이 어머니 사는 함바집 문을 겨우 뜯고 들어갔어. 오누이가 거기 가서 한 쪽에서 밥 하고, 먹을 거 주워 먹고 보리낭(보릿짚) 한 쪽에 깔고 보리낭 속에서 잠 자면서 살았어. 그러다보니 어머니가 돌아왔어.

난 "어머니, 다신 남의 집에 맡기지 말아예. 내가 잘 허쿠다(할게요)." 했어. 그 후부터는 어머니가 우릴 남의 집에 안 맡겼어. 우리끼리 살고 있으면 장사하고 온다 해서 나가고. 먹을 것만 놔두고 가면 우리끼리 먹고 살았어. 무섭지 않았어.

근데 우리 어머니가 장사 다니다가 아팠어. 옛날에 뭐 병원이 있나? 저 고산병원 하나 있었어. 아프니까 굿하고 침 맞고 해봐도 안 나았어. 이 오장이 탕탕탕탕 하는 병이야. 뭐 약초도 달여먹고 모인 좁쌀물을 먹어도 다 토해버리는 거라. 장사하면서 번 것도 굿하고 침 맞고 하다보니깐 돈이 없어졌어. 신을 것도 없어 맨발에 다녔어.

어머니 데리고 온 남동생은 자기네 할망네 집, 저 신평리에 내가 데려다 주고 왔어. 난 조금 철이 드니깐 조금만 먹고도 살았지.

아홉 살에 고산병원 심부름 아이로

나 아홉 살에 고산 병원으로 갔어. 그 병원에 심부름하러 간 거라. 어머닌 당신이 아프니깐 자식들을 내보낸 거라. "너희들이라도 어디 가서 살아야 한다"고. 고산장에 가서 검은 신발 사서 신기고, 몸빼하고 웃도리 사 입히고 병원에 데려 갔어. 병원에선 더러운 것들 닦고 마루 닦고 하는 그런 일 했어. 한 스무 날은 일 했어. 아이고, 난 어머니가 하도 궁금했어. 일을 하면서도 어머니가 죽었는지 살았는지 머릿속엔 어머니 생각만 뱅뱅 나는 거라.

우리 집은 그 고바치(무릉2리)서 일곱도리로 가면 금방. 그리 가면 두참 길인데 금방이라. 거기 있는데 어머니 생각만 나는 거라. 가만히 보니 병원장도 없고 환자도 없으니깐 이젠 안 되겠다 해서 어느 날 그냥 혼자 나와버렸어. 단숨에 어머니 사는 데로 걸어갔어. 가보니 집 기둥도 다 없어져 버리고, 구멍은 버렁버렁. 어머닌 없는 거라.

난 발버둥치며 막 울었어. 동네 사람이 왔어. "아이고 느 그디 고만싯주 무사 와시니(너 거기 그냥 있지, 왜 왔니)?" "우리 어머니 어디 가수과?" 했어.

이제 다시 거기 병원에도 갈 수가 없는 거라. 사람들이 왜 네가 도망왔느냐고 해. 그러다 어머니 소식을 들었어. 마을 사람들이 제주시에 외할머니하고 살고 있던 외삼촌을 찾아서 연락했다는 거라. 여기 누님이 죽어가고 있다고. 안 데려가면 동네에서라도 죽으면 묻어줄 거니까 와서 모셔가라고 한 거지. 연락 받고 무릉까지 외삼촌이 구르마로 어머닐 태우고 갔다고. 화물차에 궤하고 이불만 싣고. 근데 제주시에 모셔 갔으니깐 죽었는지 살았는지 모르겠다는 거라. 그러니까 너는 일하던 데 가라는 거야. 난 혼이 날까봐 다시 병원으로 가지 못했어. 몰래 도망치듯 와버렸으니깐 어떻게 갈 수 있겠어.

손이 작작 트고 피가 잘잘하도록 일만 일만

드릇밭(들밭)에 가서 한 열흘 감저꼴랭이(고구마 이삭) 주워서 먹고 있었어. 거지꼴로. 한번은 동네 사람이 "니네 할망 부잔데 넌 여기서 왜 이러냐?" 하는 거라. 고바치 사람이야. 그 사람이 내 손을 잡고 할망네 집으로 데려 간 거라.

고바치서 사구수는 금방. 난 안 가겠다고 해도 날 붙잡아. 작은 할머니가 코 맹맹한 사람이라. 코 막혀 말도 안 통해. 할 수 없이 가니깐 그 할머니가 일만 시키는 거라.

"물 길어 오라" "검질매라." 손이 그냥 작작 트는 거라. 머린 이가 바글바글. 피가 잘잘하고. 어머니 만나러 갔다가 작은할망 집에서 고생만 했어. 그땐 이(서캐)가 득실득실했어. 아홉 살. 그렇게 살 때야.

할아버지 소상 때 온 친할머니

우리 할아버지 소상 먹으러 모슬포서 우리 친할머니가 오더라고. 나 같으면 왜 당신을 버린 할아버지 소상에 오나 생각했지. "여기 우리 손자 어디갔냐?" 하는 거라. 나 때문에 온 모양이야.

와서 보니깐 내 머리에 이가 다글다글, 옷도 형편 없지. 작은할머닌 데려가지 못하게 하는 거라. 날 일 시키려고. 할머닌 "내 손자니까 내가 데려간다."고 날 데려갔어. "사람 집에서 사람 키운 거냐." 막 소리 쳐. 그래도 작은할머니가 생전 못 데려가게 하는 거라. 두 할망이 막 다퉈. 그러니 우리 친할머니가 날 지릉지릉(질질) 끌고 간 거라.

우리 언니, 스웨터 벗어 입혀준 언니

내가 열한 살. 할아버지 소상이야. 언니가 소상 먹으러(지내러) 왔어. 난 어떻게 살았는지 언니가 광주 산 섯노 몰랐어. 언니가 보이니까 그때야 언니가 있었던 것을 알았어. 언닌 열다섯이 된 거야.

◀ 고영자 씨가 겨울볕이 내리쬐는 집 마당에서 콩 작업을 하고 있다.

그때 언니가 쉐타(스웨터)를 입었는데 눈이 번쩍하게 입고 왔더라. 언닌 신발 사다가 날 신겨주고 울면서 쉐타 속에 입었던 독고리(스웨터)도 새건데 벗어서 날 입혀 줬어.

우린 언니 곱으러만 다니다 광주에 일찍 가버려서 진짜 4·3은 안 겪었어. 할아버지 친구가 광주에서 포목장사를 했는데 우리 아버지가 시국에 어떻게 된지도 모르니까 손잘 보내라고 한 모양이라. 수양딸로 삼겠다고 데리고 갔어. 언니는 글을 알거든.

소상 먹고 광주 가려는 언니를 작은할머니가 육지 가지 못하게 딱 막았어. 일 시키려고. 그러니 우리 언니도 매일 밭에 가서 검질 매고 물 길어 오고 막 일하기 좋은 때였잖아. 열다섯이니까.

언닌 아무 생각 없이 일만 하러 다닌 거야. 언니 고생한 것도 아무도 몰라. 죽게 고생한다는 걸 난 소문으로만 들었어. 그리 살다가 언니가 작은할머니 몰래 모슬포에 갔어. 친할머니 언니가 모슬포 살거든. 언닌 큰할머니한테 광주가는 버스비만 달라고 했어. 친할머니 언니가 준 돈으로 언닌 광주로 떠났어. 너무 힘드니까 도망친 거지.

신영물에서 부추, 갈치 장사 하던 열네 살

난 친할머니를 따라갔어. 할머니가 멜캐[대정읍 하모리 백사장, 과거에 멸치가 많이 나는 포구라 해서 붙은 지명], 저 모슬포 알뜨르까지 날 데려가서 상처난데 약 발라주고 하니깐 나도 새 사람이 됐어. 아고, 거기서도 난 죽게 고생했어. 우리 큰고모가 바농질(바느질)도 잘하는데 딸 하나 낳아서 이혼하고 할머니하고 살고 있었어. 가니깐 나를 머리 몬들락하게(매끈하게) 감기고 머리 깎아 이 잡고, 옷 전부 벗겨서 불살라버리고, 미녕(무명)으로 치마 저고리 만들어서 입혀줬어.

거긴 해변이니까 큰고모 작은 고모가 멜캐 바당에서 해녀를 했어. 난 큰고모 딸도 돌보고, 작은고모 아기도 봐주고 했어. 아기 울어가면 불턱에 애기 젖 먹이러 가고. 미역 구젱기(소라) 구워주면 먹고. 고모 애기 셋을 돌봤어.

우리 할머니 초가집 세 채에 빙빙 돌아가면서 새우리(부추)를 갈았어. 전복 껍데기로 그걸 비어서 딱딱 묶고, 모슬포 신영물에 가서 날 보고 팔고 오라는 거라. 난 구덕으로 하나 가득 등에 지고 가는 거라. 멜캐에서 신영물까진 한 참 멀지. 고모는 구젱기(소라)하고 전복을 팔고 오라 하고.

그렇게 신영물 장에 그걸 한 구덕 지고 먼 데까지 걸어서 가는 거라. 버스가 어딨어. 여기서 고림동까지 걸어가는 길만큼 멀어. 시키면 시키는 말만 들었지. 우리 아버지 살았으면 젤 행복하게 살았을 텐데 이젠 일만 하며 살 거로구나. 시키면 시키는 말만 딱 딱 들었어. 얼마 받고 오라 하면 그렇게 팔고 오고.

나는 장사도 잘 했나 봐. 돈을 잘 받아. 팔 때도 사람들한테 "이거 안 팔고 가면 집에서 밥도 안 주고 내쫓아붑니다." 했어. 그 신영물 시장에서 갖고 간 것 못 팔면 오일장 했던 자리에 간스메(통조림) 공장이 있었어. 거기서 근으로 팔고 오는 거라.

작은고모 남편은 배를 타고 있었어. 뗏마[쪽배]로 갈치를 잡아 왔어. 검은 갈치 다섯 개 씩 끼워서 열 개 지고 가서 얼마씩 받는 거지. 갈치 한 구덕 지고 어머니 사는 데 가니깐 우리 어머니가 다니면서 팔아다 줬어. 어머닌 대정골에 살고 있었는데 촌에 다니면서 갈치를 팔아줬어. 이거 팔았으니까 갖고 가라 해서 가져오고. 열네 살이었어.

어머니 보고 싶어 대정골로

봄이야. 장사만 하다가 하루는 우리 엄마가 무척 보고 싶은 거라. 어쩐지 생전 어머니 생각이 안 나는데 그날은 어머니가 보고 싶더라. 이젠 엄마한테 가서 살겠다고. 대정골 어머니한테 갔어. 아팠던 어머니가 살았다고 하는데 보고 싶었어. 엄마가 처량하게 난간에 앉아 있었어.

어떤 여자가 안으로, 골목으로 쑥 들어가는 거라. 그 골목으로 꼭 걷는 걸 보니깐 우리 어머니 닮은 거라. 거 이상허다, 딱 우리 어멍 닮다 해서 얼른 들어가 봤어. 보니깐 그 주인한테 이러 이러한 아이 여기 와서 사는 아이 있냐고 들어보고 있는 거라.

그러니깐 뒤에서 내가 "아이고, 어머니, 나야." 막 울었어. "어머닌 어디서 살아?" 물어보니깐 대정골 와서 산다는 거라. 무료병원에서 병 다 구완했다고. 돈 하나도 안들이고. 할머니가 나를 데리고 산다 하니깐 온 거라, 우리 어머니가. 딸은 어떻게 아들보단 조금 더 생각났는가 몰라.

바당에서 헤엄치다 물 길어가고

거기 여름엔 달이 환한 때 해수욕장 모래밭에서 친구들끼리 장기쌈을 했어. 장기싸움이라고 있어. 아래 내부치는 거(내동댕이치는 거). 옷이 다 찢어지는 거라. 고모가 "옷이 엇어점져(옷이 없어진다)." 하면. 담구멍에 가서 끼워버리는 거라. 난 모르는데 시치미 떼고. 바다에 가서 물 길어 오라 하면 물이 쌀(썰물) 때는 물 길어 물허벅에 놔두고. 바당에서 지치면 모래밭에 납작 엎어지는 거라. 다섯 친구가.

그렇게 자다 보면 우리 할머니가 와서 "요 조가비 손지야, 배고프진 안 허냐. 그 모래밭에서 얼른 나와야 밥이라도 먹지." 하는 거라. 그래도 물 봉봉 들면 그때야 물 길어서 집에 갔어. 할머닌 야단치지. 난 아이들하고 막 놀고만 싶었어.

그러다 내가 고모하고 사이가 나빠졌어. 아기만 보고. 공부는 시켜주겠다 하지도 않고. 일만, 일만 하게 했으니까.

이제 우리 큰고모는 돌아가셨고, 작은고모도 나 이렇게 아파서 연락도 안하니깐 죽었는지 살았는지 몰라. 큰고모 죽은 때는 갔다 왔어.

모슬포 군부대 앞에서 고구마 장사

제1훈련소가 모슬포에 있었잖아. 그때 우리 어머니가 거기서 장사하고 있었어. 그땐 여럿이 그 앞에서 떡도 팔고. 고구마 장사를 나갔어. "아저씨, 아저씨 고구마 사세요. 고구마 사세요." 처음엔 목소리가 안 나와도 자꾸 하면 되는 거더라. 그 훈련 장소에서는 점심시간에 두 번 군인들한테 자유를 주는 거라. 쉬는 시간에. 우린 고구마 반씩 잘라서 양재기(알루미늄 그릇) 오그라진 것을 안으로 톡 튀어나게 해서 거기 고구마 3개 놓고 팔아. 근데 군인들이 돈이 없으면 빼앗아서 먹어버리는 거라. 그런 군인도 있었어.

구덕(차롱)은 옆구리에 차버리고. 돈부터 확 빼앗고 모자 안으로 착 넣는 거라. 그러다가 조교놈이 장사꾼 왔다고 막 쫓아내거든. 난 파짝 튀었어(펄쩍 뛰었어). 튀다가 내가 이만한 돌에 걸려서 탁 고꾸라졌어. 아이고, 그래서 지금 이 다리가 이렇게 됐어. 구덕도 놔두고 가고. 아이들도 다 도망가고 나만 거기서 둥글고. 막 둥그러져도 군인들은 비룽이 보다 가버리더라. 친구들이 와서 날 끌어다 줬어. "일어나라, 일어나라." 해서 부축해줬어.

에구, 우리어머니가 오일장에 가서 침 주고 다리를 주물러 주는데 며칠 데리고 가서 치료해줬어. 어린 때니까 나이도 그 후유증이 이제 나타나는 모양이라.

일요일엔 물통에 빨래하러 군인들이 오는 거라. 빨래하고 돌담에 걸쳐 말려서 가잖아. 그러면 우린 또 물가에 고구마 팔러가고. 돈 없는 군인들은 소나무 새순, 그거 벗겨서 먹고. 그 쪼라운 거(떫은 거). 돈 있는 사람이 고구마 사서 그 껍데기 벗겨 먹고 나면 그 껍데기 주워서 먹고.

화랑 담배도 팔아. 돈 없으니 화랑 담배하고 바꾸기도 했어. 요망지지(야무지지) 안 하면 장사도 못 해. 한번은 화랑 담배 속에 낭개기(나무가락) 담았더라. 눈 속였어. 화랑 담배를 까서 보니 낭개기만. 돈도 천 원짜리를 반쪽짜리로 준 거야. 그 신병이 천원을 반씩 잘라서 두 군데서 사는 거야. 반쪽 받은 친구랑 돈을 붙여서 그 돈을 잔돈으로 나눴어. 그땐 나도 열다섯 살. 아이고, 말을 말아. 아휴, 그런 세월.

나도 목숨이 길어서 살았어. 나 고생이 말도 못했어.

열여덟 살, 옹기장사로

어머니도 고생이 이만저만 아니었지. 저 표선면 가서 신사라(신서란) 뱃 노끈을 뱃사람들한테 팔러 갔어. 여름엔 가파도에서 베개 만씩 한 참외를 받아다가 모슬포서 팔았어. 가파도 참외 그땐 정말 크더라. 어머닌 또 옹기장사도 했어. 난 그 사이에 남의 집에 서로 도와서 일 하는, 수눌음 있잖아. 조검질, 보리검질, 콩검질, 매면서 살았어.

어머니하고 그리 살다가 열일곱 되니까 나도 어머니처럼 할망들하고 옹기장살 다닌 거라. 어머니가 옹기장사에 날 붙여줬어. 자본을 당해준(대준) 거지. 이젠 항아리 같은 거 안 만들지만 옛날엔 많이 했어. 신평 고산 고분다리에 옹기굴들이 있어. 거기 아무날 예약 했다가 굴에서 나오는 옹기, 그릇들 전부 사다가 파는 거지. 트럭에 한 차 싣고 옹기 사이에 앉아서 가만히 눈 감으면 옹기 부딪는 소리에 조마조마했어. 제주시 서문시장에 가서 한 차 내려서 팔고. 조천 가서 한 차 퍼서 팔고. 삼양서 팔고.

큰 항(항아리) 두껑이 있어. 요만큼씩 작은 단지, 놋사발 거기 엎어놓고 검질 놓고 큰 다라이(대야), 나무 놓고, 그릇 놓고 배로 그걸 얽어. 항 두 개를 얽어 양쪽에 묶어. '알항'이라고 하는 거. 위에 장태를 덮는 거라. 장태로 덮어서 가운데로 지고. 그 1미터 높이 되는 항아릴 두 개 지고 갔어. 알항 속에는 조막단지 놋사발 고봉 검질 담아서 톡톡 엎어. 여기 저기 묶어서 지고 가는 거라. 엄청 무거워. 옹기가 고역이라. 힘이 부칠 때가 많지. 키도 조그만 아이가. 내가. 한 10리쯤은 쉬멍쉬멍 가는 거라.

제주시 촌구석 집집마다 네 사람이 지고 가는데 난 창피해서 그냥 있으면 할망들이 콩 주면서 바꿔 와. 네 사람이 같이 옹기 장살 나가면 둘은 팔러 다니는 거라. 둘은 또 옹기하러 왔다 가고. 8월에 가면 새해 봄 나야 우리가 오는 거라.

사람 하나만 보이면, 남의 집에 들어가서 꼭 항이나 그릇을 꼭 다른 물건하고 바꾸고(바꿔) 오는 거라. 그땐 자기네 농사한 것들로 값을 받지. 그 곡식 지고 장에 가서 팔고 그릇 값도 갚고.

한번은 사라호, 그 태풍을 만났어. 8월 멩질(명절)에. 태풍 끝나고 서귀포 효돈 남원 가서 한 차 가득한 옹기를 퍼서 팔고 올 때야. 거기 보니까 그 센 태풍에 사쿠라(벚꽃)가 양 쪽에 좌악 다 드러누워 있는 거라. 이만씩(팔을 양쪽으로 크게 벌려) 한 거. 사람들이 톱으로 나무를 자르고 있더라. 그 큰 나무가 다 태풍에 불려버린 거라. 한참 지나 밀감 따러 거길 가서 보니 나무가 아름사게 다 컸더라. 옹기 팔러 안 다닌 마을이 없어. 마을마다 먹는 것도 다 다르고, 농사도 다르니까 경험도 많이 했어.

남원리 조핍(조밥)은 먹지 못히겠더라고. 좁쌀이 흐리지 안 해. 뜬 땅이라. 모인조 같은 거만 돼. 바각바각. 메밀 놓고, 고구마 놓고 범벅 만들어서 열흘간 먹다가 왔어.

송당, 그쪽 사람들은 옹기 팔러 가보면 피 갈아서 피를 열두 번 쳐서 손님 오면 밥을 줘. 한 차를 파는 기간이 열흘. 한 1년 정도 이 장사를 했어.

포천으로… 양장점에서 바느질 생손 알려

옹기 장사는 정말 힘이 들었어. 친구가 그때 경기도 포천에서 양재 일을 하고 있었는데 육지 오라는 거라. 대정골 살 때야. 친구들도 가자고 했어.

그때 우리 동네 군인 간 오빠가 휴가 왔다가 돌아갈 때였어. 마침 그 친구 생각이 나는 거야. 친구한테 "나도 육지에 불러줘" 했어. "어떻게 올 거냐" 하니깐 마침 그 군인 오빠 부대가 포천을 지나간다는 거야. 내가 그랬어. "오빠, 나 거기까지만 데려다 줘." 그 오빠가 가다가 나를 내려줬어. 포천 가서 전보 치고 친구 만나 그 집에서 하룻밤 잤어. 근데 친구가 "그 사이에 오꼿(그만) 다른 아이가 들어갔어." 해. 그 공장에 자리가 없다는 거라.

처음엔 우리동네 아이가 2명이 있는 공장으로 가려고 했어. 보일러 하는, 아는 오빠도 있고, 다른 일 하는 아이도 있는 공장. 근데 친구가 포천 가까운 데, 이동이라는 데 가면 자기네 주인 아주머니 친구가 양장점 한다고. 공장에 일 나올 때까지 밥 사먹으려면 돈도 필요하니 거기 있다가 공장에 자리 나면 오라는 거라. 당장 밥 먹고 살아야 하니까 어쩔 수 없잖아. 아주머니가 이동에서 날 데리러 왔어.

그 아주머니 따라 빅토리 양장점에 갔어. 그땐 원피스라도 단단하게 풀 먹여서 다리미로 꼭꼭 다릴 때야. 반도(벨트), 허리벨트 단단한 것도 풀 먹여 꺾어서 다려야해. 손가락 끝이 바늘에 콕 찔리면 생손이 잘 아리는 거라. "아이고,

아줌마, 난 바느질하면 생손 알려서 일을 못하겠어요. 콩나물 공장 일 나면 당장 나갈 거니까 그런 줄 아세요." 해뒀어.

　일 하다 밤에 꼬닥꼬닥 막 졸면 밖에 나가 바람 쐬고 오라고. 그 옆에 나이트클럽 있었어. 춤추는 데. 바람 쐬러 가서 구멍으로 구경해. 불이 휘황찬란 돌아가고 춤들 추는 거라. 그걸 보다가 정신 바싹 차려지면 들어가서 일 해. 앉으면 또 졸려. "넌 자라." 해도 잘 수 있나. 주인이 가야 그 다림질 하는 위에서 잠을 잘 건데.

　양장점 주인은 기술 배워서 이 다음에 서울 가서 써 먹으라 해도 난 아이고, 바느질은 못하겠더라. "이건 못 하겠어요" 했어.

　두 달인지 석 달인지 양장점 일을 하고 있는데, 친구 편지가 왔어. "이 편지 받는 즉시 곧 와라. 이제 일자리 났는데, 이번 기회 놓치면 안 된다."는 거라. 난 차비해서 거기 갈 때 남은 돈 5만원이 있었어. 새로 화폐를 교환한 때야. 5만원 남은 걸 주인한테 미리 빌려주었는데 그 주인은 돈 달라고 하니 돈을 주나? 돈 없다는 거라. "그러면 차비만 주세요" 했어. 그때 돈 5만 원이 참 컸는데 차비로 딱 돈 5백 원만 주니까 그 돈으로 차를 타고 돌아온 거라. 2백 원 남았더라고.

　친구 집에 와서 일 할 곳에 연락했어. 아고, 그 일자리에 바로 어제 새 사람이 들어가 버렸다는 거라. '이젠 어디 먼 곳엔 가지 말아야겠다' 생각했어. 가까운 데 있어야 자리 나면 빨리 들어가지.

　마침 군인 대위 각시가 그 옆집 사람이 양장점에 왔다가 내 말을 들었어. 그 각시가 "우리 집에 와서 우리가 서울 가버리면 집도 지키고 하라."고. 방 있으니까 거기 와서 불 때고 자라고. 그렇게 해서 그 집에 갔어. 한 스무날 있으니까 친구가 공장에서 달려 왔어. 자리 났다는 거지.

그 말 듣자마자 잠 자려고 불 때는 거 바가지 물로 잘락 비워두고, 아주머니한테 "공장에 일 나서 갈 거니까 그런 줄 아세요." 했어. "그래, 가라. 가라. 안 그러면 서울까지 데려가려고 했는데." 하는 거라. 난 시키는대로 일은 잘 했으니까.

중노동 콩나물 공장에서 3년

콩나물 공장에 갔어. 아이고, 사람 사는 것이. 이불이, 돌래떡[굿상에 올리는 둥그렇게 만든 떡]만한 이불 하나에 다섯 여자들이 자는 거라. 방 때니까 바닥은 따뜻해도. 그 이불 서로 잡아당기면서 자는 거라. 난 그날 저녁 아무 것도 안 덮고 거기서 잤어. 그 부자한테 "돈도 돈이지만 이거 어떻게 잘 거냐. 이불이라도 하나 있어야 잘 건데" 말했어. 친구가 시장에 가서 이불이라도 하나 사고 공장 옆에 방이라도 빌려서 너랑 나랑 살자는 거라. "돈 벌면 줄테니 네 돈으로 하라." 했어.

공장 옆에 방 하나 얻고 이젠 이불, 옛날엔 이불도 주럭(헝겊) 닮은 것에 누빈 솜이라. 그런 거 하나, 담요 하나 사고(사서) 갔어. 동네 오빠는 보일러 때는 데서 일했어. 그 오빤 우리 방에 불 때서 자라고 철조망 밖으로 장작을 막 건네주는 거라. 추우면 병 걸린다고. 그래도 그거 안 땠어. 콩나물 공장이 막 따뜻해.

콩나물 공장은 완전 중노동이야. 푸대로 콩이 들어오는 거라. 가마니 40킬로짜리 갈구리 쿡 찔러서 등때기에 지고 물탱크에 갖고 가는 거라. 스무 개씩 물에 담가. 가마니 열 개, 다섯 개는 졌어. 한 50미터는 지고 가야 해. 거기 물이 오르면 시루에 안쳐. 한 사람이 그걸 스무개 씩 맡아서 콩나물이 클 때까지 기르는 거라. 시계도 없어서 호루라기 찬 사람이 휙 하면 한 번 뿌리고. 콩나물 크기 따라 물을 3번. 4번... 작은 건 1분, 큰 것은 10분, 이런 식으로 물을 뿌려.

각자 콩나물 뽑아서 물 줄 때마다 증거로 남겨두는 거라. 엎어져 그걸 뽑아서 가마니에 담아놓고 바깥으로 내치면 부대에서 가져가는 거라. 한 20일 걸릴 거야. 시루가 막 커. 탱크가 시멘트 탱크라.

 키 작으니까 발판 큰 것 놓고 올라서서 물을 사방으로 줘. 잘 안 주면 콩나물이 썩어. 내가 콩나물을 잘 키우니까 사장이 빵도 사다주고. 다른 사람들은 물을 너무 많이 주다보니 썩은 것들이 많았어. 물을 너무 안주면 잔뿌리가 생겨. 기술자가 시루를 확인해. 그때 연화 언니는 물을 잘 줘도 콩나물이 잘 썩어. 난 대강 해도 잘 커. 진짜로 싼 노동이지. 밤에 세 번 일어나 물을 줘야 해. 낮에 세 번 물 주고. 하루 종일 신경 써. 사장이 자꾸 썩는 언니 걸 내가 맡아 해보라고 했어. 내가 못 하겠다고 했어. 그랬더니 "영자는 모슬포 신영물에서 콩나물 장사만 하다 오니 잘 키운다."는 거라. 우리 제1훈련소 때 갔다 온 사람이어서 짐작해서 말했던 것 같아.

 내가 썩는 시루를 맡아서 키우니까 시루가 터지게 잘 크는 거라. 썩는 콩나물은 뽑아보니까 아래 뿌리가 누렇더라고. 너무 물이 많았던 거지. 난 그걸 알지. 콩나물이 물을 많이 먹을 때는 물 많이 줘야 잔뿌리가 안 나지. 잔뿌리 날 때는 열이 많이 나는 거야. 사람도 열이 많을 땐 열 조절을 잘 해야 해.

 어릴 때 물을 잘 줘야 잘 크잖아. 콩나물 싹 부터 잘 줘야해. 어린 것은 열이 많은 걸 감안해야지 무조건 물만 주면 안 되는 거야. 공장 책임자가 각자 맡은 시루마다 열을 재. 썩는 것도 모르는 공장장이지. 사장이 "기술자 뭔 필요 있어." 하는 바람에 기술자가 날 미워했어.

 콩나물은 군부대에 납품했어. 두부도 납품하고. 탄고(탱크)에 길러서 가마니에 뽑은 걸 담으면 아침에 부대에서 가지러 오는 거지. 또 한 차 싣고 오면 창고에 날라서 쌓아놓고 일하는 거지.

콩나물 공장에서 일해서 번 돈 5만 원을 어머니한테 보냈어. 곗돈 타서. 어머닌 철 구르마[쇠로 감싼 나무 바퀴를 단 마차] 쓰다가 고무 구르마[타이어를 단 마차]를 샀다고 해. 집에서 육지 갈 때 옹기장사 해서 어머니한테 소 한 마리 사드리고 갔어. 그게 송아지 열두 마리 낳았는데 어머니 아들이 다 팔아먹었다고 해. 콩나물 공장은 한 3년이나 4년 정도 했나. 난로에서 밥 해 먹고. 두부공장에서 두부 갖다가 찌게 해 먹고. 그 정도 공장 일은 앉아서 산 거나 마찬가지. 공장 뒤에 극장이 있어서 보름은 영화 구경도 했어. 그땐 테레비도 없으니까. 사진도 찍고. 돈 받으니까 양장점 가서 옷 맞춰 입고.

난 지금껏 어딜 가도 일을 잘 한단 말 들어. 일 하러 가면 요령 피우는 사람이 있어. 남의 밭에서 일 할 땐 더 잘 해줘야 해. 일할 때면 사람 성질이 나와. 육지 어디 가도 요령 피우지 않고 여럿이 일을 해야 일이 잘 끝나잖아.

독감, 다시 고향 제주로 가던 길

내가 독감에 걸렸어. 콩나물 공장은 위생이 철저해. 석달에 한 번씩 위생검열을 해. 먹거리니까. 근데 내 폐가 나빠졌다는 거라. 공장장이 와서 "영자야, 너 집에 가면 고칠 거니깐 딴 공장에 가지 말고 집에 가서 고쳐와 이~" 하는 거라. "아프지 않으니까 해서 놔두지 말고 꼭 가야 돼. 나아서 꼭 다시 와야 돼." 하는 거라. 난 그냥 "알았어요." 하고 나왔지.

그때 친구들 셋이 거기 갔을 때라. 우린 부산으로 해서 집에 가자고 했어. 목포로만 다니다가 부산으로 오니까 태풍주의보를 만나버린 거라. 태풍주의보 내리니 할 수 없이 여관을 갔어. "우리 온 김에 범일동 시장가서 구경하자."고 했어. 범일동 시장 가니깐 전부 나이롱[나일론] 옷들. 거기 가서 어멍 옷, 동생 옷 선물 샀어. 이젠 셋이 국제시장에 갔어. 문 탁 여니까 눈물이 잘잘(주루룩). 나이롱이 막 독한 거야. 그땐 곰보 나이롱 꽃, 나이롱 몬딱 나이롱이라. 자갈치는 생선 파는 시장이잖아. 배고픈데 셋이 밥 한그릇 사 먹고. 3일을 거기서 살았어.

태풍 덕분에 그 구경만 한 거지. 안 그랬으면 목포로만 다녔지. 그렇게 해서 집에 오니깐 걸음을 걸을 수가 없어. 노곤한 게 힘이 하나도 없는 거라. 어머니가 밭에 가면 두 번 세 번 쉬어야 밥을 갖고 갈 수 있었어.

계란 100개로 병 고쳐

어머니가 어디서 들었다 해. 계란 100개를 스무 개씩 기름 빼고 그거 먹으라는 거라. 먹으면 낫는다고. 그때 계란이 정말 비쌌잖아. 계란 하나도 아껴 불곽(성냥갑) 살 때야. 어머니가 계란을 사 와서 흰자는 먹어버리고. 그거 100개를 노른자 볶는 거라. 노른자 스무 개씩 냄비에 넣어 볶으면 숯처럼 새까맣게 타서 기름이 동동 나와. 그게 커피잔으로 하나 나와. 그걸 먹으면 완전 솔태라. 훗맛은 편안해. 입이 쓰지 않아.

어머니가 또 닭 한 마리 해서 마늘을 한 줌 놓고 대추해서 죽 쒀줬어. 아이 때니까 그걸 먹고 발딱 일어서는 거라. 병이 싹 나으니깐 가만히 있을 수 있나. "육지 가자. 육지 취직 시켜 줘. 취직 시켜 줘." 했어.

그저 밭에서 검질 매고 일만 하니깐 또 육지 가고 싶은 거지. 육지 가지 못해 성화를 부렸지. 8월에 처음 육지 가는 아이 둘 데리고 양평으로 간 거라. 거기 동네언니가 살았어. 글을 몰라도 입만 갖고 잘 찾아다녔어. 물으멍 들으멍(물으머 들으머) 아는 언니네 공장에 간 기리.

그 언니는 거기서 시집가서 아기 낳고 사는데. 남편도 거기 공장에서 일하고 있더라고. 난 "얘네들 둘도 같이 왔으니 취직 시켜주라."고 했어. 그 언니가 하원 사람이라. 우리 집도 넓으니 여기 있다가 일하라고 해줬어.

"언니 얘네들 집에 데리고 살다가 일 부쳐줍서(시켜주세요)." 했어. "놔두고 가라." 난 바로 포천 갔어. 콩나물 공장에 가서 전에 하던 일을 계속 했어.

스물 셋에 콩나물 공장서 만난 남자와 결혼

콩나물 공장 일할 때 육지 남편을 만났어. 남편 고향은 경기도 포천 지나 이동. 콩나물 그 공장에 있다가 친구가 딴 데 돈 많이 주는 데 가자고 해서 현리. 6사단 있는 가평군으로 갔을 때야.

거기 비는 촉촉 오고. 시장 구경 갔는데 이동서 군인들 이발해 주던 남자 아이가 오래간만이라고 아는 체 한 거라. 이동서 양장점에 있을 때 그 앞에 서울 이발관이 있었는데, 내가 돈 받으러 갔다가 본 사람이야. 이젠 내가 현리로 오니까 그 이발 기술자도 현리로 와 있던 거라. 나조롭에(꽁무니에). 인연이 보통 아니지. 난 이발관 앞이 극장이라 스무 번은 갔어.

포천 콩나물 공장에 내가 가니깐 거기에 그 사람도 오는 거라. 나하고 결혼 못하면 죽겠다고. 고향에선 아무도 안 왔어. 스물셋 동갑이라. 결혼할 때도 시집서 안팎잔치해서 끝. 임신하니까 콩나물 공장에서 나왔어.

경기도에서 난 큰아들 8개월 때, 처음 친정어머니한테 인사는 해야겠다 해서 제주에 왔어. 친정에 오니까 어머니가 사위 암탉 삶아 주고 이불 두 채 해줬어. 사위가 좋다고.

서울서 번데기, 옥수수 장사, 별 장사 다 해

난 일만 해야 하는 팔자더라고. 내가 악착같이 일 해야 살았지. 이동에서 큰아들 초등 1학년 때 서울로 이사 갔어. 이사도 안 다닌 곳이 없어. 포천서 부식 가게도 해서 돈도 벌었어. 갈치도 오징어도 파는데. 남편이 썩은 거 사오기도 했어. 우리 둘째 아들은 네 군데 초등학교를 다니다 졸업했어.

  서울선 더 일해야 했어. 청량리까지 가서 번데기도 팔았어. 난 안 먹지. 공책 찢어 번데기 싸고. 번데기 장사는 정말 창피했어. 처음엔 아무 소리도 안 나와. 그러다 '나도 모른 동네다.' 마음먹고 눈 딱 감고 했어. "번데기 사세요." 쫀드기 닮은(같은) 거 기름에 팡팡 튀긴 거, 그것도 팔고.

  길 한 편에서 연탄불 하나 피워 옥수수 삶아 팔았어. 밤도 꿰서 팔고. 내가 잘 파니까 내 옆에서 팔던 그 여자가 내가 나중에 왔다고 발로 팡팡 차고 머리 끄뎅이 잡았어. 파출소 순경들까지 와서 우릴 잡아갔어.

  통금 시간에 걸려서 파출소서 잔 적도 있어. 열두시 사이렌 부니까 잡아가는 사람 밋밋. 순경한테 후암동이 우리 집 종점이니까 여기 있다가 가겠다고 했어. 아침에 남편이 두부 사서 왔어.

  정릉 와서는 경동시장 가서 옥수수 떼다 팔고. 옥수수 이고 집집마다 다니는데 "옥수수 삽서."는 못했어. 한 집에 갔는데 문 열어주고 안 사겠다는 거라. "먹어보면 맛 있다." 고 내가 하날 줬어. 쫀득쫀득하잖아. 그 주인이 친구들 다 불러 한 대야씩 다 팔아줬어. 남대문 시장에서 떡도 팔고. 남편은 이발하다가 손이 떨린다고 그만하고. 아이들 공부 시켜야 하니까 어쩌겠어. 내가 도둑질만 안 하고 안 해 본 일이 없어. 양산 하나 치고.

서른 일곱에 금악 정착

  여기 금악에 온 건 서른 일곱 살 때. 남편이 제주도가 좋다고 여기서 살자고 했어. 그 전에 큰아들만 시댁에 맡기고 제주에 와서 잠깐 살기도 했었어. 둘째, 셋째 아들 금악에서 낳고. 서울 가서 살다가 다시 두 아들 데리고 와 금악학교에 보낸 거야.

2020년 1월 22일 4·3평화교육센터에서 열린 4·3희생자 발굴 유해 신원확인 보고회에 올려진, 예비검속으로 행방불명되었다가 유전자 감식을 통해 확인된 아버지 故 고완행 유해. 70여년 만에 돌아와 막내딸 품에 안겼다.

우리 친정어머니가 금악이 소도 기르고 살기 좋다 했어. 둘째, 셋째 국민학교 4학년, 2학년. 금악학교에 붙였어.

축산이 좋다고 해서 소를 했는데 소 값이 내려버렸어. 돈사 해도 안 되고. 돼지 한 마리 2만 원씩 팔아도 안 돼. 남편이 일본 가서 두 달 살고 밀항에 걸려 돌아 왔어. 일본선 덤푸[덤프 트럭] 운전 하니까 편했다는데.

아이들은 착해. 자기들 하고 싶은 거 하라고 했어. 돈이 없어서 고생하지만. 건강만 하면 다 먹고 산다고 생각해.

이 금악집은 두말지기. 240평. 빌려서 살았는데 이거 한 푼씩 적금 들어서 산 거라. 그때 이걸 사지 말고 땅 4천 평 사자고 했는데 남편하고 우리 친정 어머닌 아이들 생각해서 집을 사라 했어. 땅 살 생각은 안 했어. 여기서 생전 살 거냐고. 그래도 마음이 안 붙은 모양이었어. 그때 아들 둘 결혼시킨 때야.

남편, 금악학교 살리기 운동하다 사고사

남편은 쉰 여덟에 죽었어. 우리 남편은 마을에서 반장했어. 금악학교 살리기 운동하다가 죽었어. 남편 살아있을 땐 4시면 아침 시장에 나물 팔러 갔어. 그때 돈 벌어질 것 같았는데.

저기 보건소 앞으로 마을 길을 낼 때야. 자발적으로 담을 쌓으면 2천만 원이 나라에서 나오는 돈이라. "그 돈으로 학교 살리기 하자."고 마을 사람들이 일을 했어. 창고 있는 사람은 창고 꾸미고. 외지 사람들을 받아들이는 일을 한 거라. 그렇게 해서 지금까지 금악학교 살렸어.

그 날은 가지 말고 5만 원 벌주 내고 가지 말라 했는데 반장이니 가야 한다고. 5시에 끝난다고. 5시 반만 되면 구엄 배추 캐는데 온다고 했는데도 남편이 안 오는 거라. 장에 갔다 오다가 배추 150만 원 흥정하는데도 생전 오지 않아.

전화를 했더니 그 자리에서 포크레인에 죽었다는 거라. 거기서 난 기절해버렸어. 보호자가 와야 손 댄다고. 내가 갈 때까지 시신이 덮여 있었어. 금악 공동묘지에 묻었어. 남편은 어디가도 마무리 일은 맡아서 하고 오던 사람. 담 쌓는 일 끝내고 10분도 안 되어서 일을 당했다는 거라.

중앙시장에서 배추 한 봉다리씩이라도 사람들한테 갖다 주던 사람이야. 그러니 사람들이 "니네 남편 죽었다 하니 우리 아들 죽은 거 이상 울었겨(울었어)." 했어. 남편은 독하지 않고 자상했어. 보리가마니 하나 둘러매지 못하고 낑낑하다 나중엔 못 하는 일 없이 일하다 죽었어.

아버지 유해 찾기 채혈

4·3사건, 그 시국이 70년 넘었잖아. 아버지 유해를 찾는다고 해도 난 글도 모르고. 아들들도 바빠서 신경 쓸 수도 없었어. 그저 살려고 밭에서만 퍼대다보니깐 이젠 다리 나가고 허리도 아프고.

한 번은 사구수 작은아버지 부인, 작은어머니가 전화 왔어. "공항에 유해 나온 거 피라도 검사해 보라. 아버지 찾아질지 모르니깐." "아이고 그 수천 명 죽은 가운데 아버지 어디 가서 죽었는지 어떻게 압니까. 나 일곱 살에 죽은 아버지를 어떵 찾아집니까(어떻게 찾을 수 있겠습니까)?" 전화 끊고 뒷날은 부리나케 읍사무소에 갔어.

7월인가 여름이었어. 비가 착착 오는 날이야. 며느리한테 오늘 일을 안 가면 나를 제주시 한라의료원까지 데려다 달라고 부탁했어. 읍사무소에서 피 뽑으려민 한라의료원에 가야 한다는 말을 들었거든. 병원에 같이 갔어. 그렇게 피 뽑고 왔어.

자고 있는데 전화가 왔어. 겨울이야. 2월인가 연락이 왔어. "고영자네 집이

꽈. 아버지 찾아수다." "예? 우리 아버지 어디서 찾았어요?" "공항에서 찾아수다." 난 정말 아버지가 살아온 줄 알았어. 근데 "공항에서 춫아수다(찾았습니다)." 하는 거라. 이제 유해 찾았으니까 행사 한다고 연락이 온 거라. 하도 기막혀 내가 막 울어지는 거라. 거기서 "누구 신체(시신) 안아갈 사람 이수과?" "아들도 됩니까? 안 되면 나라도 찾아가야주." "아들도 됩니다" 하는 거라. 우리작은 아들한테 전화했어 "느네 외할아버지 찾았다더라. 행사하니깐 그날 가야한다." 했지.

아버지 72년만에 만나던 날

마침 그때 비가 엄청 왔어. 그러니깐 슬픈 날은 그렇게 비가 와. 그 4·3날도 봐요. 따순 날이 없어. 춥고 비 오고 아무래도 슬퍼서 그런 것 같아. 그날도 그렇게 비가 많이 왔어. 행사장 그렇게 가까운 데까지 버스가 들이대더라고. 아들한테 그랬어. "아이고 비도 오니깐 네가 신체 잘 찾아야 한다" 고 당부했어. 그래서 4·3공원에 가서 조그만 상자에 담겨있는 단지를 찾은 거지. 그게 아버지 뼈야. 아이고, 그날 그저 눈물 밖에 안 나오더라, "아빠, 아빠." 불렀어. "아빠, 왜 이제야 와. 아빠, 조금만 기다리면 나도 아빠 곁으로 갈 때가 다 됐는데…." 사람들이 막 사진 찍고 그랬어. 내가 살아온 생각을 하니 막 목이 막혀. 너무나 울어지더라(울게 되더라). 우리 아버진 4·3공원 유해 봉헌관에 모셨어.

꿈 속 아버지 "나 바지 저고리 해주라"

작년에 공항에서 아버지 유해 찾을 땐 꿈을 안 꿨어. 근데 우리 언니 안 아픈 때 집안이 우환이 있어서 도두봉 있잖아. 그 바닷가에 큰 굴이 있더라. 언니가 무당을 빌어서 닷새 굿을 했어. 우리 아버지 소식이 궁금했어. 우리 언니가 내

내 아버지를 잊지 못했지. "아버지 피 묻은 옷이라도 벗기고 질(길) 치겠다."고. 영혼을 잘 가게 달래는 '질치기' 있잖아. 우리 굿이 끝나면 아버지를 위한 굿을 하겠다고 딱 날짜를 받았어.

그날 내 꿈에 아버지가 나타났어. "바지 저고리나 해주라." 하는 거라. 난 솔직하게 말했어. "아버지, 난 바지 저고리 할 줄 모르는데." 하니깐 수표를, 10만원 짜리 수표를 나한테 줬어. "아버지, 나 수표 안 줘도 좋아. 내가 사서라도 해 드릴 거니깐 안 받으크라(안 받을래)."했어. 그래도 아버진 막 받으라고 했어. 서로가 밀리고 당기고 하다가 우리 아버지 하는 말씀이 "저리로 언니 온다. 언니 줄 돈은 없다. 확 감춰라." 하는 거라.

지금도 이 꿈이 생생해. 잊지를 못 해. 호주머니도 아니고 수표를. 아휴, 요 가슴으로 톡하게 찔러 넣었어. 언니가 와도 난 펜도롱허게(아무렇지도 않게) 앉았어.

이제 생각하면, 그 '질치기' 때 나한테 돈 주면서 언니 줄 돈은 없다 했던 것이 얼른 아버지를 찾게 됐나 생각이 들어. 이제도록 70년 살아도 꿈 한번 못 꿨는데, 그 때 굿해서 길 치겠다고 한 날에 꿈을 꿨잖아. 너무 선명하더라고. 남들은 "유해 못 찾을거야, 못 찾으켜." 하던데, 그 수표를 내게 줄 때는 아무래도 나를 빌어서 당신을 찾으라고 한 거야. "언니 줄 돈은 어시난 혼져 곱져불라(언니 줄 돈은 없으니 얼른 숨겨버려라)." 한 걸 봐. 언닌 빨리 죽을 거니깐 피 검사 해서 막내딸이 찾으라 한 것 같아. 언니가 우리 아버지 길을 쳐서 빨리 찾아졌는가 머릿속에 감돌아. 언니가 전부 굿을 했지만 나도 아버지 바지 저고리 두루마기, 버선 전부 했어. 언니도 하고, 어머니도 하고, 세 벌을 해서 사뢌어. 그 후론 어떻게 꿈 한번 안 꿔지는 거라.

아버지가 꿈에서 한 말이 생각 나. 일본서 세루(모직물의 하나) 양복들. 검은

골 그어지고 흰 골 그어진 거 있잖아. 일본서 가져온 양복이 많았던 모양이라. "네 아들들 양복 입을 아이 있냐?" 하니깐 그때 고등학교 다니던 아들이 있었어. "우리 아이들 고등학교 다니니까 양복 입을 아들 없어요. 그건 안 가질래요." 했어. "그러면 하지 말라." 이렇게 딱 말하고 끝났어. 깨니깐 꿈이라. 30년 전이야.

아버지 찾던 우리 언니 그리고 어머니

우리 언니 아버지 찾는데 정말 열심이었어. 언닌 광주에서 제주시 삼양 사람 만나 살다가 제주도 와서 살았어. 그러니 언니가 그저 이것저것 다 챙겨줬어. 이젠 형부도 돌아가셨어.

내가 육지 가서 살 때 언니가 다 친정 일을 했어. 근데 뇌졸중으로 쉰 다섯에 쓰러져 15년을 앓다가 말도 못하고 딱 일흔 살, 설 명절 아침에 갔어. 우리 언니 고생 많았어.

우리 남편 죽고 일년 후에 우리 어머니도 돌아가셨어. 우리집 근처에서 남의 밭 빌려 농사짓고 살다가 한림장에서 교통사고로. 82세였어. 참 고생만 하다 가셨어.

어머닌 나한테도 "나쁜 짓 말고 일만 부지런하면 살 수 있다." 했어. "어쩌냐. 그저 시국을 이추룩 못 만낭 헌 걸(시국을 이토록 못만나서 한 것을). 너 태어날 때 시국이 어려우니까 그런 거니 원망 말아라." 했어.

우리 아버진 4형제 중 제일 큰 아들이었어. 우리 아버지 계모, 그러니깐 작은 할머니가 아들 셋을 낳았어. 그 세 번째 아들이 우리집 양자로 들어 우리 아버지 제사를 해. 아버지 생일날인지 나간 날인지 모르지만. 언닌 아버지 제사도 조카네한테 맡기려니 조상 땅, 제월제 딱 박으라 했어. 얼미 전 샛아버지도 오꼿(그만) 돌아가셨다고 해서 난 잘 걷지도 못 하면서 갔어. 근데 공동묘지가 저 서귀포 넘어간 곳이야. 화장도 안 하고 거기 가서 묻는다길래 난 속으로 우리 아버지도 비석 하나라도 세울 수 있었으면 좋겠다고 생각했어. 나 혼자만이니 이래라 저래라 할 수도 없고. 우리 아버지 형제는 이제 다 죽은 거라. 작은 할머니한테 고모 하나 계셨는데, 그 고모도 죽고. 이젠 아무도 없어.

살았으면 일해야 해. 일 잘하면 못 살 것 없어

나 살아오는 동안 좋은 때? 하나도 없어. 나도 공부 못했으니 아이들 학교는 꼭 시키려고 했어 남의 일, 육지까지 양배추 담으러 강원도 부산 안 다닌 데가 없어. 이제 다리 아프고 허리 아프고. 목숨 질기니까 살았지.

죽지 않은 사람은 살아. 놀지 않고 악착같이 살면 살지. 사람은 부지런하면 잘 살아. 일도 못하면 사람들이 절대 부르지 않잖아. "내일은 나오지 맙서." 아무 거라도 잘 해야 먹고 사는 거라.

아버지, 시국에 일찍 가버려서 나 인생이 고생. 일이 내 팔자야. 운명이야. 일만 하러. 눈이 벌겋게 일 나갔어. 비가 와도. 눈이 덤방해도.열심히 살았어. 옛날도 몸만 건강하면 살 수 있었어. 옛날에 고생 안 한 사람 있나. 난 엄청 고생했어. 양말 하나만 사줘도 부자 노릇 못하랴 생각해지더라고. 그땐 도와주는 사람 아무도 없어서. 이젠 소원 없어. 아들만 건강하고 잘 살면 돼.

아버진 뼈라도 찾았으니. 소용없지만. 못 찾을 땐 그 빈 비석에 가서 절하고 했는데. "아이구, 어디서 4·3날은 알고서 오는가." 했어.

---

*주: 4·3 당시 33살 나이로 예비검속의 회오리에 휘말려 행방불명됐던 고영자 씨의 아버지 고완행의 유해는 2007년부터 2009년 사이 제주4·3연구소가 수행했던 제주국제공항(옛 정뜨르비행장) 발굴 유해에서 유전자 감식 결과 72년 만에 신원확인 됐다.

글 못 배운 것이 젤 큰 한이야. 내가 못 배우니 아이들 공부시키려고 별별 장사 다 했어. 나도 4·3만 아니었으면, 남들처럼 공부했지. 부모 없으니 여기서 일하고 저기서 일 하고. 이젠 하도 허리 아프고 심심해 하니깐 저 낱말 공부라도 하라고 아이들이 공책을 줘도 못 하겠어. 곧 들으면 깜빡깜빡. 옛날 일은 하도 고생하니까 잊어버릴 수 없는데. 천만 원주고 글을 사는 거라면 사고 싶어. 야. 그땐 다들 그랬지 뭐.

〈구술 채록·정리 허영선〉